Jane Pettigrew's
Tea time

Jane Pettigrew's
Tea time

BELIEBTE REZEPTE AUS DEM LAND DER TEETRINKER

Aus dem Englischen von
Marianne Menzel

HUGENDUBEL

© 1986
Dorling Kindersley Limited, London,
für den Text: Jane Pettigrew

Die Deutsche Bibliothek – CIP-Einheitsaufnahme
Pettigrew, Jane:
[Tea time]
Jane Pettigrew's Tea time : beliebte Rezepte aus dem Land
der Teetrinker / [Übers. aus dem Engl.: Marianne Menzel]. – 2. Aufl. –
München : Hugendubel, 1992
ISBN 3-88034-644-5

2. Auflage 1992
© der deutschen Ausgabe
Heinrich Hugendubel Verlag, München 1988
Alle Rechte vorbehalten

Fotografien: James Murphy
Umschlag und Illustrationen: Antonia Enthoven
Produktion: Tillmann Roeder
Satz: FOAG, Oberschleißheim
Druck und Bindung: Wing King Tong, Hongkong

ISBN 3-88034-644-5

Printed in Hongkong

Inhalt

Vorwort	6
Die feine englische Art, Tee zu trinken	7
Wie man Tee trinkt	9
Teesorten	9
Wie man eine perfekte Tasse Tee zubereitet	13
Die richtige Ausstattung	14
Getränke auf Tee-Basis	18
Wie die Rezepte gelingen	19
Küchengeräte	19
Arbeitsmethoden	21
Back-Tips	22
Wenn etwas schief geht	23
Die Rezepte	
Helle und dunkle Teebrote	26
Sandwiches	35
Sandwiches-Butter	35
Fein belegte Sandwiches	37
Tea-Time-Klassiker	44
Kekse	53
Törtchen und kleines Gebäck	58
Kuchen für alle Jahreszeiten	70
Ausgefallenes für Feste	83
Delikatessen zum High Tea	89
Teeparty für Kinder	97
Sandwiches	97
Warme Kleinigkeiten	100
Kekse, Kuchen und Pudding	102
Hochzeiten und Feste	106
Canapés	106
Sandwiches	108
Pikante Gerichte	110
Kekse, Kuchen und Torten	113
Ausgefallenes zur Teeparty	118
Halloween-Tee	118
Eis zum Tee	123
St. Valentins-Tee	126
Marmeladen und Eingemachtes	132
Teigrezepte	136
Register	141

Lieber Leser und Teefreund!

Seit mehr als hundert Jahren ist der »Afternoon Tea« oder »Five o'clock Tea« eine englische Sitte, deren Wegfall für die meisten Engländer den Weltuntergang bedeuten würde.

Diese englische Erfindung der »Tea Time« hat – oft in abgewandelter Form – ihren Siegeszug während der großen Zeit des Empire angetreten und ist fast überall Tradition geworden.

Teatime ist aber bei weitem nicht Tee allein, sondern Mahlzeit und soziales Ereignis.
In unserer auf Bequemlichkeit ausgerichteten Zeit wächst das Interesse am »Do it yourself« wieder.

Jane Pettigrew bringt Ihnen viele Rezepte in Ihre Küche, nach denen das Vorbereiten und Backen richtig Spaß macht, zumal die Beschreibung die Handschrift einer erfahrenen Hausfrau verrät.

Für den teespezifischen Teil danken wir der Firma Paul Schrader & Co. Bremen, Teeimport seit 1921, Postfach 10 78 29, für Anregungen und Mithilfe.

Eine kleine Einladung zur »Teatime« wäre in Düsseldorf, Flensburg oder Garmisch sicher nicht verkehrt. Beginnen Sie einfach mal mit Scones und Muffins und dazu einen feinen Darjeeling Tee.

Heute kaufen Sie Ihren Tee in Deutschland. Dessen Qualität ist viel besser und Sie haben eine größere Vielfalt der Auswahl als in England, das früher einmal die Heimat der Teegenießer war und viele Sitten wie die der Teatime aus der Zeit beibehalten hat.

Die feine englische Art, Tee zu trinken

Die englische Tradition, nachmittags Tee zu trinken, soll im 19. Jahrhundert von Anna, der Siebten Herzogin von Bedford, eingeführt worden sein. Damals nahm man das Mittagessen relativ früh ein, und das Abendessen wurde nicht vor acht oder neun Uhr serviert. Da die Herzogin nachmittags immer hungrig war, begann sie damit, sich zwischen drei und vier Uhr eine Kanne Tee und einen kleinen Imbiß auf ihr Zimmer bringen zu lassen. Dann lud sie ihre Freunde zur Gesellschaft ein – und so wurde es Mode, nachmittags Tee zu trinken. Bald gab es passendes, elegantes Teegeschirr, der Nachmittagstee wurde zu einer besonderen Angelegenheit. Der gepflegte Teetisch wurde mit Decken aus Stickerei und Spitzen gedeckt, das Teeservice war aus Silber, Gold oder erlesenem Porzellan, dazu gab es Teelöffel, kleine Messer, Kuchenteller und Kuchenständer, Sandwich-Tabletts, Teedosen und Schalen zum Mischen, Zuckerzangen und hübsche Teesiebe.

Wie zu den Zeiten der Herzogin von Bedford ist es auch heute noch üblich, daß der Gastgeber oder die Gastgeberin den Tee einschenkt und Sandwiches oder kleines Gebäck anbietet. Die Gäste sitzen entweder um einen schön gedeckten Tisch oder in Lehnstühlen mit einem kleinen Tisch an der Seite, auf dem Tassen und Teller abgestellt werden können. Jeder Gast sollte eine Tasse mit Untertasse haben, einen Teelöffel, einen Teller, ein Messer zum Verstreichen von Butter und Marmelade, und eine Kuchengabel, falls Gebäck serviert wird. In der Mitte des Tisches steht die Teekanne und ein Krug mit heißem Wasser zum Verdünnen, dazu eine Schale für die abgegossenen Teeblätter, ein Teesieb, ein Milch- oder Sahnekännchen und eine Zuckerschale, mit einer Zuckerzange, falls man Würfelzucker anbietet; auch Zitronenscheiben und kleine Zitronenpressen für die Gäste, die statt Milch etwa Zitrone zum Tee nehmen.

Die Teesorte und der kleine Imbiß können je nach persönlichem Geschmack und Jahreszeit variieren. Wenn man im Sommer im Garten sitzt, wird man verschiedene Sandwiches reichen, Scones mit Marmelade und Clotted Cream, Kuchen und Kekse oder Erdbeeren mit Sahne. Im Winter kann die Teestunde zu einem gemütlichen Treffen vor dem Kamin werden, mit warmem Buttertoast, den traditionellen Crumpets und Muffins, Tee- oder Früchtekuchen, dazu Schnittchen, die man mit Honig oder Marmelade bestreicht. Dieses Buch enthält Rezepte für alle bekannten englischen Gerichte und Backwaren zum Tee. Es bringt auch Vorschläge für eine Tee-Party für Kinder, Einladungen zum St.-Valentins-Tag oder zum Halloween-Tee (Halloween, der 31. Oktober, ist der Tag, an dem sich nach keltischer Überlieferung die Hexen und Geister trafen, um miteinander zu feiern; dieses Fest wird vor allem in England und Amerika begangen), zu Eis und Tee oder zu einem festlichen Empfang. Natürlich fehlen auch Anregungen zum Servieren und für den Tischschmuck nicht.

Wie man Tee trinkt

Um den Tee und die Teestunde richtig zu genießen, werden hier die verschiedenen Teesorten vorgestellt, vor allem die richtige Art der Zubereitung und das Zubehör. Schließlich fehlen auch Getränke auf Teebasis nicht, wie geeister Tee, sommerlicher Teepunsch, gesunde Kräutertees oder ein herzerwärmender Brandy-Tee für den Winter.

Teesorten

Man unterscheidet drei Hauptarten: Schwarzen Tee, Oolong- oder Roten Tee, und Grünen Tee. Von jedem Typ gibt es wieder verschiedene Sorten mit unterschiedlichem Geschmack und Aroma. Sie werden kurz charakterisiert, mit Hinweisen, welcher Tee für welche Tageszeit besonders geeignet ist, oder ob man einen bestimmten Tee besser mit oder ohne Milch trinkt. Man sollte jedoch selber verschiedene Sorten ausprobieren, um festzustellen, welcher Tee einem am besten schmeckt.

Frischer, loser Tee mit größeren Blättern ergibt das beste Aroma. Er muß länger ziehen als Aufgußbeutel, die normalerweise Teestaub und zerkleinerte Teeblätter enthalten und daher eine kräftigere und dunklere Farbe ergeben und kürzer ziehen müssen. Es gibt inzwischen eine Auswahl an Aufgußbeuteln auch mit besseren Teequalitäten.

ramelisiert der Saft am Teeblatt. Die Blätter werden dadurch schwarz und bekommen ihr besonderes Aroma, das Schwarzen Tee von Oolong – oder Grünem Tee – unterscheidet.

Schwarzer Tee hat auch einen höheren Koffein-Gehalt als die anderen Tees, aber immer noch weniger als Kaffee. In England wird Schwarzer Tee gewöhnlich mit Milch getrunken, aber einige besonders aromatische Sorten wie der chinesische Lapsang Souchong oder Darjeeling schmecken sehr gut ohne Milch.

Vorbemerkung

Namen sind Schall und Rauch, besonders beim Tee, wo es keine Qualitätskontrolle wie beim Wein gibt. Suchen Sie sich deshalb einen vertrauenswürdigen, erfahrenen Lieferanten mit gutem Ruf und bezahlen einen guten Preis für dieses preiswerte Genußmittel.

SCHWARZER TEE

Die Teeblätter werden nach dem Pflücken zum Welken ausgebreitet und anschließend zwischen zwei Metallscheiben gerollt und fermentiert. Beim Oxydieren bekommen sie eine helle, kupferrote Farbe. Dann werden sie in heißen Kammern getrocknet, dabei ka-

Die bekanntesten Schwarzen Tees im Handel

Assam Aus Nordost-Indien; die spröden schwärzlichen Blätter ergeben einen rötlichen, würzigen Tee. Ideal zum Frühstück und mit Milch oder Zitrone.

Ceylon Die besten Sorten, sog. high grown, zählen zu den erlesensten Tees der Welt. Er hat eine goldene Tasse, einen vollen, leicht herben Geschmack und köstliches Aroma. Ceylon ist für jede Tageszeit geeignet und wird mit Milch oder Zitrone serviert.

China-Tee Eine feine Mischung verschiedener Keemun-Tees mit einer klaren Tasse und besonders weichem Geschmack. Früher wurde er von Kamelkarawanen auf dem Landweg transportiert und wird daher auch Karawanen- oder Russische Mischung genannt.

Darjeeling Am Fuß des Himalayas im westlichen Bengalen angebaut, gilt er als Champagner unter den Tees. Der reiche und blumige Geschmack erinnern an Muskateller. Für jede Tageszeit und auch als Tee nach dem Essen geeignet.

Earl Grey Der zweite Earl Grey soll diesen Tee im 19. Jahrhundert von einer diplomatischen Mission aus China mitgebracht haben. Er ist eine Mischung von China-Tees, mit Bergamottöl aromatisiert. Der ideale Nachmittags-Tee wird wegen seines delikaten Geschmacks am besten ohne Milch oder Zukker getrunken.

English Breakfast Wie der Name sagt – der richtige Tee zum Frühstück. Es sollte eine Mischung von Tees aus Indien und Ceylon mit kräftigem, vollem, anregenden Geschmack sein, gut mit Milch zu trinken.

Keemun Ein erstklassiger chinesischer Tee aus der Provinz Anhui. Die helle, leichte Tasse hat einen sanften, etwas süßen und nußartigen Geschmack. Ein Tee für nachmittags oder abends, mit oder ohne Milch.

Kenya Der afrikanische Hochlandtee hat einen guten Ruf, schönes Aroma und eine helle, kräftige Tasse. Mit Milch zu jeder Tageszeit zu trinken.

Lapsang Souchong Die beste Qualität kommt aus der chinesischen Provinz Fujian und hat einen deutlichen Rauchgeschmack. Er schmeckt besser ohne Milch, aber vielleicht mit etwas Zitrone. Ein guter sommerlicher Tee, vor allem nachmittags und am frühen Abend beliebt.

Orange Pekoe Der Name bezieht sich auf die Größe der Blätter und heißt auf chinesisch »weiße Haare«, was sich auf das Weiße unter dem Blatt bezieht. Es ist keine eigene Sorte, wie viele Leute meinen, es gibt Assam Orange Pekoe oder Darjeeling Orange

Pekoe. Unter dem Namen wird selten ein stark aromatisierter Souchong oder eine Mischung mit Jasmin verkauft.

Rosen-Tee Er stammt aus Guangdong, tiefer als Fujian an der südöstlichen Küste Chinas gelegen und ist mit Rosenblättern versetzt, was eine sehr delikate Mischung ergibt.

Yunnan Diesen Tee aus dem äußersten Westen Chinas gibt es erst seit kurzem auf dem Weltmarkt. Er schmeckt süß und hat eine helle, schöne klare Tasse. Ohne Milch, vielleicht mit etwas Zitrone zu trinken.

Englische Mischung Unter diesem Begriff bietet jede Firma etwas anderes an. Die traditionelle englische Mischung bestand aus einem Blend von mittleren oder guten Blatt-Tees aus Ceylon und Indien. In den letzten Jahrzehnten ist dieser im Land der Teetrinker durch kräftigere Broken Tees ersetzt worden. Durch den Wettbewerb weniger großer Markenfirmen ist die Qualität immer weiter gesunken, so daß heute Broken und Fannings aus Afrika, meistens im modernen CTC Verfahren hergestellt, mit kräftiger Tasse (also viel Gerbsäure) den Typ des üblichen Tees in England ausmachen.

Ostfriesische Mischung Diese sollte zumindestens ¾ aus guten Second flush Assam bestehen, deren Fülle durch Beifügung von Tees aus Indonesien oder Ceylon abgemildert werden kann. Im Bundesgebiet werden unter diesem Namen allerdings auch preiswertere und qualitativ geringere Mischungen aus reinen indonesischen Tees oder noch geringere aus afrikanischen Herkünften angeboten.

OOLONG oder ROTER TEE

Oolong wird in mehreren chinesischen Provinzen angebaut. Die besten Qualitäten kommen hauptsächlich aus Fujian an der Südostküste Chinas und auch aus Taiwan. Nach der Ernte wird Oolong wie Schwarzer Tee behandelt, darf jedoch nur ganz kurz fermentieren. Daher liegen Geschmack und Farbe dieses Tees zwischen Schwarzem und Grünem Tee. Oolong hat einen niedrigen Koffein-Gehalt und schmeckt am besten ohne Milch oder Zucker. Man kann ihn auch mit Zitrone trinken.

Die bekanntesten Oolong-Tees im Handel

China Oolong Dieser Tee hat große, grünbraune Blätter. Er ist leicht, hat eine helle Tasse und einen Hauch von an Pfirsich erinnernden Aromas.

Formosa/Taiwan Oolong Neben den China ähnlichen Typen gibt es hier choice Tees, deren beste Grade silberne Spitzen haben. Diese Tees gehören zu den besten und können nur mit feinsten und teuersten Darjeelings verglichen werden.

GRÜNER TEE

Die besten Qualitäten kommen aus der Provinz Zhejiang an der Ostküste Chinas. Er ist nicht fermentiert und wird gleich nach der Ernte heißem Dampf ausgesetzt, dann maschinell gerollt und unter warmer Luft getrocknet. So entstehen kleine, graugrüne Kügelchen. Grünen Tee trinkt man am besten ohne Milch, vielleicht aber mit Zitrone oder Zucker. Er wird schwach mit heißem Wasser, nicht kochend, aufgegossen und man sollte selber ausprobieren, wie stark man ihn am liebsten mag.

Bekannte Grüne Tees im Handel

Gunpowder Der gefährlich klingende Name dieses Tees aus der Provinz Zhejiang soll auf die Engländer zurückgehen. Als sie die kleinen grünen Kügelchen zum erstenmal sahen, gaben sie ihnen diesen Spitznamen, weil sie an kleine Schrotkugeln erinnerten. Gunpowder ist der beliebteste Grüne Tee in der westlichen Welt. Er hat eine zarte, strohfarbene Tasse und einen nachhaltigen Geschmack. Man trinkt ihn am besten am Nachmittag oder Abend.

Jasmin Ein Grüner oder eine Mischung aus Grünem und Schwarzem Tee, gemischt mit Jasminblüten. Er kommt aus der Provinz Fujian und hat einen feinen, ganz typischen Geschmack. Man trinkt ihn am Nachmittag oder Abend, meist pur, vielleicht mit Zitrone.

AROMATISIERTE TEESORTEN

Tees mit verschiedenen Aromastoffen sind in den letzten Jahren sehr beliebt geworden. Inzwischen gibt es eine große Auswahl aromatisierter Tees, Mischungen mit getrockneten Früchten oder Blüten. Am bekanntesten ist im Osten der Jasmintee, im Westen wohl Earl Grey. Diese aromatisierten Tees kann man zu jeder Tageszeit genießen. Ihr Geschmack kommt am besten ohne Milch und Zucker zur Geltung. Wie stark man sie trinken möchte, muß man ausprobieren.

Es gibt ein abwechslungsreiches Angebot vielfältiger Aromen: Apfel, schwarze Johannisbeeren, Kirsche, Zimt mit Gewürzen, Früchte und Gewürze, Zitrone, Limone, Mandarine, Pfefferminz, Muskat und Zimt, gemischte Gewürze, Apfel mit Vanille.

GESUNDHEITS- und KRÄUTERTEES

Kräutertees werden aus einer Mischung verschiedener Blätter, Wurzeln, Samen, Blüten, Früchte und Kräuter hergestellt. Wenn auch Puristen meinen, die Bezeichnung »Tee« gebühre nur den edlen Blättern des Teestrauchs – Kräutertees sind erfrischend und schmecken gut. Und daß sie kein Koffein enthalten, macht sie besonders beliebt.

Kräutertees werden schwach und ohne Milch serviert. Auch wenn man sie meist ohne Zucker trinkt, kann man sie durchaus mit Honig oder Süßstoff versüßen.

Klette Reinigt das Blut und ist gut bei Hautkrankheiten.

Kamille Soll bei Kopfschmerzen helfen und ist auch gut zum Einschlafen.

Holunderblüte Ein altes Mittel gegen Gicht, auch zur Beruhigung der Nerven.

Ginseng Soll bei Impotenz helfen.

Lindenblüten Soll bei Kopfschmerzen und Erkältung helfen.

Hagebutte Ein beliebter, wohlschmeckender Trank, der oft mit Hibiskus vermischt wird.

Rosmarin Soll das Gedächtnis stärken.

Salbei Ein Heilmittel bei Husten und Heiserkeit.

Wie man eine perfekte Tasse Tee zubereitet

Die schöne alte Tradition kultivierten Teegenusses hat neue Freunde gefunden. Richtige Lebenskünstler sind nicht damit zufrieden, einfach einen Teebeutel in einem simplen Becher aufzubrühen. Tee ist zweifellos das angenehmste Getränk am Nachmittag. Es wäre eine Schande, ihn durch falsche Zubereitung zu verderben.

Um den Tee richtig zuzubereiten, sollte man zuerst den Teekessel mit frischem Wasser füllen. Eine saubere Teekanne wird mit heißem Wasser, das man anschließend ausschüttet, ausgespült. Pro Person gibt man einen Teelöffel Tee in die Kanne, dazu noch einen Teelöffel voll »für die Kanne«. Man stellt die Kanne neben das kochende Wasser und gießt den Tee auf. Zugedeckt läßt man ihn 3–5 Minuten ziehen und rührt vor dem Einschenken um.

Vor dem Einschenken gibt man ein bißchen Milch in die Tasse und gießt den Tee dann durch ein Sieb ein. Die Angewohnheit, erst Milch in die Tasse zu gießen, stammt aus dem 17. Jahrhundert. Damals gab es nur solide Zinn- oder Tonkrüge für Ale. Als dann das schöne dünne Porzellan aus China kam, hatte man Angst, daß die Tassen bei dem heißen Tee zerspringen könnten, und füllte deswegen zuerst die Milch ein. Die Milch im Tee ist beinahe eine philosophische Streitfrage. Aber wenn man sie mag und auch zuerst hineingießt, wird sie sich besser mit dem Tee vermischen. Auch wenn man den Tee am besten pur trinkt, sollte man für die Gäste immer Zucker anbieten. Man kann normalen weißen Zucker nehmen, Würfel oder Kandis, manche Leute allerdings bevorzugen braunen Zucker.

Die richtige Ausstattung

TEEDOSEN

Ein Caddy ist eine kleine Dose, in der Tee aufbewahrt wird. Das Wort kommt von cathy, einem alten orientalischen Teegewicht. Im 17. Jahrhundert wurden die Teedosen abgeschlossen, um zu verhindern, daß die Dienerschaft sich an den teuren Blättern vergreifen konnte. Die Dame des Hauses bereitete den Tee höchstpersönlich zu.

Tee muß unbedingt in luftdicht verschlossenen Behältern aufbewahrt werden, auch Teebeutel sollten nicht in ihren Packungen bleiben. Falsch gelagert, trocknen vor allem Teebeutel sehr schnell aus und schmecken dann alt. Gut verpackt und ungeöffnet hält sich loser Tee bis zu zwei Jahren. Teebeutel bleiben nur etwa sechs Monate frisch.

TEEKANNEN

Die ersten Teekannen kamen im frühen 17. Jahrhundert aus China nach England. Sie waren aus Porzellan, sahen meist breit und behäbig aus und hatten weite Tüllen, damit sie nicht so schnell mit Teeblättern verstopft werden konnten. Übrigens waren sie eher klein – nicht, weil Tee so teuer war, sondern weil jeder Teetrinker seine eigene Kanne hatte. Im 18. Jahrhundert wurden die Tüllen schlanker und schön geschwungen, die Kannen bekamen eine elegantere, birnenförmige Gestalt. Heute gibt es Teekannen in allen Formen und Größen. Sie sind aus Porzellan, Keramik, Edelstahl, Glas oder Silber. Fast jedes Material eignet sich für einen guten Tee; aber Aluminium sollte man meiden, da es den Tee bläulich färbt, und auch angeschlagene Emailkannen, in denen der Tee einen metallischen Geschmack annimmt.

Teekannen dürfen nicht mit Seife oder normalen Spülmitteln gereinigt werden. Der leichte Nebengeschmack kann den Tee verderben. Um die Rückstände von Tannin

zu entfernen, weicht man die Kanne mehrere Stunden mit 20 ml (4 TL) Natron (CO_3) ein, das man vorher in heißem Wasser auflöst. Wenn die Teekanne aber einmal falsch gespült worden ist, kann man den Schaden beheben, indem man einige Löffel trockener Teeblätter hineingibt und die Kanne einige Tage stehen läßt.

Wie man eine Teekanne auswählt:

1. Prüfen Sie, ob Sie die Kanne bequem am Henkel anfassen können, ohne daß die Knöchel gegen den Bauch der Kanne stoßen – anderenfalls können Sie sich leicht beim Einschenken die Finger verbrennen.

2. Wählen Sie eine Kanne, deren Deckel ein kleines Loch hat. So kommt beim Einschenken Luft in die Kanne und die Tülle kann nicht tröpfeln oder kleckern.

3. Der Deckel sollte am Innenrand eine kleine Ausbuchtung haben, damit er beim Eingießen nicht herunterfällt.

4. Prüfen Sie die Glasur im Inneren der Teekanne. Kleine Mängel können den Geschmack des Tees beeinträchtigen.

5. Gucken Sie dabei auch nach den Sieblöchern im Ansatz der Tülle, die verhindern, daß Teeblätter mit ausgegossen werden.

TEE-EIER und TEE-NETZE

Die Teeblätter können in ein Tee-Ei oder -Netz gefüllt und darin in die Teekanne gehängt werden. Man nimmt das Tee-Ei heraus, wenn der Tee die gewünschte Stärke erreicht hat. Tee-Eier und -Netze müssen groß genug sein, damit die Blätter sich entfalten und ihr volles Aroma abgeben können.

TEESIEBE

Auch das Teesieb war im späten 17. Jahrhundert ein fester Bestandteil des Teetisches. Man nahm damit den Tee aus seiner Büchse und füllte ihn in die Kanne. Dabei wurde der unerwünschte Teestaub ausgesiebt, nur die großen und guten Blätter blieben übrig.

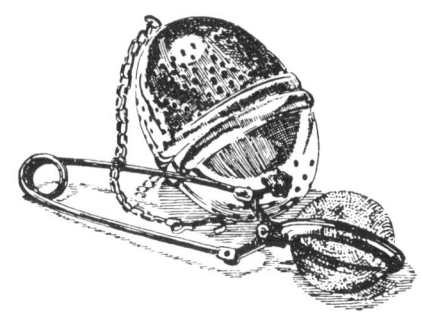

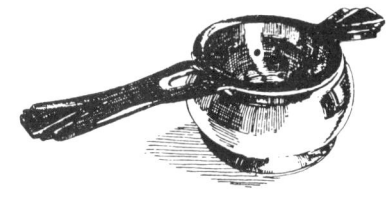

Heute haben Teesiebe meist die Form einer Halbkugel mit Griffen, die genau über die Tasse passen. Wenn man den Tee nicht mit dem Tee-Ei zubereitet, sollte man ihn unbedingt durch ein Sieb gießen, da die Teeblätter nicht für die Tasse bestimmt sind! Vielen Leuten macht das zwar nichts aus, aber andere können es abschreckend finden. Es lohnt sich übrigens, auf Flohmärkten oder in Antiquitätenläden nach alten Teesieben zu suchen. Manchmal findet man noch schöne Stücke aus den 20er oder 30er Jahren zu vertretbaren Preisen, aus Silber, versilbert, Porzellan oder Chrom.

TEEWÄRMER

Teewärmer aus gestepptem Stoff oder Isoliermaterial sollte man nur über die Kanne stülpen, wenn man den Tee mit dem Tee-Ei oder Teenetz zubereitet und die Teeblätter bereits entfernt hat. Wenn Tee mit den Blättern warmgehalten wird, bleibt er zwar länger heiß, bittert jedoch leicht nach.

TEETASSEN

Die Teetassen, die anfangs aus China kamen und noch heute dort benutzt werden, waren kleine, nur 5 cm hohe Schalen, sie enthielten nur ein paar kleine Schlückchen Tee. Eines Tages machte man dann Henkel daran, angeregt von den »Posset«-Tassen, aus denen heiße, gewürzte Milch mit Wein oder Ale getrunken wurde. Mit der Blüte der englischen Porzellan- und Keramik-Industrie wurden immer mehr und immer größere Teetassen mit Henkel produziert.

Man benutzte das Teesieb auch, um Verunreinigungen von der Oberfläche des Tees abzuschöpfen. Oft befand sich noch ein kleiner Dorn am Griff, mit dem die Löcher im Ansatz der Tülle gereinigt werden konnten, falls sie mit Teeblättern verstopft waren.

Teesorten Eine Auswahl verschiedener Teesorten von Schwarzem Tee über Oolong-Sorten bis zu grünem Gunpowder.

MILCH- und SAHNEKÄNNCHEN

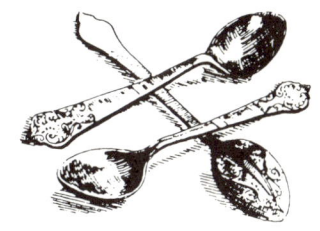

Früher zierten Milchkännchen in Form einer Kuh den Teetisch. In der Mitte war ein Loch zum Einfüllen der Milch, das entsprechend geformte Maul diente als Tülle. Die Gefäße waren aus Silber oder Porzellan. Heute sind Milch- und Sahnekännchen einfacher geformt und eher klein. Man hat jedoch eine große Auswahl.

ZUCKERSCHALEN und ZUCKERZANGEN

Zuckerschalen sind eine hübsche Ergänzung des schön gedeckten Teetisches, mit passendem Löffel oder einer Zuckerzange für Würfelzucker oder Kandis. Zuckerzangen wurden im späten 17. Jahrhundert erfunden. Sie waren ursprünglich wie Scheren geformt und hatten eine scharfe Schneide, mit der man den Zucker von einem größeren Stück oder einem Zuckerhut abbrechen konnte. Manchmal hatten sie auch ein kleines Gewinde an einer Spitze, mit dem man die Tülle der Teekanne reinigen konnte.

ZITRONENPRESSEN

Für die Liebhaber von Zitrone zum Tee ist eine Zitronenpresse sehr nützlich. So kann man frischen Zitronensaft auspressen, ohne feuchte und klebrige Finger zu bekommen. Für Zitronenscheiben oder -achtel gibt es kleine Portionspressen, wie perforierte Klauen, mit denen man den Saft sauber und ohne Kerne oder Schale in die Tasse tröpfeln kann. Die Zitronenschnitze sollten hübsch in einer Schale dekoriert werden.

TEELÖFFEL

Die Teelöffel tauchten im späten 17. Jahrhundert auf, als man begann, den Tee zu süßen. Damals waren Kaffee- und Teelöffel gleich groß, dann wurden sie langsam größer als Kaffeelöffel und sind heute doppelt so groß. Teelöffel kauft man meist im Sechser-Pack, zusammen mit einer Zuckerzange.

Nachmittagstee Im Uhrzeigersinn von oben beginnend: Spargel-Schinken-Sandwiches (siehe S. 37); Gurken-Sandwiches (siehe S. 40); Scones (siehe S. 49); Zitronen-Baisers (siehe S. 65); Mandeltörtchen (siehe S. 64)

Getränke auf Tee-Basis

ENGLISCHER GROG

Man gibt 15 ml (1 EL) Brandy in eine Tasse heißen Tee. Obenauf schwimmt eine Orangen- oder Zitronenscheibe. Man kann ein Stückchen Zimtstange dazu geben und natürlich statt Brandy auch Whisky nehmen.

VERHEISSUNG DES OSTENS

575 ml kalter Jasmintee werden in einem Krug mit 30 ml (3 EL) frisch ausgepreßtem Orangensaft vermischt. Man fügt den Saft von einer kleinen Büchse Ananas und 275 ml Bitter Lemon hinzu. Vor dem Servieren rührt man einige Eisstücke hinein und garniert den Krug mit Ananasstücken und Orangenscheiben.

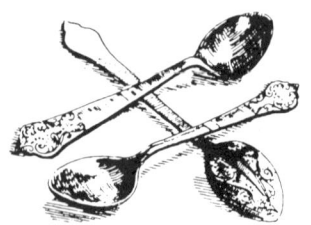

EISTEE

Er sollte mit Ceylon Breakfast Tee gemacht werden, der auch beim Erkalten seine schöne, kristallklare Farbe behält. Man bereitet den Tee zu und gibt noch einen Teelöffel mehr als sonst in die Kanne. Man gibt etwas Zucker in einen großen Krug und füllt ihn dann mit Eiswürfeln. Man gießt den Tee durch ein Teesieb hinein und füllt den Krug dann mit kaltem Wasser auf. Die Mischung wird einige Stunden kaltgestellt und vor dem Servieren in Gläser gefüllt, die mit Zitronenscheiben oder zerstoßenen Pfefferminz- oder Salbeiblättern verziert werden können.

SCHOTTISCHER NEBEL

Ein anregendes Getränk für den Abend. In einer Kasserolle werden 3 Teile Ceylon Tee mit 2 Teilen Whisky vermischt und mit Honig abgeschmeckt. Die Mischung wird erhitzt, darf aber nicht kochen. Man trinkt sie aus kleinen Kaffeetassen – oben schwimmt eine Sahnehaube.

SOMMERLICHER TEEPUNSCH

575 ml kalter Darjeelingtee, 225 g Zucker, 150 ml Rum und eine 400 g Büchse mit Ananasstücken werden vermischt und für mindestens 2 Stunden kaltgestellt. Dann gießt man die Mischung in einen großen Krug oder eine Bowle, gibt Eiswürfel, 1 Flasche trockenen Weißwein und 1 l Zitronenlimonade hinzu. Vor dem Servieren mit Zitronenscheiben oder Maraschino-Kirschen verzieren.

Wie die Rezepte gelingen

Alle Rezepte geben genaue und leicht verständliche Anweisungen, jedes wurde mindestens zweimal ausprobiert. Bitte achten Sie immer darauf, daß die Zutaten genau abgewogen werden und daß Geräte und Ofentemperatur stimmen. Deswegen haben wir hier das wichtigste Zubehör aufgelistet und auch die verschiedenen Arbeitsmethoden.

Obst und Gemüse sollten vor der Verarbeitung abgewischt oder gewaschen und dann nach Anweisung vorbereitet werden. Einzelne Zutaten und Gewürze können je nach persönlichem Geschmack und Jahreszeit variiert werden.

Küchengeräte

Ausstecher Ausstechformen gibt es in den verschiedensten Formen und Größen; dazu ein Teigrädchen.

Backblech Zwei oder mehr flache Backbleche, wie sie im allgemeinen zur Ausstattung eines Herdes gehören, zum Backen von Keksen, Brötchen usw.

Backformen In den verschiedensten Größen und Materialien, aus Schwarzblech, Weißblech, Kupfer, mit Teflonbeschichtung, aus feuerfestem Glas oder aus Steingut.

Kastenform Eine große und eine kleine gehören zur Grundausstattung.

Runde Backform In verschiedenen Größen, am besten als Springform, evtl. mit auswechselbarem Boden.

Pasteten- und Sandwichformen Für die Rezepte werden noch verschiedene andere Formen gebraucht: paarweise runde Sandwichformen (18 und 20 cm ⌀), Pasteten- und Tortelettförmchen in mehreren Größen, und quadratische tiefe Formen (15, 18 und 20 cm).

Rehrücken- oder Biskuitform 28x18 cm ist eine praktische Größe, manchmal kann man auch eine größere brauchen.

Kuchengitter Zum gleichmäßigen Abkühlen von Torten und Gebäck, die sonst leicht klitschig oder klebrig werden können.

Küchenwaage Bei der großen Auswahl eine Frage des persönlichen Geschmacks. Achten Sie darauf, daß der Zeiger der Waage vor dem Auswiegen der Zutaten immer exakt auf Null steht.

Litermaß Das Gefäß sollte einen guten Ausguß haben und mindestens 1 l fassen, möglichst durchsichtig und hitzeunempfindlich sein und deutlich sichtbare Markierungen haben.

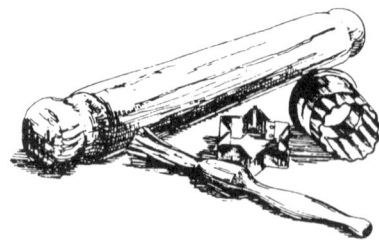

Löffel Eine Auswahl verschieden großer, auch gelochter Holzlöffel, dazu Metallöffel.

Messer Eine möglichst große Auswahl, darunter auch eines mit scharfer, gezackter Klinge zum Schneiden u.a. von Obst, und ein größeres mit abgerundeter Klinge.

Meßlöffel Es ist vernünftig, einen guten Meßlöffel anzuschaffen, um sich nicht auf die normalen Tee- oder Eßlöffel verlassen zu müssen. So kann man kleine Mengen von 5 oder 15 ml, die entscheidend sein können, genau abmessen.

Palette Zum Glätten von Tortenoberflächen, Verstreichen von Glasuren und zum Abheben von Kleingebäck vom Blech. Die Palette sollte stabil sein und ein breites Metallblatt haben.

Pinsel Zum Bestreichen und Bestäuben aller Arten von Gebäck.

Raspel Für Zitronen- und Orangenschalen braucht man eine feine Raspel.

Rollholz Stabile Nudelrollen aus Holz mit glatter Oberfläche eignen sich am besten; Rollen aus Glas haben den Vorteil, daß sie mit kaltem Wasser gefüllt werden können und daß so die Temperatur des Teiges niedrig bleibt.

Rührgerät Ein Handmixer bzw. eine elektrische Küchenmaschine mit den entsprechenden Zusätzen; dazu einen Schneebesen.

Schöpflöffel Mit Löchern, um in heißem Fett ausgebackene Krapfen, Beignets oder Doughnuts auszuheben.

Schüsseln Verschiedene Größen sollten in jedem Haushalt vorhanden sein, aus Glas, Porzellan, Plastik oder Steingut und möglichst standfest. Am zweckmäßigsten sind feuerfeste Gefäße.

Siebe Ein kleines Haar- und ein großes Mehlsieb; auch zum Passieren von weichem Fruchtfleisch und zum Bestäuben mit Mehl und Puderzucker.

Spritzbeutel Zum Verzieren und Füllen mit Glasuren, Sahne und Creme braucht man eine Garnierspritze. Plastiktüllen sind am leichtesten zu reinigen. Die Öffnung der Tülle bestimmt die Dicke der Spritzmasse. Es gibt u.a. Loch- und Sterntüllen, auch ganz feine zum Beschriften und Marmorieren.

Streubüchse Nicht unbedingt nötig, aber manchmal nützlich zum Streuen von Zucker und Mehl über Kuchen und Gebäck.

Teigspatel und Küchenschaber Am besten aus biegsamem Gummi oder aus festem Kunststoff mit harter Kante, um Reste aus Töpfen und Schüsseln auszukratzen.

Vorratstopf Zum Einlegen von Marmeladen, Obst und Mixed Pickles. Gefäße aus Aluminium und Edelstahl eignen sich am besten.

Arbeitsmethoden

Ausrollen Man rollt den Teig am besten auf einem großen, flachen, mehlbestäubten Holzbrett mit dem Rollholz aus; locker und gleichmäßig, mit kurzen Bewegungen immer in einer Richtung, wobei man den Teig oft dreht, um eine gleichmäßige Form zu erzielen. Darauf achten, daß der Teig nicht an der Unterlage festklebt – aber nicht umdrehen, da er sonst zu viel Mehl von der Unterlage aufnimmt.

Ausfetten/Auslegen Kleine Pasteten- oder Kastenformen, die nur zum Brotbacken benutzt werden, brauchen nicht eingefettet zu werden, aber die meisten Backformen sollten eingefettet oder mit Backpapier ausgelegt werden. Vor dem Auslegen mit Backpapier kann die ganze Form auch noch sorgfältig und gleichmäßig eingefettet werden. Man schneidet das Backpapier vorher exakt zu, denn es muß genau passen, damit der Kuchen die richtige Form bekommt. Wenn man den Boden ausgelegt hat, mißt man den seitlichen Umfang aus und schneidet einen langen Streifen zu, dessen Enden sich beim Einlegen überlappen und der 5 cm über den Rand ragen sollte.

Bei runden Formen macht man an einer Seite des Streifens kurze Diagonalschnitte, damit sich das Backpapier besser der Rundung anpaßt. Dann legt man den Streifen ein und paßt ihn genau an das unten ausgelegte Backpapier an. Die so ausgelegte Form wird sorgfältig eingefettet – das Backpapier muß gleichmäßig mit einer dünnen Fettschicht bedeckt sein.

Beim Backen einer Biskuitrolle muß man darauf achten, daß das Backpapier nicht höher als der Rand der Form ist, da die Biskuitrolle sonst nicht richtig bräunt.

Bei Blätterteig, Obst- und Käsekuchen oder bestimmten Pasteten wird die Form mit Teig ausgelegt. Man rollt den Teig mit dem Rollholz zu einem Kreis, der etwa 2,5 cm größer ist als die Form. Der Teig wird an Boden und Seiten festgedrückt, bei gerillten Formen den Teig mit den Fingern fest in die Vertiefungen drücken. Überstehender Teig wird mit dem Messer vom Rand entfernt.

Glasieren Die Oberfläche eines Gebäcks wird vor, während oder nach der Zubereitung mit einer Glasur überzogen. Man glasiert auch, um eine feste, trennende und zugleich klebrige Unterlage für eine weitere Schicht herzustellen. Man nimmt dazu einen Glasierpinsel.

Kneten Durch Kneten mit beiden Händen bekommt der Teig die richtige Konsistenz. Gleichzeitig entfaltet sich das Gluten, die klebrige Substanz im Mehl, die wichtig für das Aufgehen ist. Ein Brett bzw. eine feste Unterlage wird mit Mehl (etwa 60– 75 g) bestäubt, dann legt man den Teig darauf und streut noch etwas Mehl darüber. Der Teig wird zunächst mit den Fingern zum Körper hin geknetet, dann mit den Handinnenflächen eingedrückt und vom Körper weggewalkt; dieser Prozeß wird nach einem leichten Drehen der Teigmasse wiederholt. Man knetet den Teig etwa 10 Minuten, bis er glatt und geschmeidig ist und sich nicht mehr steif anfühlt.

Schaumig rühren So viel Luft wie möglich unter Zutaten wie Eiweiß oder Sahne schlagen, damit eine leichte, lockere Masse mit viel Volumen entsteht. Man arbeitet am besten mit einem Schneebesen oder einem elektrischen Rührgerät.

Schaumig schlagen Verschiedene Zutaten werden vermischt, indem man sie immer wieder durchschlägt, damit sie so viel Luft wie möglich aufnehmen. Das kann mit einem Holzlöffel, einer Gabel oder einem Schneebesen erfolgen. Für Kuchenteig, vor allem bei größeren Mengen, empfiehlt sich ein elektrisches Rührgerät. Man schlägt so lange, bis der Teig zähflüssig vom Löffel fließt. Ist er noch so flüssig, daß er gleich in die Masse einsinkt, ist der Teig noch nicht fertig. Der Klecks muß auf der Oberfläche eine deutliche Spur zurücklassen.

Spritzen Creme, Füllungen und Verzierungen aus Zuckerguß erhalten mit der Garnierspritze oder dem Spritzbeutel die richtigen dekorativen Formen. Auch Meringuen und Eclairs werden meist dressiert oder gespritzt.

Streuen Die Oberfläche eines Gebäcks gleichmäßig mit den trockenen Zutaten wie Mehl oder Zucker bestäuben.

Unterheben Eine weitere Zutat wird unter eine vorhandene Masse gemischt, ohne dabei nochmals Luft hineinzuschlagen. Normalerweise hebt oder zieht man Zucker unter Eiweiß, oder Mehl in eine geschlagene Mischung aus Fett, Zucker und Eiern. Man hebt immer die leichteren Zutaten und Mischungen unter die schwereren. Unterheben gelingt am sichersten mit einem Spatel oder einem Metallöffel: Man sticht vorsichtig in die Masse und zieht den Löffel dann in langsamen, kreisförmigen Bewegungen hoch und durch die Masse.

Zerlassen/Schmelzen Manche Gebäckarten, vor allem mit Eiern, erfordern, daß Fett, Zucker, Sirup usw. flüssig sind, bevor die trockenen Zutaten untergemischt werden. Sorgfältig auf die Temperatur achten, denn die Masse soll warm sein, darf aber nicht kochen.

Back-Tips

1. Verwenden Sie die richtigen Geräte.

2. Stellen Sie den Herd 15 Minuten, bevor das Gebäck hineinkommen soll, auf die erforderliche Temperatur. Der Herd muß genau richtig vorgeheizt sein, damit der Teig gut geht.

3. Stellen Sie den fertigen Teig gleich in den Herd, damit die untergeschlagene Luft nicht mchr entweichen kann.

4. Öffnen Sie den Herd frühestens nach 3/4 der vorgeschriebenen Backzeit. Die Temperatur im Backofen muß beständig bleiben, sonst kann der Kuchen zusammenfallen.

5. Wenn in den Rezepten nichts anderes angegeben ist, stelle man kleine Kuchen, Scones und Biskuitrollen etwas über die Mitte, Cremetorten und -schnittchen, Teekuchen, leichte Obstkuchen, Kekse und Shortbread auf die mittlere Schiene des Backofens; schwere Fruchtkuchen etwas unter die Mitte.

6. Um zu prüfen, ob der Kuchen fertig ist, macht man eine Garprobe: Biskuitteig an der Oberfläche leicht mit dem Finger eindrücken. Ist der Kuchen gut, springt der Teig gleich zurück und der Fingereindruck hinterläßt keine Spur. Bei Früchtekuchen, Teekuchen und Brot sticht man mit einem trockenen Holzstäbchen (Stäbchenprobe) in die Mitte des Kuchens. Beim Herausziehen des Stäbchens dürfen keine Teigreste daran haften. Kekse und kleines Gebäck sind gut, wenn sie schön gegangen, fest und goldgelb sind. Wenn das Gebäck noch nicht durchgebacken ist, stellt man es wieder in den Backofen, eventuell bei niedriger Temperatur, damit es nicht zu sehr bräunt. Man läßt es weitere 15–20 Minuten backen und macht dann noch einmal die Garprobe.

Wenn etwas schief geht

Wenn Sie die Anleitungen genau befolgen, die Zutaten exakt abwiegen und die richtigen Backformen benutzen, müssen die Rezepte eigentlich immer gelingen. Falls aber irgendetwas doch einmal nicht wie erwartet gelingt, hier noch ein paar Ratschläge, wie man es beim nächsten Mal besser machen kann.

Der Kuchen ist in der Mitte zu sehr gestiegen Vielleicht zu viel Treibmittel, Teig nicht gut genug durchgeschlagen oder Backofen-Temperatur zu hoch.

Der Kuchen ist in der Mitte zu sehr eingefallen Das passiert leider oft bei Früchtekuchen und kann daran liegen, daß Fett und Zucker nicht gut genug geschlagen wurden, daß zu wenig Treibmittel verwendet wurde oder die Backofentemperatur nicht hoch genug eingestellt war.

Zu grober krümeliger Teig Vielleicht nicht genug geschlagen, vielleicht auch zu wenig Mehl genommen, vielleicht war auch die Backofen-Temperatur zu niedrig.

Risse in der Oberfläche Die Form war zu klein oder der Backofen zu heiß. Vielleicht haben Sie auch zu viel Mehl oder Treibmittel verwendet.

Früchte sind auf den Boden des Kuchens gesunken Fett und Zucker nicht gut genug durchgeschlagen oder zu viel Flüssigkeit hat die Mischung zu weich gemacht. Wälzen Sie das nächste Mal die Früchte in Mehl, bevor Sie sie in die Teigmasse geben.

Außen hart, innen klitschig Das passiert öfter bei Früchtebrot oder Torten. Der Backofen kann zu heiß geworden sein oder die Kuchen haben zu weit oben gestanden. Vielleicht war zu viel Flüssigkeit (auch Sirup u.a.) oder zu viel Fett im Teig. Legen Sie ein passend zugeschnittenes Stück Backpapier auf die Oberfläche, und machen sie ein kleines Loch in die Mitte des Papiers, damit der Dampf entweichen kann.

Der Kuchen ist zu schwer und feucht Zu viel Fett oder Zucker in der Teigmasse – oder zu wenig Mehl oder Treibmittel. Vielleicht wurde der Teig auch nicht genug geschlagen oder der Backofen war zu kalt.

Große Löcher im Kuchen Zu viel Treibmittel.

Helle und dunkle Teebrote

Selbstgebackenes Brot schmeckt ganz anders und viel besser als gekauftes. Zeit und Mühe lohnen sich wirklich. Man schneidet es zum Tee in Scheiben, die dann jeder selber bestreichen kann, oder macht gleich fertige Sandwiches (s.S. 35–43). Hier sind besonders leckere Rezepte gesammelt, darunter Haferbrot und Joghurt-Roggenbrot, dazu Weißbrot und Vollkornbrot. Wer eine schöne knusprige Kruste liebt, bestreicht den Brotlaib leicht mit etwas geschlagenem Eiweiß, wenn er noch nicht ganz ausgebacken ist. Wer weiche Krusten mehr schätzt, bestreicht das Brot mit etwas zerlassener Butter, ebenfalls kurz bevor es fertig ist.

Teebrote sind immer beliebt, man kann sie so essen oder mit Butter und Marmelade oder Gelee bestreichen. Hier findet man viele traditionelle englische Spezialitäten, auch aus Großmutters Küche. Für viele dieser Rezepte braucht man getrocknete Früchte, Rosinen, Korinthen und Sultaninen, die möglichst feucht sein sollten und deshalb eine Stunde vor Verwendung in etwas Sherry eingeweicht werden.

ZUTATEN

150 g weiche Margarine, weitere 5 ml (1 TL) zum Ausfetten der Form
150 g Zucker
3 mittelgroße Eier, geschlagen
Mus von 4 reifen Bananen
¼ TL Vanillearoma
400 g Weizenvollkornmehl, gesiebt
100 g gemahlene Mandeln
2 TL Backpulver
¼ TL Salz
30 ml (2 EL) brauner Kristallzucker

Mandel-Bananen-Teebrot

Das Mandelaroma und die Süße und Konsistenz der Bananen machen den ganz besonderen Geschmack dieses Brotes aus. Die Bananen sollten überreif sein – man bekommt sie dann sogar oft billiger.

Vorbereitung: 20 min · **Backzeit** 1¼–1½ h · **Menge** 1 Kuchen

Backofen auf 180° vorheizen; eine rechteckige Backform (18 cm) ausfetten und auslegen. Margarine und Zucker mischen und schaumig schlagen. Die geschlagenen Eier nach und nach hineingeben und jedesmal gut durchschlagen. Bananenmus und Vanille-Essenz vermischen und einrühren. Es schadet nichts, wenn die Masse gerinnt, aber es ist wichtig, sie gut durchzuschlagen, damit sie genügend Luft aufnimmt.

Mehl, Mandeln, Backpulver und Salz in einem anderen Gefäß mischen und unter die Bananenmasse heben. Alles gut vermischen und dann mit dem Löffel in die vorbereitete Form füllen. Braunen Zucker über die Oberfläche streuen.

Nach 1¼–1½ Stunden Backzeit muß das Brot fest sein. Stäbchenprobe machen, den fertigen Laib aus dem Backofen nehmen und auf einem Kuchengitter abkühlen lassen. In Folie eingewickelt mindestens einen Tag liegen lassen.

Bara Brith

Dieses traditionelle Waliser Teebrot hat regional die verschiedensten Varianten. Einige Waliser mögen es lieber trocken, andere schätzen es feucht und würzig. Ich ziehe die feuchtere Version vor, die mit und ohne Butter gut schmeckt.

Vorbereitung 2–2½ h · **Backzeit** 20–30 min · **Menge** 1 Kuchen (900 g)

Backofen auf 140° vorheizen. Mehl und Salz in einer feuerfesten Schüssel zum Anwärmen in den Backofen stellen. Milch in einer Kaserolle erwärmen, die Hälfte über die Hefe gießen und mit einer Gabel zu einer Paste verarbeiten. Die Hefe-Milch-Mischung in das angewärmte Mehl geben, beides mit der Gabel gut vermischen. Butter in der restlichen warmen Milch zergehen lassen, in das Mehl geben und alles zu einem leichten Teig verrühren. Falls der Teig zu trocken ist, noch etwas Milch hinzufügen.

Die Schüssel mit dem fertigen Teig mit einem feuchten Tuch bedecken, an einen warmen Ort stellen und 35–40 Minuten zu doppeltem Volumen aufgehen lassen.

Eine 900 g-Kastenform einfetten, zum Anwärmen in den Backofen stellen. Die getrockneten Früchte, Zucker, Zitronat und Gewürze in einer feuerfesten Schüssel einige Minuten im Herd anwärmen, dann mit den Händen gleichmäßig und gründlich unter den Teig mischen. Falls er zu fest sein sollte, nochmals etwas warme Milch hinzufügen. Die Masse in die angewärmte Backform füllen, mit einem feuchten Tuch bedecken und an einem warmen Platz nochmals etwa 1½–2 Stunden gehenlassen, bis der Teig die Backform ganz ausfüllt.

Backofen auf 200° stellen und das Brot 20–30 Minuten backen lassen. Während der letzten 10 Minuten die Oberfläche mit Alufolie bedecken. Nach der Stäbchenprobe aus dem Backofen nehmen und in der Form abkühlen lassen, bevor man es auf dem Kuchengitter erkalten läßt.

ZUTATEN

450 g Mehl, gesiebt
5 ml (1 TL) Salz
150 ml Milch, eventuell
    zusätzlich 15–30 ml
    (1–2 EL)
15 g frische Hefe
75 g Butter, weitere 5 ml
    (1 TL) zum Ausfetten
je 100 g Sultaninen,
    Rosinen, Korinthen
75 g brauner Zucker
50 g Orangeat und Zitronat
10 ml (2 TL) Gewürze

Abbildung S. 32

Barmbrack

ZUTATEN
450 g Trockenfrüchte
  (Rosinen, Korinthen,
  Sultaninen, Zitronat,
  Orangeat, Kirschen)
200 g brauner Zucker
275 ml kalter schwarzer Tee
5 ml (1 TL) Margarine zum
  Ausfetten
2 mittelgroße Eier,
  geschlagen
250 g Mehl, gesiebt
1 gute Prise Salz
5 ml (1 TL) Gewürze

Dieses traditionelle irische Früchtebrot wird in Scheiben geschnitten und mit oder ohne Butter serviert.

Vorbereitung 3 h oder 1 Nacht zum Einweichen der Früchte, plus 10–15 min · **Backzeit** 1½–1¾ h · **Menge** 1 Kuchen (900 g)

Trockenfrüchte und Zucker über Nacht – oder mindestens 3 Stunden – im Tee ziehenlassen.
    Backofen auf 180° vorheizen; eine 900 g-Kastenform ausfetten und auslegen. Die geschlagenen Eier, Mehl, Salz und Gewürze unter die Früchte-Tee-Mischung rühren und in die vorbereitete Backform füllen. Nach 1½–1¾ Stunden Backzeit Stäbchenprobe machen, dann herausnehmen und 5–10 Minuten in der Form abkühlen, dann auf dem Kuchengitter völlig erkalten lassen. In Folie wickeln, damit der Kuchen nicht austrocknet.

Ciderkuchen

ZUTATEN
450 g Trockenfrüchte
  (Rosinen, Korinthen,
  Sultaninen, Zitronat,
  Orangeat, Kirschen)
275 ml süßer Apfelmost
5 ml (1 TL) Margarine zum
  Ausfetten
275 g Mehl,
2½ TL Backpulver gesiebt
50 g gehackte Mandeln
  oder Walnüsse
175 g brauner Zucker
geriebene Schale von einer
  Orange und einer Zitrone
2 mittelgroße Äpfel,
  geschält, entkernt und
  gerieben
2 große Eier, geschlagen

Wer diesen Kuchen nicht ganz so feucht mag, nimmt etwa 25 g Mehl mehr.

Vorbereitung 3 h oder 1 Nacht zum Einweichen der Früchte, plus 20 min **Backzeit** 1½–1¾ h · **Menge** 1 Kuchen

Die getrockneten Früchte über Nacht – oder mindestens 3 Stunden – im Apfelmost ziehen lassen. Backofen auf 170° vorheizen; eine große rechteckige Backform ausfetten und auslegen. Cider und Früchte in einer Kasserolle aufkochen, den Topf vom Herd nehmen und abkühlen lassen. Mehl, Nüsse, Zucker, Orangen- und Zitronenschale sowie die geriebenen Äpfel in einer Schüssel mischen, nach und nach den Cider mit den Früchten und die geschlagenen Eier hinzugeben und alles gut durchmischen. Den Teig in die vorbereitete Form füllen und 1½–1¾ Stunden backen, bis sich das Brot fest anfühlt, gut gegangen und goldbraun ist. Auf einem Kuchengitter abkühlen lassen.

Käselaib mit Schnittlauch

Ganz köstlich warm und mit Butter bestrichen. Wenn es keinen frischen Schnittlauch gibt, können Sie 15 ml (1 EL) getrockneten verwenden.

Vorbereitung 2–2½ h · **Backzeit** 45–50 min · **Menge** 1 Kuchen (900 g)

Hefe völlig in warmem Wasser auflösen, Malzextrakt hinzufügen und alles sorgfältig verrühren. 15–20 Minuten an einem warmen Platz stehen lassen, bis die Masse schaumig geworden ist. Mehl, Zwiebelsalz, Schnittlauch, Käse und Milch vermischen und gut mit einer Gabel durchschlagen, bis die Masse weich und cremig wird. Langsam die angerührte Hefe hinzufügen und das Ganze mit der Gabel zu einem weichen Teig verrühren.

Auf einem bemehlten Brett etwa 10 Minuten gut durchkneten, bis der Teig weich und geschmeidig ist, dann wieder in die Schüssel füllen und, mit einem feuchten Tuch bedeckt, 35–40 Minuten gehen lassen. Backofen auf 200° vorheizen, in den Backofen stellen und zunächst 10 Minuten bei 200°, dann weitere 35–40 Minuten bei 180° backen lassen. Das fertige Brot muß oben leicht gebräunt sein und hohl klingen, wenn man darauf klopft. Aus dem Backofen nehmen und auf dem Kuchengitter abkühlen lassen.

ZUTATEN
25 g frische Hefe
200 ml warmes Wasser
10 ml (2 TL) Malzextrakt
450 g Weizenvollkornmehl, gesiebt, weitere 50–75 g zum Bemehlen der Arbeitsfläche
10 ml (2 TL) Zwiebelsalz
30 ml (2 EL) fein gehackter frischer Schnittlauch
175 g Doppelrahm-Frischkäse
30 ml (2 EL) Milch
5 ml (1 TL) Öl zum Ausfetten der Backform

Feigenbrot

Ein kräftiges, dunkles Brot mit starkem, süßen Feigengeschmack.

Vorbereitung 1 h zum Einweichen der Feigen, plus 10–15 min · **Backzeit** 1¼–1½ h · **Menge** 1 Kuchen

Feigen, Tee, Zucker und Melasse in einer großen Schüssel mindestens 1 Stunde (je länger, je besser) ziehen lassen. Backofen auf 180° vorheizen; eine 900 g-Kastenform ausfetten und auslegen. Die übrigen Zutaten vermischen und unter die Feigenmischung heben, alles mit einem Holzlöffel gut durchschlagen und in die Kastenform füllen. Nach 1¼–1½ Stunden Backzeit Stäbchenprobe machen. Den Laib aus dem Backofen nehmen, 5–10 Minuten in der Form abkühlen lassen, dann herausnehmen und auf dem Kuchengitter erkalten lassen.

ZUTATEN
225 g gehackte getrocknete Feigen
175 ml kalter schwarzer Tee
100 g brauner Zucker
15 ml (1 EL) schwarze Melasse
5 ml (1 TL) Margarine zum Ausfetten der Form
225 g Weizenvollkornmehl, gesiebt
20 ml (4 TL) Backpulver
1 mittelgroßes Ei, geschlagen

Abbildung gegenüber S. 32

Gerstenbrot

Dieses beliebte Teebrot schmeckt sehr würzig und eignet sich besonders für Sandwiches und Toast.

Vorbereitung 2½–3 h · **Backzeit** 35–40 min · **Menge** 1 Brot

ZUTATEN
- 15 g frische Hefe
- 275 ml warmes Wasser
- 450 g mit Gerste oder Malz vermischtes Mehl, gesiebt, weitere 50–75 g zum Bemehlen des Brettes
- 5 ml (1 TL) Salz
- 15 ml (1 EL) Malzextrakt
- 15 ml (1 EL) Sonnenblumenöl, dazu 10 ml (2 TL) zum Ausfetten von Schüssel und Backblech

Hefe mit 30 ml (2 EL) warmem Wasser gut verquirlen. An einem warmen Platz 15–20 Minuten gehen lassen, bis die Mischung schaumig wird. Mehl und Salz mischen und erst die Hefe, dann das restliche Wasser, Malzextrakt und Öl hineingeben. Alles mit der Gabel zu einer festen Masse verrühren. Es dürfen keine Reste in der Schüssel kleben bleiben, wenn man den Teig auf ein bemehltes Brett legt. 5–10 Minuten durchkneten, bis der Teig weich und geschmeidig wird. Schüssel ausspülen, abtrocknen und leicht mit Öl fetten. Den Teig wieder in die Schüssel füllen und unter einem feuchten Tuch 1½–2 Stunden zu doppeltem Volumen aufgehen lassen. Backblech mit Öl ausfetten. Den Teig auf einem leicht bemehlten Brett noch einmal 2–3 Minuten durchkneten und zu einem runden Laib formen. Mit Folie bedecken und 30 Minuten an einem warmen Platz zu doppelter Höhe aufgehen lassen. Backofen auf 220° vorheizen. 35–40 Minuten backen. Das Brot ist fertig, wenn es sich beim Beklopfen der Kruste hohl anhört, anderenfalls weitere 5 Minuten in den Backofen stellen. Auf einem Kuchengitter auskühlen lassen.

Malzbrot

Malzbrot sollte während des Backens zugedeckt werden, da es sonst leicht zu braun wird. Vor dem Essen 2–3 Tage lagern. In Scheiben schneiden, mit Butter, Käse und Marmelade servieren.

Vorbereitung 20 min · **Backzeit** 1½–1¾ h · **Menge** 1 Brot

ZUTATEN
- 10 ml (2 TL) Margarine zum Ausfetten von Schüssel und Backblech
- 350 g Mehl, gesiebt
- 1 gute Prise Salz
- ½ TL Backsoda
- 5 ml (1 TL) Backpulver
- 5 ml (1 TL) Gewürze
- 250 g Sultaninen oder Rosinen, auch gemischt
- 45 ml (3 EL) brauner Kristallzucker
- 275 ml Malzextrakt
- 2 mittelgroße Eier, geschlagen
- 150 ml Milch

Backofen auf 150° vorheizen. Eine rechteckige Backform (18 cm) ausfetten und auslegen, außerdem den Boden einer Springform, die groß genug ist um die Backform zu bedecken, ausfetten. Mehl, Salz, Natron, Backpulver und Gewürze in einer Schüssel mischen, Trockenfrüchte einrühren. Malzextrakt und Zucker langsam in einer Kasserolle erhitzen, aber nicht kochen lassen. Die warme Mischung über die trockenen Zutaten gießen und mit dem Holzlöffel gut durchschlagen. Eier schaumig schlagen und mit der Milch nach und nach hinzugeben, ständig weiterschlagen, bis alles gut vermischt ist. Die Masse in die vorbereitete Form füllen, mit dem eingefetteten Blech zudecken und mit einem feuerfesten Gewicht beschweren. Nach 1½–1¾ Stunden Backzeit entfernt man das Deckblech und macht die Stäbchenprobe. Aus dem Backofen und aus der Form nehmen und auf einem Kuchengitter abkühlen lassen. Nach dem Erkalten in Folie wickeln und 2–3 Tage ruhen lassen.

Marmeladen-Teebrot

Diese Brotsorte bekommt durch die Ingwermarmelade einen leicht bitteren Geschmack und wird deswegen von all denen geschätzt, die Früchtebrote zu süß finden. Vor dem Essen 3–4 Tage liegen lassen.

Vorbereitung 15 min · **Backzeit** 1¼–1½ h · **Menge** 1 Kuchen (900 g)

Backofen auf 180° vorheizen; 900 g-Kastenform ausfetten. Mehl, Salz und Muskat in einer Schüssel mischen, das Fett in kleinen Stückchen hineinschneiden, so daß eine krümelige Masse entsteht. Zucker einrühren. Das geschlagene Ei, Milch, geriebene Orangenschale und 60 ml (4 EL) Marmelade hineingeben und 3–4 Minuten gut durchschlagen, bis alles richtig vermischt ist. In die vorbereitete Backform füllen, 1¼–1½ Stunden backen lassen, Stäbchenprobe machen. Aus dem Backofen und aus der Form nehmen und auf ein Kuchengitter stellen. Solange der Laib noch warm ist, die restliche Marmelade auf der Oberfläche verstreichen. Nach dem Erkalten in Folie wickeln und 3–4 Tage liegen lassen.

ZUTATEN
225 g Mehl, gesiebt
2 gut gehäufte TL Backpulver
1 Prise Salz
1½ TL geriebenes Muskat
100 g weiche Butter oder Margarine; einen weiteren Teelöffel voll zum Einfetten
100 g brauner Zucker
1 großes Ei, geschlagen
60 ml (4 EL) Milch
geriebene Schale von 1 Orange
100 g Ingwermarmelade

Haferbrot

Hervorragend zu Käse, kaltem Fleisch und Pasteten.

Vorbereitung 3¼–3½ h · **Backzeit** 40–45 min · **Menge** 2 Brote

Hefe und weißen Zucker zu einer weichen Mischung verrühren. Wasser hinzufügen und gut untermischen. Die Schüssel 15–20 Minuten an einem warmen Platz stehen lassen, bis die Masse schaumig ist. Milch, braunen Zucker und Butter langsam in einer Kasserolle unter leichtem Rühren erwärmen, bis der Zucker sich aufgelöst hat. Kasserolle vom Herd nehmen und abkühlen lassen. Backofen auf 140° vorheizen. Mehl, Salz und Haferflocken in einer feuerfesten Schüssel mischen und einige Minuten im Backofen anwärmen. Backofen ausstellen. Eine Vertiefung in die Mehlmischung drücken, die Hefe-Milch-Mischung hineingießen und mit einer Gabel nach und nach Mehl und Haferflocken in die Flüssigkeit mischen. Der Teig muß fest werden und sollte nicht am Schüsselrand klebenbleiben, wenn man ihn herausnimmt. Ist der Teig zu feucht, noch etwas Mehl hinzufügen, ist er zu trocken, noch etwas warme Milch zumischen. Den Teig

ZUTATEN
15 g frische Hefe
½ TL Zucker
45 ml (3 EL) warmes Wasser
225 ml Milch
50 g brauner Zucker
50 g Butter, weitere 25 g zum Bestreichen des Kuchens
675 g Mehl, gesiebt, weitere 50–75 g zum Einmehlen des Brettes
5 ml (1 TL) Salz
350 g Haferflocken
10 ml (2 TL) Öl zum Einfetten

Abbildung gegenüber S. 32

auf einem bemehlten Brett etwa 10 Minuten kneten, bis er weich und geschmeidig ist. Die Schüssel auswaschen, abtrocknen und leicht einfetten. Den Teig wieder hineinfüllen und, mit einem feuchten Tuch zugedeckt, an einem warmen Platz 1¾–2 Stunden zu doppeltem Volumen aufgehen lassen.

Beide Backformen ausfetten. 25 g Butter für die Glasur zergehen lassen. Den Teig auf dem bemehlten Brett nochmals für 4–5 Minuten durchkneten, in zwei gleiche Hälften teilen und so formen, daß er in die Kastenformen paßt, hineinfüllen und die Oberfläche mit der geschmolzenen Butter bestreichen. Backformen mit einem feuchten Tuch bedecken und 1 Stunde an einem warmen Platz stehen lassen, bis der Teig doppelt so hoch aufgegangen ist und bis zum Rand der Form reicht. Inzwischen den Backofen auf 220° vorheizen; die ersten 15 Minuten bei dieser Temperatur backen, dann weitere 25 Minuten bei 190°. Aus dem Backofen nehmen und vorsichtig beklopfen. Hört es sich hohl an, ist das Brot fertig; wenn nicht, Herd auf 170° herunterstellen, die Brote umgekehrt in die Formen setzen und noch 5 Minuten backen. Herausnehmen und auf einem Kuchengitter abkühlen lassen.

ZUTATEN

10 ml (2 EL) Öl zum Einfetten der Formen
20 g frische Hefe
¾ EL Zucker
700 ml warmes Wasser, eventuell zusätzlich noch 15–30 ml (1–2 EL)
900 g Weizenvollkornmehl, gesiebt, dazu 50–75 g zum Bemehlen des Brettes
10 ml (2 TL) Salz

Fortsetzung S. 33

Helles Hefebrot

Lecker, locker und leicht; auch als Rosinenbrot zu backen, indem man 5 ml (1 TL) Gewürze mit Mehl und Salz vermischt und 225 g Rosinen hinzufügt, bevor der Teig zum zweitenmal durchgeknetet wird. Achten Sie dabei besonders darauf, daß die Rosinen gleichmäßig im Teig verteilt sind.

Vorbereitung 2½–3 h · **Backzeit** 1 h · **Menge** 2 Kuchen (je 900 g)

Zwei 900 g-Kastenformen mit Öl einfetten und an einem warmen Platz abstellen.

Hefe und Zucker gut vermischen, das warme Wasser hineingeben und gut unterrühren. Mehl und Salz in eine Schüssel sieben und in der Mitte eine Mulde machen. Die flüssige Hefe hineingießen und noch etwas Mehl darüber stäuben. Nicht vermischen. Die Schüssel an einem warmen Platz etwa 20 Minuten stehen lassen. Das Ganze dann mit einer Gabel zu einem geschmeidigen Teig vermischen, falls nötig, noch etwas warmes Wasser hinzugeben. Gut durchkneten, bis der Teig glatt ist und keine Reste in der Schüssel klebenbleiben. Mit einem feuchten Tuch bedeckt etwa 1½–2 Stunden an einem warmen Platz stehen lassen, bis er zu doppeltem Volumen aufgegangen ist. Den Teig auf einem bemehlten Brett nochmals gut durchkneten, bis kleine Blasen im Teig entstehen. In 2 gleiche Teile teilen, formen und in die vorgewärmten Kastenformen füllen. Mit einem feuch-

Teebrote Im Uhrzeigersinn von links beginnend: Haferbrot (siehe S. 31); Bara Brith (siehe S. 27); Feigenbrot (siehe S. 29)

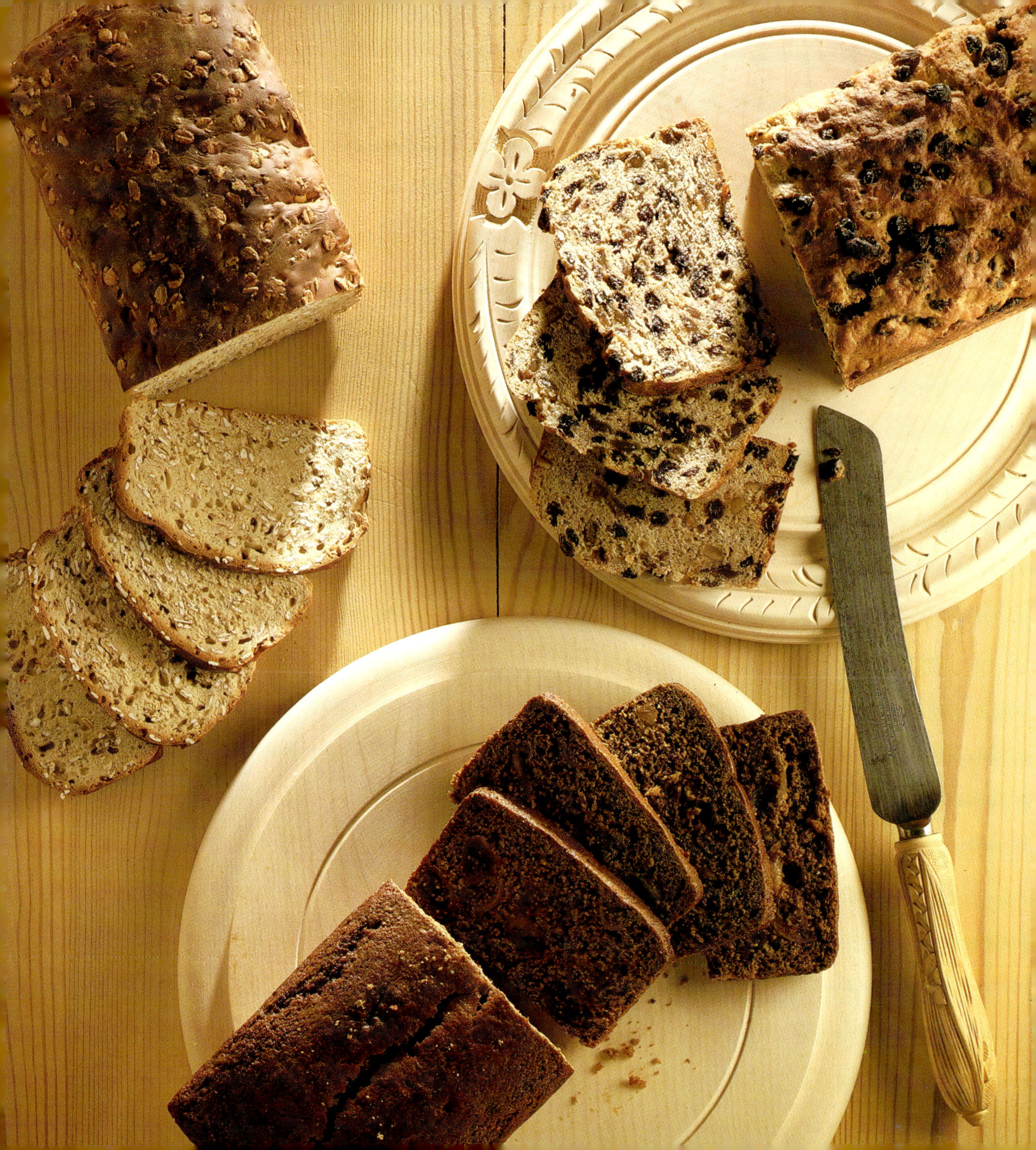

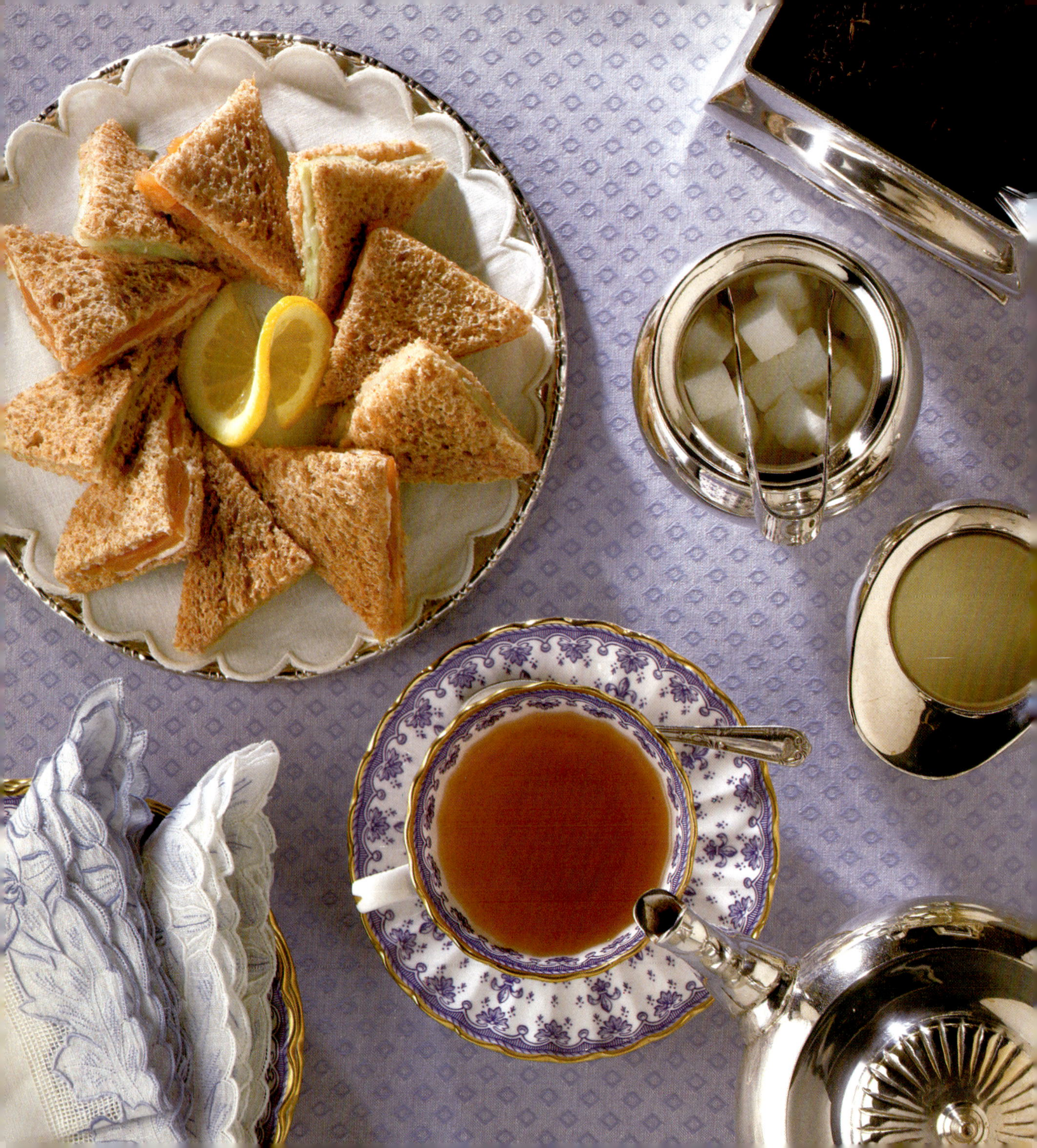

ten Tuch bedeckt, an einem warmen Platz nochmals 30–40 Minuten gehenlassen, bis der Teig sich fast verdoppelt hat und an den Rand der Form reicht. Den Backofen inzwischen auf 220° vorheizen. Nach 1 Stunde Backzeit aus dem Herd und aus den Formen nehmen. Fühlt sich der Laib beim Beklopfen der Unterseite hohl an, ist er fertig. Wenn nicht, stellt man ihn noch einmal umgekehrt in die Formen und läßt ihn weitere 5 Minuten backken. Aus dem Backofen nehmen und 2–3 Minuten in den Formen abkühlen lassen, dann herausnehmen und auf dem Kuchengitter völlig erkalten lassen.

Vollkornbrot

Dieses so kernige wie schmackhafte Teebrot kann sowohl als Laib als auch in Form von Brötchen gebacken werden.

Vorbereitung 2 h · **Backzeit** 40–50 min · **Menge** 2 Laibe (je 900 g)

Honig und Hefe gründlich mit einem Metallöffel zu einer weichen und cremigen Masse verrühren. 150 ml warmes Wasser hinzufügen und gut unterrühren. Die Schüssel mit einem sauberen Tuch bedecken und an einem warmen Platz 10–15 Minuten stehenlassen, bis die Masse schaumig ist. Dann das Öl hineinschlagen. Mehl und Salz in eine Schüssel sieben und in der Mitte eine Vertiefung machen. Die Hefe-Öl-Mischung in die Mulde gießen, mit einer Gabel das Mehl nach und nach hineinmischen. Noch von dem restlichen warmen Wasser zugeben und einen festen Teig formen. Den Teig auf einem bemehlten Brett mit den Händen etwa 10 Minuten gut durchkneten, bis er weich und geschmeidig ist; wenn nötig, noch etwas Mehl dazugeben. Den Teig wieder in die Schüssel legen, mit einem feuchten Tuch bedecken und an einem warmen Platz etwa 1 Stunde gehen lassen, bis er das doppelte Volumen erreicht hat. Die beiden 900 g-Kastenformen mit Öl ausfetten. Den Teig nochmals 5 Minuten auf dem bemehlten Brett durchkneten. In zwei gleiche, passende Hälften formen, in die Formen legen und an einem warmen Platz 30 Minuten gehen lassen, bis der Teig zu doppelter Höhe bis zum Rand der Form aufgegangen ist.

Inzwischen den Backofen auf 200° vorheizen, die Backformen in den Herd stellen und erst 10 Minuten bei 200°, dann 30–40 Minuten bei 180° backen lassen. Die Brote sind fertig, wenn sie sich beim Beklopfen hohl anhören. Aus dem Backofen nehmen und 2–3 Minuten in der Form abkühlen lassen; dann aus der Form nehmen und auf einem Kuchengitter erkalten lassen.

Brötchen: An Stelle von Brotlaiben formt man aus demselben Teig kleine Bällchen in der gewünschten Größe und Menge. Backblech ausfetten und die Brötchen mit genug Zwischenraum darauf legen. Mit Plastikfolie bedeckt an einem warmen Platz 20 Minuten stehenlassen, bis sich das

Sandwiches Räucherlachs (siehe S. 41); Gurke (siehe S. 40).

ZUTATEN
5 ml (1 TL) Honig
20 g frische Hefe
etwa 425 ml warmes Wasser
15 ml (1 EL) Gemüseöl,
  plus 10 ml (2 TL) zum
  Ausfetten der Formen
550 g Weizenvollkornmehl,
  gesiebt, plus 50–75 g
  zum Bemehlen des
  Brettes
1 TL Salz

Volumen des Teigs verdoppelt hat. Inzwischen den Backofen auf 200° vorheizen. Die Brötchen brauchen 20–25 Minuten Backzeit und müssen schön aufgegangen und goldbraun sein. Aus dem Backofen nehmen und auf einem Kuchengitter abkühlen lassen.

Joghurt-Roggenbrot

ZUTATEN

10 ml (2 TL) Honig
50 g frische Hefe
150 ml warmes Wasser
400 g Vollkornmehl, gesiebt, plus 50–75 g zum Bemehlen des Brettes
100 g Roggenmehl
10 ml (2 TL) Meersalz
125 g Joghurt
30 ml (2 EL) Sahne
5 ml (1 TL) Öl zum Ausfetten der Form

Durch das Joghurt bekommt das Brot eine feuchte, feine Konsistenz; der Roggen verleiht ihm einen besonderen Geschmack.

Vorbereitung 2½–3 h · **Backzeit** 40–50 min · **Menge** 1 Brot (900 g)

Honig und Hefe gut zu einer weichen Mischung verschlagen, das warme Wasser hinzufügen und sorgfältig untermischen. An einem warmen Platz 15–20 Minuten stehenlassen, bis die Mischung schaumig geworden ist. Mehl und Salz in einer Schüssel vermischen, nach und nach die Hefe-Mischung, Joghurt und Sahne unterrühren. Mit einer Gabel zu einem festen, geschmeidigen Teig verrühren. Auf ein bemehltes Brett legen und 10–15 Minuten gut durchkneten. Die Schüssel spülen, abtrocknen und leicht einfetten, den Teig wieder in die Schüssel legen, mit einem feuchten Tuch bedecken und an einem warmen Platz 1½–2 Stunden zu doppeltem Volumen aufgehen lassen. Eine 900 g-Kastenform mit Öl ausfetten und an einen warmen Platz stellen. Den Teig auf dem bemehlten Brett nochmals 5 Minuten durchkneten und so formen, daß er in die Kastenform paßt. In der Form an einem warmen Platz 30–40 Minuten gehen lassen, bis er doppelt so hoch ist und den Rand der Form erreicht. Backofen auf 180° vorheizen. Nach 40–45 Minuten Backzeit das Brot aus der Form nehmen und unten beklopfen. Wenn es sich hohl anhört, ist es fertig. Wenn nicht, noch einmal umgekehrt in die Form legen und weitere 5 Minuten backen lassen. Aus dem Backofen und aus der Form nehmen und auf einem Kuchengitter auskühlen lassen.

Sandwiches

Sandwiches sind ideal zum Nachmittagstee und können zu jeder Gelegenheit angeboten werden, zu jedem Anlaß verschieden belegt, rustikal oder raffiniert. Eine Sandwich-Platte sollte eine gute Mischung sowohl verschiedener Brotarten wie verschiedener Aufstriche enthalten. Bei den Rezepten ist immer das passende Brot zum Belag angegeben.

Sandwiches sollten immer und zuerst mit Butter bestrichen werden. Das gibt zusätzlich einen guten Geschmack und verhindert gleichzeitig, daß der Aufstrich zu sehr einzieht. Man kann ungesalzene, leicht gesalzene oder gesalzene Butter nehmen oder eine der hier beschriebenen gewürzten Butter-Arten. Meiner Meinung nach sollte man auf Margarine verzichten, da sie leicht den Geschmack verderben kann. Es ist jeweils genau angegeben, ob die Brotkrusten abgeschnitten werden oder nicht und ob man die Sandwiches nach Belieben in Dreiecke, Streifen (Finger) oder Quadrate schneiden kann. Versuchen Sie, die Sandwich-Platten abwechslungsreich und dekorativ zu gestalten. Die Garnierungen sollten je nach Saison und Gelegenheit bunt und reichhaltig sein, bei den Rezepten sind jeweils passende Vorschläge.

Gewürzte Butter

Sardellenbutter

Beliebt vor allem zu Eiern und Fisch.

Vorbereitung 10 min · **Menge** Ausreichend für 10 Sandwiches

Die Sardellen mit dem Mörser zu Paste zerstoßen oder durch ein Metallsieb passieren. Butter weich und schaumig schlagen, mit der Sardellenpaste vermischen, eine Prise Cayenne-Pfeffer dazu geben und alles gut verrühren.

ZUTATEN
3 Sardellenfilets, entgrätet und gewaschen
100 g weiche, leicht gesalzene oder ungesalzene Butter
1 Prise Cayenne-Pfeffer

Currybutter

Ausgezeichnet zu Fleisch, vor allem zu Huhn und Schinken.

Vorbereitung 5 min · **Menge** Ausreichend für 10 Sandwiches

Butter locker und schaumig schlagen, Curry und Zitronensaft hineinrühren und alles gut vermischen.

ZUTATEN
- 100 g weiche, leicht gesalzene oder gesalzene Butter
- 10 ml (2 TL) mittelscharfes Curry-Pulver
- ½ TL frisch ausgepreßter Zitronensaft

Grüne Butter

Der milde Petersiliengeschmack paßt zu den meisten Aufstrichen, vor allem zu Schinken, Sardinen und Leberpastete.

Vorbereitung 10 min · **Menge** Ausreichend für 10 Sandwiches

Butter locker und schaumig schlagen, die anderen Zutaten hinzufügen und alles gut miteinander vermischen.

ZUTATEN
- 100 g weiche, leicht gesalzene oder ungesalzene Butter
- 30 ml (2 EL) fein gehackte frische Petersilie
- 15 ml (1 EL) frisch ausgepreßter Zitronensaft
- Einige Tropfen Anchovis-Essenz
- Salz und frisch gemahlener schwarzer Pfeffer

Kräuterbutter

Paßt gut zu Rindfleisch, Schinken und Zunge.

Vorbereitung 10 min · **Menge** Ausreichend für 10 Sandwiches

Butter locker und schaumig schlagen, die anderen Zutaten hinzufügen und alles gut miteinander vermischen.

ZUTATEN
- 100 g weiche gesalzene oder leicht gesalzene Butter
- je 1 Sträußchen frische Petersilie, Kerbel, Estragon, fein gehackt
- 1 kleine Schalotte, sehr fein gehackt
- 1 Prise Muskatblüte oder Muskatnuß, gemahlen
- Frisch gemahlener schwarzer Pfeffer

Senfbutter

Ausgezeichnet zu Eiern, Schinken, Pasteten, Schweine- und Rindfleisch.

Vorbereitung 10 min · **Menge** Ausreichend für 10 Sandwiches

Butter locker und schaumig schlagen, die anderen Zutaten hinzufügen und alles gut miteinander vermischen.

ZUTATEN
- 100 g weiche gesalzene oder leicht gesalzene Butter
- 5 ml (1 TL) körniger Senf
- Salz zum Abschmecken
- Frisch gemahlener schwarzer Pfeffer

Fein belegte Sandwiches

Ein Sandwich heißt immer: zwei zusammengelegte Scheiben Brot, unabhängig davon, wieviele Streifen, Quadrate usw. man daraus schneidet.

Sardellen & Ei

Köstlich sahnig und gleichzeitig pikant. Mit Kresse garnieren.

Vorbereitung 10 min · **Menge** 3–4 Sandwiches

Sardellen, Eigelb, Käse, Cayenne-Pfeffer und Sahne werden im Mörser oder mit der Küchenmaschine zerkleinert und gut vermischt. Genügend Sahne nehmen, damit die Mischung schön cremig wird. Die Brotscheiben mit Butter bestreichen. Die eine Hälfte der Scheiben mit der Sardellen-Ei-Mischung bestreichen – nicht zu dick, da ihr Geschmack sehr intensiv ist. Dann jeweils eine zweite Scheibe darauf legen, die Krusten abschneiden und Dreiecke oder Streifen zuschneiden.

ZUTATEN
20 Sardellenfilets, gewaschen und entgrätet
6 mittelgroße, hart gekochte Eigelbe
50 g geriebener Parmesan oder Cheddar
1 Prise Cayenne-Pfeffer
30–45 ml (2–3 EL) Sahne
6–8 Scheiben Brot
25–50 g ungesalzene Butter

Spargel & Schinken

Wenn man Spargelspitzen aus der Büchse nimmt, muß man sie gut abtropfen lassen und darauf achten, daß sie fest sind, damit das Brot nicht zu matschig wird. Bauernschinken schmeckt am besten dazu. Mit Kresse oder Gurkenscheiben garnieren.

Vorbereitung 3 min · **Menge** 3–4 Sandwiches

Die Brotscheiben dick mit Senf- oder Kräuterbutter bestreichen, damit die Flüssigkeit von den Spargeln nicht zu sehr einziehen kann. Auf die eine Hälfte der Brotscheiben den in Scheiben geschnittenen Schinken und darüber die Spargelspitzen legen. Dann je eine zweite Brotscheibe darauflegen und mit den Krusten in kleine Quadrate oder Dreiecke schneiden.

ZUTATEN
6–8 Scheiben Brot
25–50 g Kräuter- oder Senfbutter (s. gegenüber)
175–225 g Bauernschinken, in Scheiben
15–16 gekochte dünne Spargelspitzen, Büchsenspargel gut abtropfen lassen

ZUTATEN

6–8 Scheiben Brot
25–50 g Senfbutter (s.S. 36)
15 ml (1 EL) Mayonnaise
225 g Kalter Braten, in Scheiben
3 mittelgroße Eier, hartgekocht, in Scheiben

Rindfleisch-Mayonnaise

Diese Sandwiches schmecken delikat, wenn sie mit warmem Braten gemacht werden, der frisch aus dem Ofen kommt, bestrichen mit der Bratensoße. Mit Radieschenscheiben oder Kresse garnieren.

Vorbereitung 8–10 min · **Menge** 3–4 Sandwiches

Die Brotscheiben mit Senfbutter bestreichen. Eine Hälfte wird zusätzlich mit Mayonnaise bestrichen, darüber legt man dann die Fleischscheiben und die in Scheiben geschnittenen Eier. Je eine zweite Scheibe Brot darauf legen. Krusten nicht entfernen und zu Drei- oder Vierecken schneiden.

ZUTATEN

6–8 Scheiben Brot
25–50 g Butter, Mayonnaise oder Senfbutter (s.S. 36)
200 g blauer Schimmelkäse
15–20 Kressepflänzchen

Blauer Käse & Kresse

Sahniger Schimmelkäse wie Dolcelatte oder cremiger Stilton eignen sich gut. Mit Kresse, Gurken- oder Radieschenscheiben garnieren.

Vorbereitung 5 min · **Menge** 3–4 Sandwiches

Die Brotscheiben gleichmäßig mit Butter, einer dünnen Schicht Mayonnaise oder mit Senfbutter bestreichen. Die eine Hälfte wird dick mit Käse und einigen Kresseblättchen belegt, dann wird je eine zweite Scheibe darüber gelegt. Man schneidet die Scheiben mit Krusten in Drei- oder Vierecke.

ZUTATEN

⅔ Gurke, geschält und in dünne Scheiben geschnitten
Salz und frisch gemahlener schwarzer Pfeffer
5 ml (1 TL) frisch ausgepreßter Zitronensaft
6–8 Scheiben Brot
25–50 g leicht gesalzene oder ungesalzene Butter
225 g geriebener alter Cheddar-Käse (ersatzweise alter Gouda)
15 g (1 EL) frischer gehackter Schnittlauch (nach Belieben)

Käse & Gurke

Am besten mit würzigem Cheddar-Käse, ersatzweise alter Gouda.

Vorbereitung 6–8 min · **Menge** 3–4 Sandwiches

12 Gurkenscheiben zur Seite legen, die anderen in eine Schüssel geben und kurz auf beiden Seiten in Salz, Pfeffer und Zitronensaft ziehen lassen. Brotscheiben mit Butter bestreichen. Auf die eine Hälfte geriebenen Käse streuen, die Gurkenscheiben darauf legen und – wenn man es mag – mit frisch geschnittenem Schnittlauch bestreuen. Je eine zweite Scheibe darüber legen, entrinden und in Drei- oder Vierecke schneiden. Mit den restlichen 12 Gurkenscheiben garnieren.

Hühner-Mayonnaise

Besonders gut zu Weizenvollkorn-Brötchen oder zu weichen hellen Buns. Mit Kresse garnieren.

Vorbereitung 5 min · **Menge** 3–4 Brötchen

Das kleingeschnittene Hühnerfleisch mit der Mayonnaise vermischen, mit Pfeffer und Salz abschmecken und eventuell frischen Schnittlauch hineinstreuen. Die Brötchen in der Mitte aufschneiden und in die Mitte der unteren Hälften je eine kleine Vertiefung machen. Alle Hälften mit Butter oder Grüner Butter bestreichen. Das Hühnerfleisch in die ausgehöhlten Unterhälften füllen und etwas Kresse darüber streuen, darüber wieder etwas Hühnerfleisch geben und die oberen Hälften auflegen.

ZUTATEN

225 g Huhn, gekocht und in kleine Stücke geschnitten
25 ml (1½ EL) Mayonnaise
Salz und frisch gemahlener schwarzer Pfeffer
15 ml (1 EL) frischer gehackter Schnittlauch (nach Belieben)
6–8 Brötchen
25–50 g leicht gesalzene Butter oder Grüne Butter (s.S. 36)
3 Körbchen Kresse und Senf

Hüttenkäse mit Schinken und Pfirsichen

Mit Pfirsichscheiben, Gurken- oder Radieschenscheiben garnieren

Vorbereitung 5 min · **Menge** 3–4 Sandwiches

Die Pfirsiche in kleine Stücke schnetzeln, unter den Hüttenkäse mischen und mit Salz und Pfeffer abschmecken. Die Brotscheiben mit Senfbutter bestreichen. Auf die eine Hälfte erst die Schinkenscheiben und dann die Käse-Pfirsich-Mischung verteilen, dann je eine zweite Brotscheibe darüberlegen. Krusten entfernen und vorsichtig in Vierecke oder Dreiecke schneiden.

ZUTATEN

2–3 frische Pfirsiche, geschält, oder 5–6 halbe Pfirsiche aus der Büchse
225 g Hüttenkäse
Salz und frisch gemahlener schwarzer Pfeffer
6–8 Scheiben Brot
25–50 g Senfbutter (s.S. 36)
4 dicke Scheiben Schinken

Käse & Datteln

Eine Delikatesse, besonders zu Weizenvollkornbrot. Mit Dattelhälften oder -scheiben garnieren.

Vorbereitung 5 min · **Menge** 3–4 Sandwiches

Die Brotscheiben mit Butter bestreichen, eine Hälfte dick mit Doppelrahm-Frischkäse bestreichen, darüber die klein gehackten Datteln geben und vielleicht auch etwas Zimt darüber streuen. Dann je eine zweite Brotscheibe darüber legen, die Krusten entfernen und in Quadrate oder Dreiecke schneiden.

ZUTATEN

6–8 Scheiben Brot
25–50 g leicht gesalzene Butter
175 g weicher Doppelrahm-Frischkäse
75 g dicke getrocknete Datteln, entsteint und fein gehackt
Gemahlener Zimt (nach Belieben)

Gurken-Sandwich

ZUTATEN

½ Gurke, geschält und in dünne Scheiben geschnitten
Salz und frisch gemahlener schwarzer Pfeffer
5 ml (1 TL) frisch ausgepreßter Zitronensaft
6–8 Scheiben Brot
25–50 g leicht gesalzene oder Grüne Butter (s. S. 36)

Man nimmt am besten weiches Weißbrot, damit der feine Geschmack der frischen Gurken richtig zur Geltung kommt.

Vorbereitung 10 min · **Menge** 3–4 Sandwiches

12 Gurkenscheiben zum späteren Garnieren zur Seite legen. Die anderen Gurkenscheiben kommen in eine Schüssel und werden kurz in einer Mischung aus Pfeffer, Salz und Zitronensaft mariniert. Die Brotscheiben gleichmäßig mit Butter oder Grüner Butter bestreichen, dann reichlich marinierte Gurkenscheiben darauf legen und mit einer zweiten Brotscheibe zudecken. Krusten entfernen und zu Dreiecken schneiden. Mit den restlichen Gurkenscheiben, gedreht oder fächerartig gelegt, verzieren.

Eier, Mayonnaise und Kresse

ZUTATEN

3 mittelgroße Eier
30 ml (2 EL) Mayonnaise
Salz und frisch gemahlener schwarzer Pfeffer
6–8 Scheiben Brot
25–50 g leicht gesalzene oder eine gewürzte Butter
2 Körbchen Kresse und Senf

Eine besonders delikate Mischung, die man nach Belieben noch mit frischem Schnittlauch, Minze, Petersilie oder auch einem Hauch Curry variieren kann. Die Brote können abwechselnd mit Sardellenbutter, Currybutter oder Kräuterbutter (s. S. 35 und 36) bestrichen werden. Am besten eignet sich Weizenvollkornbrot, das man mit vielen kleinen Kressesträußchen garnieren kann.

Vorbereitung 15 min · **Menge** 3–4 Sandwiches

Die Eier 6–8 Minuten hart kochen, aus dem Wasser nehmen, abschrecken und pellen. Mit einer festen Gabel oder in der Küchenmaschine zerkleinern. Anschließend noch einmal mit der Gabel durcharbeiten, damit das Eiweiß gut verkleinert und gleichmäßig verteilt ist.

Mayonnaise, Salz und Pfeffer hinzugeben und alles gut und gleichmäßig vermischen.

Die Brotscheiben mit Butter oder gewürzter Butter bestreichen, dann auf einer Hälfte reichlich Eier-Mayonnaise darübergeben und gleichmäßig und vorsichtig mit Kresse und Senf bestreuen.

Je eine zweite Scheibe darüber legen, Krusten entfernen und Dreiecke oder Quadrate schneiden.

Prinzessinnen-Sandwich

Die delikate Mischung aus Huhn, Schinken, Käse und Eiern schmeckt gut mit Curry- oder Senfbutter und wird mit Gurkenscheiben oder Kresse verziert.

Vorbereitung 5–10 min · **Menge** 3–4 Sandwiches

Öl, Essig, Salz und Pfeffer verrühren, mit dem klein geschnittenen Fleisch, geriebenen Käse und Eigelb gut vermischen. Die Brotscheiben reichlich mit Curry- oder Senfbutter bestreichen, eine Hälfte mit der Fleischmischung belegen und je eine zweite Scheibe Brot darüber legen. Krusten entfernen und in Drei- oder Vierecke schneiden.

ZUTATEN
10 ml Sonnenblumenöl
1 Spritzer Apfelessig
Salz und frisch gemahlener schwarzer Pfeffer
150 g Huhn, gekocht und in kleine Stücke geschnitten
75 g gekochter Schinken oder Zunge, kleingeschnitten
15 g alter Cheddar (ersatzweise alter Gauda), gerieben
2 hartgekochte Eigelb
6–8 Scheiben Brot
25–50 g Curry- oder Senfbutter (s. S. 36)

Sardinen & Tomaten

Möglichst frische Tomaten und herzhaftes Vollkornbrot nehmen. Mit Tomaten- oder Gurkenscheiben verzieren.

Vorbereitung 5 min · **Menge** 3–4 Sandwiches

Sardinen abtropfen, entgräten und in Zitronensaft zerdrücken. Die Brotscheiben mit leicht gesalzener Butter oder Kräuterbutter bestreichen und eine Hälfte mit Sardinen belegen. Darüber kommen Tomatenscheiben, die mit Pfeffer und Salz gewürzt werden. Je eine zweite Brotscheibe darüber legen und in Vier- oder Dreiecke schneiden. Nicht entrinden, damit die Tomaten nicht herausrutschen können.

ZUTATEN
2 Büchsen Ölsardinen (je 124 g)
Einige Tropfen frisch ausgepreßter Zitronensaft
6–8 Scheiben Brot
25–50 g leicht gesalzene Butter oder Kräuterbutter (s. S. 36)
4–5 feste Tomaten, in dünne Scheiben geschnitten
Salz und schwarzer Pfeffer

Abbildung gegenüber S. 129

Räucherlachs

Ein unübertroffenes Luxus-Sandwich, am besten mit Vollkornbrot. Mit Zitronenscheiben oder -schalen garnieren.

Vorbereitung 5 min · **Menge** 3–4 Sandwiches

Brot mit Butter bestreichen und eine Hälfte mit Lachs belegen. Wer es mag, kann etwas Doppelrahm-Frischkäse darüber streichen. Einige Spritzer Zitronensaft und reichlich frisch gemahlenen schwarzen Pfeffer darüber geben. Je eine zweite Brotscheibe darauflegen, Krusten entfernen und in kleine Dreiecke schneiden.

ZUTATEN
6–8 Scheiben Brot
25–50 g leicht gesalzene oder ungesalzene Butter
275–300 g Räucherlachs, in Scheiben
30–45 ml (3–4 EL) Doppelrahm-Frischkäse (nach Belieben)
5 ml (1 TL) frisch ausgepreßter Zitronensaft
Frisch gemahlener schwarzer Pfeffer

Abbildung gegenüber S. 33

Roter Lachsersatz & Gurken

ZUTATEN

1 Gurke, geschält und in dünne Scheiben geschnitten
Salz und frisch gemahlener schwarzer Pfeffer
5 ml (1 TL) frisch ausgepreßter Zitronensaft
1 Glas (200 g) roter Lachsersatz
5 ml (1 TL) frisch ausgepreßter Zitronensaft oder Weinessig
6–8 Scheiben Brot
25–50 g leicht gesalzene oder ungesalzene Butter

Ein sehr pikanter Belag für Weizenvollkornbrot. Ein kleiner Spritzer Zitronensaft oder Weinessig macht ihn noch würziger. Mit Gurkenkringeln garnieren.

Vorbereitung 12–15 min · **Menge** 3–4 Sandwiches

Die Gurkenscheiben in eine Schüssel legen; mit Salz, Pfeffer und den ersten 5 ml Zitronensaft beide Seiten kurz marinieren. Den Lachsersatz abtropfen lassen, Haut und Gräten entfernen. Mit den zweiten 5 ml Zitronensaft oder Essig zu Paste zerdrücken und mit Salz und Pfeffer abschmecken.

Die Brotscheiben gleichmäßig und dick mit Butter bestreichen. Eine Hälfte mit der Lachspaste belegen, darüber dann eine Schicht Gurkenscheiben und eine Scheibe Brot legen. Krusten entfernen und in Quadrate und Dreiecke schneiden.

Thunfisch & Minze

ZUTATEN

1 Büchse (200 g) Thunfisch in Öl
1 Spritzer Zitronensaft oder Apfel-Essig
12–15 Blätter frische Minze, klein gehackt
Salz und frisch gemahlener schwarzer Pfeffer
6–8 Scheiben Brot
25–50 g leicht gesalzene oder ungesalzene Butter
¼ Gurke, dünn geschnitten (nach Belieben)

Die frische Minze macht dieses Sandwich zu einer besonderen Delikatesse. Man bereitet die Paste am besten eine Stunde vorher zu, damit der Geschmack sich voll entfalten kann. Weizenvollkornbrot und leicht gesalzene oder ungesalzene Butter paßt am besten. Mit frischen Pfefferminz-Blättern oder Gurkenscheiben garnieren.

Vorbereitung 3–4 min, 1 h kaltstellen · **Menge** 3–4 Sandwiches

Thunfisch abtropfen lassen und mit einer Gabel zerdrücken. Zitronensaft oder Essig und Minze dazugeben, mit Salz und Pfeffer abschmecken. 1 Stunde im Kühlschrank durchziehen lassen. Die Brotscheiben dick mit Butter bestreichen, auf die eine Hälfte die Thunfisch-Mischung häufen und nach Belieben einige Gurkenscheiben darüber legen. Je eine zweite Brotscheibe darüber legen, die Krusten entfernen und Drei- oder Vierecke schneiden.

Truthahn & Kronsbeeren

Ein delikates Sandwich, am besten mit Weißbrot, Putenbrust und möglichst festem Cranberry-Gelee. Mit Weißem Senf und Kresse garniert eine Augenweide in Grün, Rosa und Weiß.

Vorbereitung 3 min · **Menge** 3–4 Sandwiches

Die Brotscheiben gleichmäßig mit Butter bestreichen. Über die eine Hälfte verteilt man – vorsichtig und nicht bis zum Rand – Kronsbeerengelee oder -marmelade, legt dann das Fleisch darüber und je eine weitere Scheibe Brot. Krusten entfernen und in Drei- oder Vierecke schneiden.

ZUTATEN
6–8 Scheiben Brot
25–50 g leicht gesalzene Butter oder Senfbutter (s.S. 36)
15–20 ml (3–4 TL) Kronsbeeren-Marmelade oder -gelee
175 g Truthahnfleisch in Scheiben
1 Prise Salz und Pfeffer

Walnuß, Cheddar-Käse und Kopfsalat

Die Sandwiches schmecken besonders gut mit knackig-frischen Salatblättern und ausgereiftem pikanten Cheddar, dazu mit körnigem Weizenvollkornbrot. Mit Gurkenscheiben oder Kresse garnieren.

Vorbereitung 8–10 min · **Menge** 3–4 Sandwiches

Die gehackten Nüsse mit dem geriebenen Käse vermischen. Brotscheiben mit Butter oder Senfbutter bestreichen. Eine Hälfte mit der Käse-Nuß-Mischung, dann mit einem Salatblatt belegen und leicht mit Pfeffer und Salz würzen. Je eine Brotscheibe darüber legen, Krusten entfernen und zu Drei- oder Vierecken schneiden.

ZUTATEN
100 g Walnüsse, klein gehackt
225 g alter Cheddar (ersatzweise alter Gouda), gerieben
6–8 Scheiben Brot
25–50 g ungesalzene Butter oder Senfbutter (s.S. 36)
ein paar Salatblätter
Salz und frisch gemahlener schwarzer Pfeffer

Tea-Time-Klassiker

Ein richtiger Teetisch ist nicht vollständig ohne eine Auswahl von traditionellem Gebäck – wie die typisch englischen Scones, Muffins, Crumpets, Teekuchen oder warmen gebutterten Toast. Natürlich wechselt die Auswahl mit der Jahreszeit. Im Sommer serviert man Cornish Splits, Scones oder Erdbeeren mit Clotted Cream; im Winter Muffins, Crumpets und andere Leckereien, die warm und fetttriefend auf den Tisch kommen. Wenn man früher am offenen Kamin saß, wurde manches Gebäck am Spieß über der glühenden Asche geröstet.

ZUTATEN

225 g Mehl, gesiebt, dazu 50–75 g zum Bemehlen des Brettes
15 g frische Hefe
5 ml (1 TL) Zucker
100 ml warme Milch
½ TL Salz
15 g weiche Butter oder Schmalz
1 mittelgroßes Ei, geschlagen
50 g zerlassene Butter oder Margarine, dazu 5 ml (1 TL) zum Einfetten des Blechs
175 g getrocknete Früchte (Rosinen, Korinthen, Sultaninen und Kirschen)
25 g Orangeat/Zitronat
½ TL Gewürzmischung aus Nelken, Kardamom, Piment und Zimt
50 g brauner Zucker
45 ml (3 EL) Honig

Abbildung gegenüber S. 48

Chelsea Buns

Diese typischen süßen Hefebrötchen mit Sultaninen, Rosinen oder Korinthen sollen aus dem bekannten Londoner Stadtteil stammen.

Vorbereitung 2½–3 h · **Backzeit** 30–35 min · **Menge** 9 Buns

Eine 18 cm lange, rechteckige Backform einfetten. 50 g Mehl in eine Schüssel sieben, Hefe, Puderzucker und Milch hinzufügen und zu einem dünnen Teig verarbeiten. 15–20 Minuten an einen warmen Platz stellen, bis die Mischung schaumig wird. Das restliche Mehl mit dem Salz in eine Schüssel geben, Fett in kleinen Stückchen hinzugeben und das Ganze zu einer krümeligen Masse verarbeiten. Mit dem Ei in die Hefemischung geben und alles zu einem weichen Teig verrühren. Es dürfen keine Teigreste am Schüsselrand kleben bleiben. Den Teig auf einem bemehlten Brett 5 Minuten durchkneten, bis er weich ist. In gut eingefettete Plastikfolie packen und an einem warmen Platz 1–1½ Stunden aufgehen lassen. Herausnehmen und noch einmal leicht durchkneten, dann zu einem Rechteck von etwa 30x24 cm ausrollen. Die Oberfläche mit der zerlassenen Butter oder Margarine bepinseln. Trockenfrüchte, Orangeat, Gewürze und braunen Zucker vermischen und über den ausgerollten Teig verteilen.

Beginnend bei einer langen Seite den Teig zu einer langen Rolle formen. An den Enden mit etwas Wasser zusammenkleben. Quer in 9 gleiche Scheiben schneiden, die eng nebeneinander in die vorbereitete Form gesetzt werden, mit der Schnittfläche nach unten. Mit Plastikfolie bedeckt an einem warmen Platz 30 Minuten zu doppelter Höhe aufgehen lassen. Backofen auf 190° vorheizen. Folie entfernen, in den Backofen stellen und 30–35 Minuten backen lassen. Die goldgelben Buns herausnehmen und mit der Oberfläche nach oben auf ein Kuchengitter legen. Während sie noch warm sind, mit Honig einpinseln, dann abkühlen lassen.

Clotted Cream

ZUTATEN
4,5 l Milch mit mindestens 56% Fettgehalt

Diese sahnige Spezialität aus dem Westen Englands ist ein Hochgenuß zu Gebäck, Desserts und Blätterteig; am beliebtesten zu warmen Scones mit Erdbeermarmelade.

Vorbereitung 20–30 min, dazu 2–3 Tage zum Ansetzen der Milch · **Menge** 225 g Clotted Cream

Milch zugedeckt stehen lassen, 24 Stunden im Winter, 12 Stunden im Sommer. Dann in eine Kasserolle gießen und langsam erhitzen, die Milch darf keinesfalls kochen. Je langsamer sie erwärmt wird, desto besser. Wenn die Oberfläche sich leicht kräuselt, ist der Verdampfungsprozeß beendet. Topf vom Herd nehmen, zudecken und an einem kühlen Platz (während des Sommers im Kühlschrank) bis zum nächsten Tag stehen lassen. Entrahmen, im Kühlschrank aufbewahren, aber nicht einfrieren.

Cornish Splits

ZUTATEN
25 g frische Hefe
½ TL Zucker
150 ml warmes Wasser
675 g Mehl, gesiebt, dazu 50–75 g zum Bemehlen des Brettes
25 g weiches Schmalz
175 g weiche Butter, dazu 10 ml (2 TL) zum Einfetten der Bleche
75 ml Milch
5 ml (1 TL) Salz

Abbildung gegenüber S. 48

Diese typischen Brötchen gibt es seit alters her in Cornwall; aufgeschnitten und mit Butter, Marmelade, Clotted Cream oder Schlagsahne.

Vorbereitung 2–2½ h · **Backzeit** 25 min · **Menge** 20 Splits

2 große Backbleche einfetten. Hefe und Zucker zu einer glatten Mischung verrühren, Wasser hinzufügen und alles gut vermischen. 15 ml (1 EL) Mehl hinzufügen und sorgfältig untermischen. Die Schüssel mit einem feuchten Tuch bedecken und 15–20 Minuten an einem warmen Platz stehen lassen, bis die Masse schaumig ist. Backofen auf 130° vorheizen. Das ausgelassene Schmalz, Butter und Milch in einer feuerfesten Schüssel zum Anwärmen in den Backofen stellen, ebenso in einer feuerfesten Schüssel das restliche Mehl und das Salz.

Beide Schüsseln aus dem Backofen nehmen. In das Mehl eine Mulde drücken und die warme Milch-Fett-Mischung und die Hefe hineingießen.

Mit einer Gabel das Mehl nach und nach unter die Flüssigkeit mischen und mit bemehlten Händen alles zu einem weichen Teig verkneten. Auf ein bemehltes Brett legen und nochmals 2–3 Minuten locker durchkneten, bis der Teig weich und geschmeidig ist. In eine saubere, mit Öl eingefettete Schüssel legen, mit einem feuchten Tuch bedecken und an einem warmen Platz 1–1½ Stunden gehen lassen, bis sich das Volumen verdoppelt hat. Herausnehmen, auf dem bemehlten Brett noch einmal durchkneten, bis der Teig weich und geschmeidig ist. Kugeln von etwa 2 cm ⌀ formen, auf die halbe Höhe zusammendrücken und an einem warmen Platz 30 Minuten zu doppelter Höhe aufgehen lassen. Backofen auf 180° vorheizen. Nach 25 Minuten Backzeit sollten die Splits hell goldgelb sein. Die restlichen 50 g Butter zergehen lassen. Die fertigen Splits aus dem Backofen nehmen, zum Abkühlen auf ein Kuchengitter stellen und die Oberfläche mit flüssiger Butter bestreichen.

ZUTATEN

350 g Mehl, gesiebt
½ EL Zucker
1 Prise Salz
25 g frische Hefe
425 ml warme Milch
150 ml warmes Wasser
2 mittelgroße Eier, geschlagen

Abbildung gegenüber S. 48

Crumpets

Hefebrötchen, getoastet und dick mit Butter bestrichen serviert.

Vorbereitung 1¾–2 h · **Backzeit** ca. 1 h · **Menge** 20 Crumpets

Mehl, Zucker und Salz in einer Schüssel vermischen. Die Hefe in etwas warmer Milch auflösen und zusammen mit der restlichen Milch, dem Wasser und den geschlagenen Eiern dazugeben. Die Masse gründlich zu einem weichen Teig verarbeiten und an einem warmen Platz ½–¾ Stunde gehen lassen. Dann nochmals gut durchmixen und weitere 30 Minuten gehen lassen.

Ein rundes Backblech oder eine schwere Bratpfanne auf eine Herdplatte (mittlere Hitze einstellen) legen und ein paar Minuten gleichmäßig durchwärmen lassen. 4–5 Crumpet-Ringe oder passende Ausstechförmchen darauflegen und je etwa 30 ml (2 EL) Teig einfüllen. 6–8 Minuten backen, bis die Unterseite hellbraun ist; dann umdrehen und weitere 6–8 Minuten auf der anderen Seite hellbraun backen. Die Formen vorsichtig auf ein Kuchengitter heben, die Crumpets zum Abkühlen herausnehmen und die Formen wieder mit Teig füllen – so oft, bis der Teig aufgebraucht ist. Vor dem Servieren toasten.

Doughnuts

Diese beliebten Krapfen werden entweder als Ringe oder rund, mit einer Vertiefung in der Mitte für die Marmeladenfüllung, gebacken.

Vorbereitung 2 ½ h · **Backzeit** 15–20 min · **Menge** 15 Doughnuts

Backofen auf 130° stellen. Mehl und Salz in einer feuerfesten Schüssel zum Anwärmen hineinstellen. Backofen wieder ausschalten. Schmalz und Margarine in kleinen Flöckchen in das angewärmte Mehl geben und zu einer krümeligen Mischung verrühren. Die Hefe mit 5 ml (1 TL) Zucker gut vermischen, den restlichen Zucker, die Milch und das geschlagene Ei hinzufügen.

In die Mitte des Mehls eine Mulde machen, die Milch-Hefe-Mischung hineingießen, mit einer Gabel nach und nach Mehl hineinziehen und alles zu einem weichen Teig formen. In der Schüssel an einem warmen Platz 1½–2 Stunden gehen lassen.

Den Teig dann einige Minuten auf einem bemehlten Brett locker durchkneten und dann etwa 1 cm dick ausrollen. Mit einem runden, mehlbestäubten Ausstecher (6 cm ⌀) Kreise ausstechen, dann mit einer zweiten kleineren Ausstechform (4 cm ⌀) zu Ringen stechen. Auf einem bemehlten Brett 5–10 Minuten an einem warmen Platz gehen lassen. Zucker und Zimt in einer flachen Schale vermischen. Das Fritierfett in einer halb gefüllten Kasserolle erhitzen, bis es sehr heiß ist und leicht qualmt. 3–4 Doughnuts mit einem Schaumlöffel vorsichtig hineingeben und 4–5 Minuten ausbacken. Herausnehmen, auf Küchenpapier trocknen und sofort mit Zucker und Zimt bestreuen. Warm stellen. Dann die restlichen Doughnuts backen.

Marmeladen-Doughnuts

Der Teig wird ebenso zubereitet. Nachdem er gegangen ist, auf einem bemehlten Brett locker durchkneten und zu 14–16 Kugeln formen. Mit dem Daumen je ein tiefes Loch in die Mitte machen und einen Teelöffel Erdbeer- oder Himbeermarmelade einfüllen. Das Loch mit Teig wieder gut schließen. Die Kugeln auf dem bemehlten Brett an einem warmen Platz 10–15 Minuten gehen lassen, dann wie die normalen Doughnuts ausbacken.

ZUTATEN

225 g Mehl, gesiebt, dazu 45–60 ml (3–4 EL) zum Bemehlen des Brettes
¼ TL Salz
20 g weiches Schmalz
25 g weiche Margarine
15 g frische Hefe
25 g Zucker, dazu 1 EL zum Bestäuben der Doughnuts
150 ml warme Milch
1 mittelgroßes Ei, schaumig geschlagen
15 ml (1 EL) gemahlener Zimt
Gemüse- oder Maisöl zum Fritieren

Schmalzkuchen

Ein wunderbar weiches und würziges Hefebrot, das traditionell in Wiltshire und Gloucestershire gebacken wird.

Vorbereitung 1½–2 h · **Backzeit** 30 min · **Menge** 9 Stücke

ZUTATEN
15 g frische Hefe
15 ml (1 EL) Zucker
275 ml warmes Wasser
450 g Mehl, gesiebt, dazu 50–75 g zum Bemehlen des Brettes
10 ml (2 TL) Salz
30 ml Öl zum Einfetten von Schüssel und Backform
400 g weiches Schmalz
175 g Hagelzucker
¼ TL Muskat, Zimt oder Gewürzmischung (Kardamom, Nelken, Piment, Zimt)
50 g Sultaninen oder Rosinen
50 g Würfelzucker, zerstoßen

Hefe, Zucker und Wasser schaumig schlagen. Mehl und Salz in einer Schüssel mischen, in die Mitte eine Vertiefung drücken und die angerührte Hefe hineingeben. Alles mit einer Gabel zu einem weichen Teig verarbeiten. Auf einem bemehlten Brett 5 Minuten weich kneten. Schüssel ausspülen, abtrocknen und mit Öl ausfetten. Den Teig darin, mit einem feuchten Tuch bedeckt, an einem warmen Platz 1–1½ Stunden zu doppeltem Volumen aufgehen lassen. Backofen auf 200° vorheizen. Backform (20 cm^2) mit Öl ausfetten.

Den Teig auf einem bemehlten Brett 5 Minuten durchkneten. 1 cm dick zu einem Rechteck ausrollen. Mit ⅓ Zucker und Schmalz bestreuen. Das untere Drittel des Teigrechteckes über das mittlere Drittel, dann das letzte Drittel darüber falten. So legen, daß die eingeschlagenen Seiten rechts und links sind und wieder zu einem Rechteck ausrollen. Wieder ⅓ Zucker und Schmalz darüber streuen und zusammenfalten. Erneut ausrollen und das letzte Drittel Schmalz und Zucker darüber streuen, dazu die Gewürze, Trockenfrüchte und den zerstoßenen Würfelzucker. Wieder zusammenfalten und nochmals ausrollen, diesmal zu einem Quadrat in der Größe der Backform. In die vorbereitete Backform legen und 9 Quadrate markieren. 30 Minuten backen, bis der Kuchen hell goldgelb ist, aus dem Backofen und aus der Form nehmen, auf einem Kuchengitter abkühlen lassen. Nach dem Erkalten in Stücke brechen (nicht schneiden).

Muffins

Wenn man Muffins auf die klassische Art servieren will, darf man sie nicht in zwei Hälften schneiden und getrennt toasten. Die Hefebrötchen werden nur etwa 2,5 cm tief eingeschnitten und ganz langsam so geröstet, daß das Innere schön warm und das Äußere gebräunt ist. Nach dem Toasten werden sie dann aufgeschnitten und dick mit Butter bestrichen.

Vorbereitung 1½–2 h · **Backzeit** 15–16 min · **Menge** 10–12 Muffins

ZUTATEN
10 ml (2 TL) Margarine zum Einfetten der Backbleche
450 g Mehl, gesiebt
15 g frische Hefe
5 ml (1 TL) Zucker
275 ml warme Milch

Fortsetzung S. 49

2 schwere Backbleche einfetten. Mehl und Salz in einer Schüssel vermischen. In einer Schüssel Hefe und Zucker zu einer weichen Mischung verrühren und mit etwas warmer Milch in das Mehl geben. Die restliche Milch hinzufügen und alles mit einer Gabel zu einem festen Teig vermischen. Den

Tea-Time-Klassiker Im Uhrzeigersinn von links beginnend: Vollkorn-Scones (siehe S. 52); Chelsea Buns (siehe S. 44); Chornish Splits (siehe S. 45); Schottische Drop Scones (siehe S. 50); Crumpets (siehe S. 46).

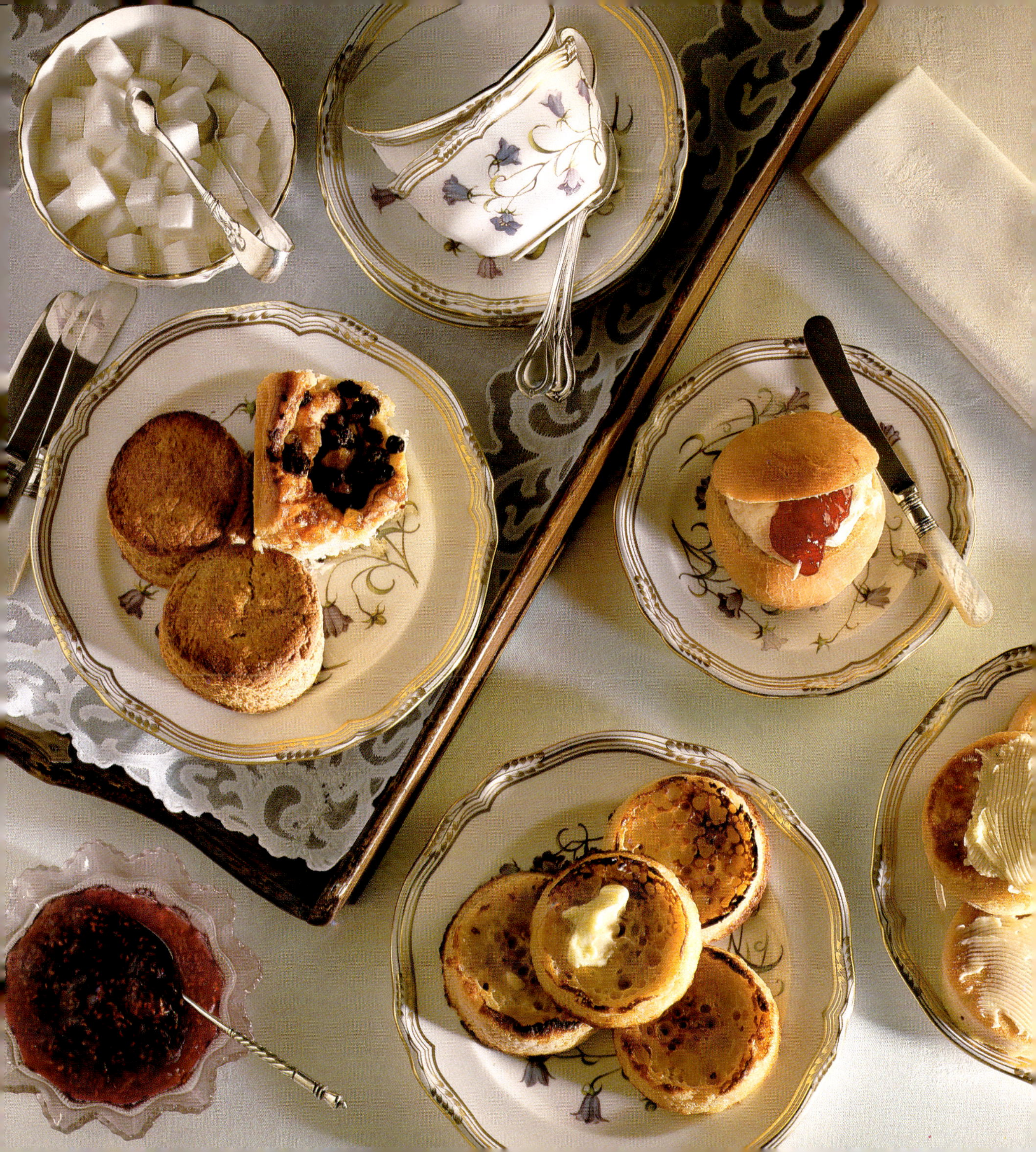

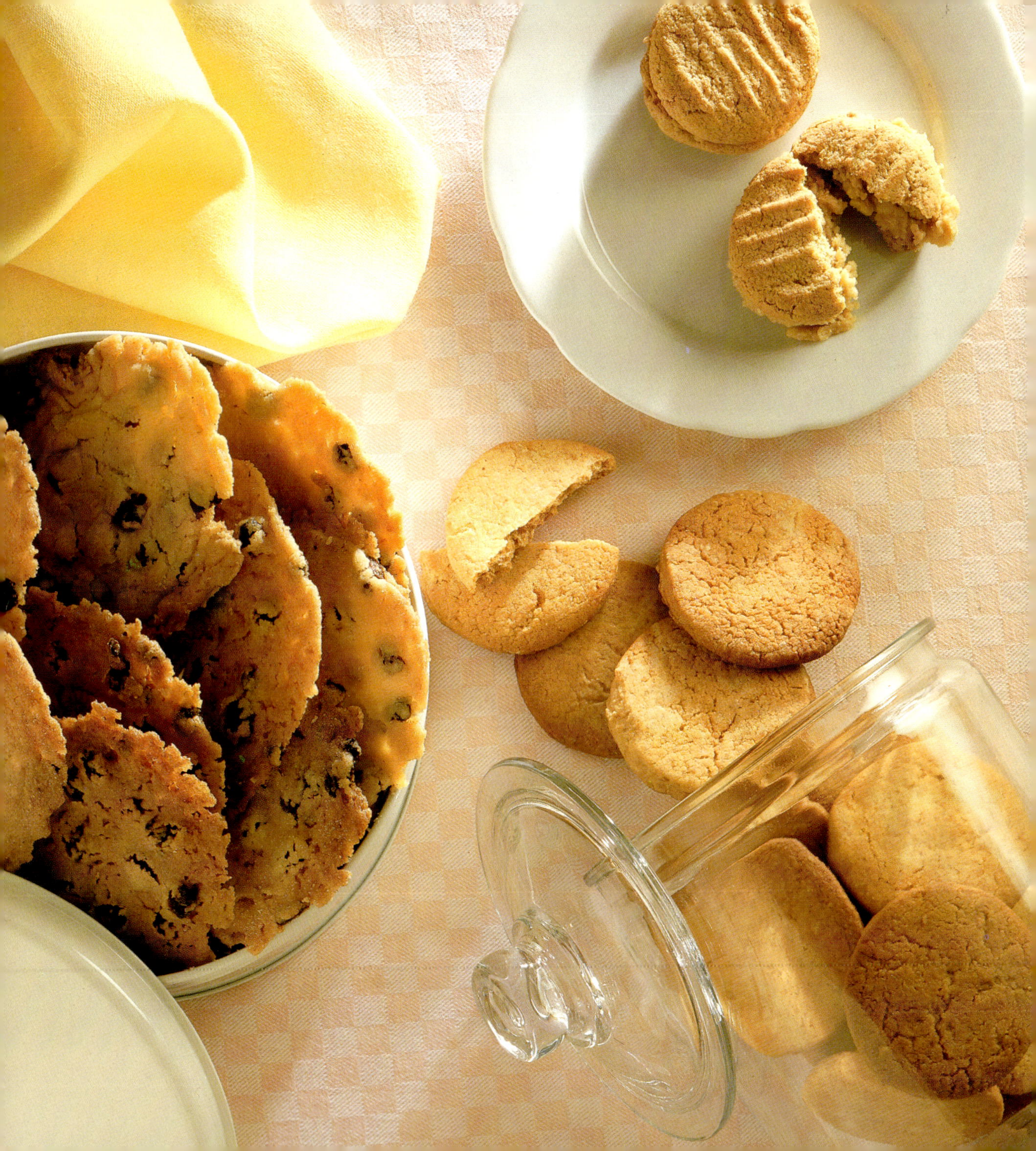

Teig in der Schüssel 5–10 Minuten gut durchkneten, dann an einem warmen Platz, zugedeckt, etwa 1–1½ Stunden zu doppeltem Volumen aufgehen lassen.

Den Teig auf einem bemehlten Brett noch einmal weich und geschmeidig kneten. Etwa 1 cm dick ausrollen, mit einem mehlbestäubten Ausstecher (7 cm ⌀) Kreise ausstechen und auf die vorbereiteten Bleche legen. An einem warmen Platz 10–15 Minuten zu doppelter Größe aufgehen lassen. Inzwischen den Backofen auf 220° vorheizen. 7–8 Minuten backen, bis sie oben leicht bräunen. Dann umdrehen und nochmals 7–8 Minuten auf der anderen Seite braun backen. Aus dem Backofen nehmen und auf einem Kuchengitter abkühlen lassen.

Scones

Diese typischen Teebrötchen werden warm gegessen und schmecken besonders gut, wenn die Hälften mit Marmelade und Clotted Cream oder Schlagsahne serviert werden.

Vorbereitung 10 min · **Backzeit** 12–15 min · **Menge** 10–12 Scones

Backofen auf 230° vorheizen. Backblech ausfetten und mit Mehl bestäuben. Mehl und Salz vermischen, die Butter in möglichst kleinen Flöckchen hineingeben und mit dem Mehl zu einer krümeligen Mischung vermengen. Zucker einrühren. Das geschlagene Ei hinzufügen und alles mit einer Gabel gut verrühren, nach und nach die Milch hineingießen und alles zu einem festen Teig verrühren. Den Teig auf ein bemehltes Brett legen und etwa 2½ cm dick ausrollen. Mit einem mehlbestäubten Ausstecher (6 cm ⌀) Kreise ausstechen. Die Scones so, daß sie sich fast berühren, auf das Blech legen und mit geschlagenem Ei oder Milch bepinseln.

12–15 Minuten backen, bis sie fest und goldgelb sind. Aus dem Backofen nehmen und auf ein Kuchengitter legen. Gleich mit einem Tuch bedecken, damit der Dampf nicht so schnell entweichen kann und die Scones weich und locker bleiben.

ZUTATEN

225 g Mehl, gesiebt, plus 45–60 ml (3–4 EL) zum Bemehlen von Brett und Backblech
2 gut gehäufte TL Backpulver
1 Prise Salz
50 g weiche Butter, plus 5 ml (1 TL) zum Ausfetten des Backbleches
25 g Zucker
1 mittelgroßes Ei, geschlagen
75 ml Milch
Geschlagenes Ei oder Milch zum Einpinseln der Scones

Käsescones

Den Teig wie vorher, nur ohne Zucker machen und eine Prise Senfpulver und 25 g alten, geriebenen Cheddar-Käse unter die Mehl-und-Butter-Mischung geben, bevor man das geschlagene Ei hinzufügt.

Kekse Im Uhrzeigersinn von oben beginnend: Kaffeecreme-Plätzchen (siehe S. 54); Cornish Fairings (siehe S. 54); Shrewsbury-Kekse (siehe S. 57).

Fruchtscones

Wie das Grundrezept, nur zusätzlich mit 50 g Rosinen oder Sultaninen, die vor dem geschlagenen Ei hinzugefügt werden.

Zitronenscones

Wie das Grundrezept, zusätzlich fein geriebene Schale von 1 Zitrone hinzufügen und statt der 15 ml (1 EL) Milch dieselbe Menge Zitronensaft verwenden.

Drop Scones

Früher wurden diese Scones in Schottland auf besonderen Backblechen gebakken. Man kann aber auch eine schwere Bratpfanne nehmen. Auf niedrige, gleichmäßige Temperatur achten. Wenn sie noch warm aus der Pfanne kommen, mit Honig, Sirup oder Marmelade servieren.

ZUTATEN
225 g Mehl, gesiebt
2 gut gehäufte TL Backpulver
1 Prise Salz
5 ml (1 TL) Pottasche
½ TL Natron
25 g Zucker
1 großes Ei, geschlagen
225 ml warme Milch
Öl oder Schmalz zum Ausfetten der Pfanne

Vorbereitung 15 min · **Backzeit** 35–40 min · **Menge** 18–20 Scones

Alle trockenen Zutaten in einer Schüssel vermischen. Eine Mulde in die Mitte machen und das geschlagene Ei hineingeben. Das Ei mit einem Holzlöffel nach und nach unter die trockene Masse ziehen, dabei langsam von der Mitte aus arbeiten, damit das Ei das Mehl nach und nach aufnimmt. Immer wieder etwas von der Milch zugeben, bis alles gleichmäßig vermischt ist. 2–3 Minuten gut durchschlagen. Den geschlagenen Teig 10 Minuten stehen lassen.

Inzwischen die Pfanne anwärmen und mit etwas Öl oder Schmalz einfetten. Für eine gleichmäßige Temperatur sorgen, denn die Pfanne darf nicht zu heiß werden, damit die Scones nicht anbrennen, bevor sie durchgebakken sind. Man gibt 4 Häufchen (je 1 EL) in die Pfanne und läßt sie langsam backen, bis der Teig kleine Blasen wirft und aufbricht. Nach etwa 4 Minuten mit einem Metallspatel vorsichtig umdrehen und weitere 3–4 Minuten backen lassen, bis auch die untere Seite goldgelb ist. Beide Seiten sollten schön gebräunt sein.

Aus der Pfanne nehmen, die Pfanne neu einfetten und neuen Teig hineingeben; wiederholen, bis der Teig aufgebraucht ist. Die fertigen Scones sollten in einem Leinentuch bis zum Servieren warm und frisch gehalten werden.

Teeküchlein

Warm, frisch und mit Butter bestrichen besonders köstlich.

Vorbereitung 2–2½ h · **Backzeit** 10–15 min · **Menge** 10–12 Stück

Hefe und Zucker zu einer weichen Mischung verrühren, nach und nach die Milch hinzugeben und gut unterrühren. Zugedeckt an einem warmen Platz 5–10 Minuten stehen lassen, bis die Mischung schaumig ist. Mehl, Salz und Zimt in einer Schüssel vermischen, das Fett in kleinen Stückchen hineingeben, in die Mitte eine Mulde drücken und die Hefe hineingießen. Mit einer Gabel das Mehl nach und nach in die Flüssigkeit ziehen und alles zu einem festen Teig formen. In eine gut ausgefettete Schüssel geben, mit einem feuchten Tuch bedecken und 1–1½ Stunden an einem warmen Platz zu doppeltem Volumen aufgehen lassen.

2 Backbleche ausfetten. Den Teig auf ein bemehltes Brett legen, die Früchte darüber streuen und gleichmäßig in den Teig einarbeiten. 8–10 Kugeln (5 cm ⌀) formen und flach zusammendrücken. Auf das vorbereitete Blech legen und 30 Minuten an einem warmen Platz gehen lassen. Backofen auf 200° vorheizen. Die Küchlein mit geschlagenem Ei bestreichen und 10–15 Minuten backen, bis sie fest und goldgelb sind. Herausnehmen und auf einem Kuchengitter erkalten lassen. Wer eine klebrig-süße Oberfläche mag, bestreicht die Küchlein gleich nach dem Herausnehmen mit etwas geschmolzenem Honig oder Sirup.

ZUTATEN

15 g frische Hefe
75 g Zucker
150 ml warme Milch
450 g Mehl, gesiebt, plus 50–75 g zum Bemehlen des Brettes
1 Prise Salz
¼ TL gemahlener Zimt
50 g weiche Butter, plus 10 ml (2 TL) zum Einfetten der Backbleche
75 g Sultaninen, Rosinen, Orangeat, Zitronat, gemischt
1 mittelgroßes Ei, schaumig geschlagen
Honig oder Sirup, geschmolzen (nach Belieben)

Waliser Küchlein

Nach alter Waliser Sitte wurden diese Kuchen mit Schaf- oder Kuhmilch gemacht und auf einem »Backstein« oder »Holländerofen« vor dem offenen Feuer gebacken. Dieser Ofen war ein halbrunder Behälter, meist aus Zinn, der Haken zum Braten von Fleisch hatte und dazu ein Lochgitter als Bratrost. Die Kuchen werden am besten auf einem Rost gebacken, aber eine schwere Bratpfanne tut es auch. Warm und mit Butter belegt, schmecken sie besonders lecker.

Vorbereitung 10 min · **Backzeit** 30–40 min · **Menge** 8–10 Stück

Mehl, Zucker, Salz und Muskat in einer Schüssel vermischen. Das Fett in kleinen Flöckchen hineingeben. Wenn die Masse klumpig wird, Korinthen und Ei hinzufügen und mit einer Gabel zu einem festen Teig formen. Ist der Teig zu trocken, etwas Milch hinzufügen. Den Teig auf einem bemehlten Brett 2 cm dick ausrollen. Mit einem mehlbestäubten Ausstecher Kreise

ZUTATEN

225 g Mehl, gesiebt, plus 45–60 ml (3–4 EL) zum Bemehlen des Brettes
75 g Zucker
1 Prise Salz
¾ TL gemahlenes Muskat
100 g weiche Margarine oder Butter, plus 25 g zum Ausfetten der Pfanne
75 g Korinthen
1 mittelgroßes Ei, geschlagen
15–30 ml (1–2 EL) warme Milch (nach Belieben)

(7 cm ⌀) ausstechen. Den Rost oder die Pfanne warm werden lassen und gut ausfetten. Die Temperatur sollte gleichmäßig, aber nicht zu heiß sein, damit die Küchlein nicht anbrennen können.

Man legt 4–5 Küchlein hinein und läßt sie langsam auf beiden Seiten 8–10 Minuten backen. Wenn die Unterseite braun ist, vorsichtig mit einem Metallspatel wenden. Vorsichtig auf ein Kuchengitter legen und in einem Leintuch warm halten. Dann die restlichen Küchlein backen.

Vollkorn-Scones

ZUTATEN

50 g Mehl, gesiebt, plus 45–60 ml (3–4 EL) zum Bemehlen von Brett und Blech
175 g Weizenvollkornmehl, gesiebt
1 Prise Salz
15 ml (1 EL) Backpulver
50 g weiche Butter oder Margarine, plus 5 ml (1 TL) zum Einfetten des Backbleches
25 g Zucker
150 ml Milch oder Buttermilch
Verquirltes Ei oder Milch zum Bestreichen

Abbildung gegenüber S. 48

Auch gut mit Trockenfrüchten. Man mischt dann 75 g Rosinen oder Korinthen unter, bevor man die Milch zugibt.

Vorbereitung 10 min · **Backzeit** 12–15 min · **Menge** 10–12 Scones

Backofen auf 230° vorheizen. Backblech einfetten und mit Mehl bestäuben.

Mehl, Vollkornmehl, Salz und Backpulver in einer Schüssel vermischen. Das Fett in kleinen Stücken in die Mischung bröckeln. Wenn die Masse bröselig ist, den Zucker einrühren, dann nach und nach die Milch einrühren und alles mit einer Gabel zu einem festen Teig verrühren. Auf ein bemehltes Brett legen und 2,5 cm dick ausrollen. Mit einem mehlbestäubten Ausstecher (6 cm ⌀) Kreise ausstechen. Die Scones auf das Backblech legen, so, daß sie sich fast berühren. Mit geschlagenem Ei oder Milch bestreichen. 12–15 Minuten backen, bis sie fest und hellbraun sind. Aus dem Backofen nehmen und auf einem Kuchengitter abkühlen lassen. Sofort mit einem Tuch bedecken, damit sie nicht zusammenfallen und weich und frisch bleiben.

Kekse

Verführerisches kleines Gebäck, das ebenso zum Morgenkaffee, zum warmen Schlaftrunk und natürlich vor allem für den Nachmittagstee paßt. Es ist immer gut, eine größere Auswahl verschiedener Kekse in allen Geschmacksvarianten anzubieten. Sie können dekorativ auf einer runden Tortenplatte, auf einem rechteckigen Sandwichteller oder in einer hübschen Dose serviert werden. Es ist besser, Kekse eher etwas kürzer als angegeben zu backen, denn wenn sie nur eine Minute zu lang im Backofen sind, können sie trocken oder krümelig werden und ihr Geschmack kann leiden. Nachdem man das Blech aus dem Backofen genommen hat, läßt man die Kekse darauf noch 2–3 Minuten abkühlen. Sie können zusammenfallen oder zerbröckeln, wenn man sie zu früh herunternimmt. Bleiben sie allerdings länger auf dem Blech, können sie leicht festkleben und sind dann schwer abzulösen.

Anzacs

Ein weiches Knabbergebäck mit angenehmem Hafergeschmack.

Vorbereitung 10–15 min · **Backzeit** 15–20 min · **Menge** 16–18 Kekse

Backofen auf 180° vorheizen; Backblech einfetten. Fett und Sirup langsam in einer großen Kasserolle schmelzen, den Topf vom Herd nehmen. Haferflocken, Mehl und Zucker hineinrühren und alles gut vermischen.

Soda in kochendem Wasser auflösen, in die Mischung geben und gut unterrühren. Mit einem Dessertlöffel je etwas Teig entnehmen und mit bemehlten Händen kleine Kugeln formen. Die Kugeln weit genug voneinander entfernt auf das vorbereitete Backblech legen. 15–20 Minuten backen lassen. Aus dem Backofen nehmen und auf dem Blech 4–5 Minuten abkühlen lassen, bevor man sie vorsichtig zum Erkalten auf ein Kuchengitter legt.

ZUTATEN

100 g Margarine oder Butter, plus 5 ml (1 TL) zum Einfetten des Backbleches
15 ml (1 EL) Sirup
225 g Haferflocken
150 g Mehl, gesiebt, plus 45–60 ml (3–4 EL) zum Bemehlen der Hände
100 g brauner Zucker
5 ml (1 TL) Natron
30 ml (2 EL) kochendes Wasser

Kaffeecreme-Plätzchen

ZUTATEN

Für die Kekse
50 g weiches Schmalz, plus 10 ml (2 TL) zum Ausfetten
50 g Zucker
5 ml (1 TL) Sirup
1 mittelgroßes Ei, schaumig geschlagen
5 ml Pulverkaffee, in etwas kochendem Wasser aufgelöst
225 g Mehl, gesiebt
½ TL Salz

Abbildung gegenüber S. 49

Leicht und mürbe – und wer stärkeren Kaffeegeschmack vorzieht, kann noch mehr Pulverkaffee beimischen.

Vorbereitung 20 min · **Backzeit** 10–15 min · **Menge** 15 Kekse

Backofen auf 180° vorheizen. 2 Backbleche einfetten. Schmalz und Zukker zu einer leichten flockigen Mischung verrühren, den Sirup hineingießen und alles gut durchschlagen. Das geschlagene Ei und das aufgelöste Kaffeepulver mit einer Gabel gut unterrühren und verschlagen. Mehl und Salz hinzugeben und alles zu einem festen Teig verkneten. In der Schüssel dann einige Minuten weich kneten. Mit den Innenflächen der Hand 28–30 Kugeln formen und mit genügend Zwischenraum auf die vorbereiteten Backbleche legen. Mit den Zinken einer Gabel zusammendrücken. Dabei entsteht gleichzeitig ein Streifenmuster.

Die Kekse 10–15 Minuten backen, bis sie fest und braun sind, aus dem Backofen nehmen, 2–3 Minuten auf dem Blech abkühlen lassen, dann zum Erkalten auf ein Kuchengitter legen.

Für die Füllung alle Zutaten vermischen und schaumig schlagen. Je einen Keks bestreichen und dann einen zweiten darauf legen.

Cornish Fairings

ZUTATEN

225 g Mehl, gesiebt, plus 45–60 ml (3–4 EL) zum Bemehlen des Brettes
½ TL gemischte gemahlene Gewürze
½ TL Ingwerpulver
65 g weiche Margarine, plus 10 ml (2 TL) zum Ausfetten der Backbleche
25 g weiches Schmalz
65 g brauner Zucker
10 ml (2 TL) Natron
10 ml Pottasche
100 ml Sirup, im Wasserbad erwärmt

Abbildung gegenüber S. 49

Dieses Gebäck wurde früher in Cornwall auf Jahrmärkten verkauft. Der Name wurde später auch auf anderes Backwerk und Süßigkeiten übertragen, die es auf solchen Volksfesten gab.

Vorbereitung 10 min · **Backzeit** 15–20 min · **Menge** 25 Kekse

Backofen auf 180° vorheizen. 2 große Backbleche ausfetten. Mehl, Gewürze und Ingwer vermischen; das Fett in kleinen Flöckchen hineingeben. In die krümelige Mischung den Zucker einrühren. Soda und Pottasche in dem erwärmten Sirup auflösen, unterrühren und alles mit einer Gabel zu einer weichen Paste verrühren. Auf einem bemehlten Brett 1 cm dick ausrollen. Quadrate oder Kreise (5 cm ⌀) ausstechen und vorsichtig mit genügend Zwischenraum auf die Backbleche legen. 15–20 Minuten backen, bis die Kekse aufgegangen und goldbraun sind. Aus dem Backofen nehmen, 2–3 Minuten auf dem Blech abkühlen lassen und dann zum endgültigen Erkalten vorsichtig auf ein Kuchengitter legen.

Zuckerkringel

Die kleinen S-förmigen Kekse sind schön süß und vor allem bei Kindern beliebt.

Vorbereitung 20–25 min · **Backzeit** 15–20 min · **Menge** 26–28 Kekse

Butter und Zucker zu einer leichten, schaumigen Masse verrühren. Das geschlagene Ei und das Mandelaroma hineingeben, Mehl und Mandeln mit einem Metalllöffel unterheben. Mit bemehlten Händen zu einem geschmeidigen Teig verkneten.

In 4 gleiche Teile teilen. Mit bemehlten Händen auf einem leicht bemehlten Brett zu 4 langen Würstchen (1–2 cm ⌀) ausrollen. Jede Rolle in 10 cm lange Stücke schneiden und als »S« formen. Mit ausreichend Zwischenraum auf die vorbereiteten Bleche legen. 15–20 Minuten backen, bis sie hell goldgelb sind. Aus dem Backofen nehmen, 2–3 Minuten auf dem Blech abkühlen lassen, dann vorsichtig auf ein Kuchengitter legen und erkalten lassen.

ZUTATEN
100 g weiche Butter, plus 10 ml (2 TL) zum Ausfetten der Backbleche
175 g Zucker
1 mittelgroßes Ei, geschlagen
½ TL Mandelaroma
225 g Mehl, gesiebt, plus 45–60 ml (3–4 EL) zum Bemehlen von Händen und Brett
100 g gemahlene Mandeln

Zitronenkekse

Der pikante Zitronengeschmack macht dieses Gebäck zu einer idealen Begleitung zum Tee, vor allem zu Earl Grey oder Lapsang Souchong.

Vorbereitung 50 min · **Backzeit** 12–15 min · **Menge** 20–22 Kekse

2 große Backbleche ausfetten. Das Fett in kleinen Flöckchen in das Mehl geben, so daß eine bröckelige Mischung entsteht. Zucker, Eigelb und Zitronenschale hinzugeben und alles gut mit der Gabel vermischen. Die Mischung in der Schüssel mit bemehlten Händen zu einem weichen Teig verkneten. Zugedeckt im Kühlschrank 30 Minuten ziehen lassen. Backofen auf 170° vorheizen. Den Teig aus dem Kühlschrank nehmen und in kleine Stücke brechen, die man mit der Hand zu kleinen Kugeln (2½ cm ⌀) rollt. Auf die vorbereiteten Bleche legen, mit den Zinken der Gabel flachdrücken, so daß gleichzeitig ein gerilltes Muster entsteht. 12–15 Minuten backen, bis sie zartgelb sind. Aus dem Backofen nehmen, 2–3 Minuten auf dem Blech abkühlen lassen und dann zum Auskühlen vorsichtig auf ein Kuchengitter legen.

ZUTATEN
100 g weiche Butter oder Margarine, plus 10 ml (2 TL) zum Ausfetten der Backbleche
225 g Mehl, gesiebt, plus 45–60 ml (3–4 EL) zum Bemehlen der Hände
175 g Zucker
2 mittelgroße Eigelbe
Geriebene Schale von 2 Zitronen

Makronen

ZUTATEN
1 mittelgroßes Eiweiß
75 g gemahlene Mandeln
90 g Zucker, plus 45–60 ml (3–4 EL) zum Bezuckern der Hände
½ TL Mandelaroma
12–13 blanchierte Mandelhälften

Innen weich und außen schön knusprig, dabei leicht zu backen.

Vorbereitung 5 min · **Backzeit** 20–25 min · **Menge** 12–14 Makronen

Backofen auf 180° vorheizen. Backblech mit Backpapier auslegen. Das Eiweiß steif schlagen und unter die gemahlenen Mandeln, den Zucker und das Mandelaroma heben. Die Hände leicht mit Zucker bepudern und jeweils 1 TL der Mischung mit den Innenflächen der Hände zu kleinen Kugeln formen.

Die Kugeln auf das ausgelegte Backblech legen, mit genügend Zwischenraum, und obenauf je eine blanchierte halbe Mandel legen. 20–25 Minuten backen, bis die Makronen etwas Farbe bekommen, herausnehmen und auf dem Backblech abkühlen lassen.

Haferküchlein

ZUTATEN
75 g weiche Butter oder Margarine, plus 15 ml (1 EL) zum Ausfetten der Backbleche
225 g weicher brauner Zucker
2 mittelgroße Eier, geschlagen
5 ml (1 TL) Vanillearoma
175 g Mehl, gesiebt
¼ TL Salz
½ TL Backpulver
225 g mittelfeines Hafermehl oder Haferflocken
45 g (3 EL) brauner Kristallzucker

Der herzhafte und knusprige Hafergeschmack macht sie zu einem Leckerbissen für jede Tageszeit.

Vorbereitung 15 min · **Backzeit** 8–10 min · **Menge** 24–26 Kekse

Backofen auf 190° vorheizen. 2 oder 3 große Backbleche ausfetten. Zucker und Milch zu einer leichten und schaumigen Mischung verrühren. Ei und Vanillearoma nach und nach hinzugeben, dazwischen jedesmal gut durchschlagen. Mehl, Salz, Backpulver und Hafermehl mit einem Metalllöffel langsam unterheben und sorgfältig vermischen. Mit einem Dessertlöffel kleine Teighäufchen auf die vorbereiteten Bleche setzen. Genügend Zwischenraum lassen, da sie beim Backen noch aufgehen. Mit braunem Zucker bestreuen.

8–10 Minuten backen lassen, bis die Kekse goldgelb sind. Aus dem Backofen nehmen und 1 Minute auf den Blechen abkühlen lassen, bevor man sie vorsichtig zum Erkalten auf ein Kuchengitter setzt.

Shortbread

Dieses Mürbteiggebäck gibt es eigentlich zu Weihnachten – aber es schmeckt immer. Hier ein Rezept für besonders mürbes, gut nach Butter schmeckendes Shortbread.

Zubereitung 10 min · **Backzeit** 20–25 min · **Menge** 16 Kekse

Backofen auf 170° vorheizen. 2 runde Sandwich-Formen (am besten Springformen) ausfetten und auslegen. Mehl und Stärkemehl in einer Schüssel mischen. In einer anderen Schüssel Butter und Zucker schaumig schlagen, Mandelaroma hinzugeben und alles noch einmal gut durchschlagen. Mehl und Stärkemehl langsam hineingeben, alles zu einer lockeren, krümeligen Mischung verrühren.

Den Teig gleichmäßig in die Formen verteilen, fest eindrücken und die Oberfläche glätten. 8 Teile markieren, aber nicht einschneiden; mit den Zinken einer Gabel ein leichtes Muster einritzen.

Nach 20–25 Minuten Backzeit wird das Shortbread hellgoldgelb. Aus dem Herd nehmen, 5–10 Minuten in der Form abkühlen lassen. Dann schneidet oder bricht man die Stücke entlang der markierten Linien.

ZUTATEN

350 g Mehl, gesiebt
3½ gestrichene TL Backpulver
100 g Stärkemehl
225 g leicht gesalzene oder ungesalzene Butter, plus 10 ml (2 TL) zum Einfetten der Backform
175 g Zucker
Einige Tropfen Mandelaroma

Shrewsbury-Kekse

Diese Korinthen-Kekse haben ein feines Zitronenaroma, das man mit etwas mehr Zitronenschale noch verstärken kann.

Vorbereitung 15 min · **Backzeit** 15–20 min · **Menge** 12–14 Kekse

Backofen auf 180° vorheizen und ein großes Backblech ausfetten. Fett und Zucker zu einer leichten schaumigen Masse verrühren. Geriebene Zitronenschale, Korinthen und Mehl hinzufügen und alles mit bemehlten Händen in der Schüssel zu einer festen Masse verkneten.

Auf einem bemehlten Brett 5 mm dick ausrollen. Mit einem mehlbestäubten Ausstecher 7,5 cm große Kreise ausstechen und vorsichtig auf das vorbereitete Blech legen.

15–20 Minuten backen, bis die Kekse eine helle goldgelbe Farbe bekommen. Nicht zu lange backen. Aus dem Backofen nehmen und gleich mit Zucker bestreuen. 2–3 Minuten auf dem Backblech abkühlen lassen, dann vorsichtig zum Auskühlen auf ein Kuchengitter legen.

ZUTATEN

100 g weiche Butter oder Margarine, plus 5 ml (1 TL) zum Einfetten des Backbleches
100 g Zucker, plus 30 ml (2 EL) zum Bestreuen der Kekse
10 ml (2 TL) geriebene Zitronenschale
50 g Korinthen
175 g Mehl, gesiebt, plus 45–60 ml (3–4 EL) zum Bemehlen von Händen und Brett

Abbildung gegenüber S. 49

Törtchen und kleines Gebäck

In diesem Kapitel findet man sowohl bekannte und beliebte Rezepte für den nachmittäglichen Familientee wie Fairy- und Eccles-Cakes oder Zitronenschnitten, als auch ausgefallene Rezepte für besondere Gelegenheiten, wie Brandy Snaps, Blätterteig-Sahne oder Meringen. Wenn solche Rezepte auch mehr Zeit erfordern, so lohnt sich doch die Mühe, denn selbstgebackener Kuchen schmeckt immer besser als gekaufter. Man kann auch »nach Maß« verschiedene Formen und Größen backen – Meringen z.B. klein als Leckerbissen für eine elegante Tee-Einladung, oder groß und mit Sahne gefüllt als süßes Dessert. Viele Kuchen kann man auch in kleine Portionen schneiden und hat dann köstliche Petit-fours. Ebenso lohnt es sich, mit den Füllungen zu experimentieren. Schlagsahne kann mit verschiedenen Likören abgeschmeckt werden, Blätterteig mit allen möglichen Früchten und Sahne oder Cremepudding gefüllt, Eclairs mit Mokka- oder Schokoladenglasur bestrichen werden.

ZUTATEN
Für den Teig
75 g Mehl, gesiebt
1 Prise Salz
25 g Zucker
50 g weiche Margarine oder Butter, plus 5 ml (1 TL) zum Ausfetten der Form

Für die Füllung
225 g eingelegte Kirschen, abgetropft, getrocknet und halbiert
50 g weiche Margarine

Mandel-Kirsch-Schnitten

Kleine Leckerbissen aus lockerem Teig, einer süßen Kirschfüllung und Mandelhäubchen.

Vorbereitung 15 min · **Backzeit** 35–40 min · **Menge** 16 Schnitten

Backofen auf 190° vorheizen und eine rechteckige Backform (20 cm) ausfetten. Mehl, Salz und Zucker gut vermischen, die Butter in kleinen Flöckchen hinzugeben, bis ein geschmeidiger Teig entsteht. In die vorbereitete Form füllen, fest hineindrücken und mit einer Palette glatt streichen. Die halbierten Kirschen, mit der angeschnittenen Seite nach unten, dicht in schönen Reihen auf den Teig legen.

Margarine und Zucker zu einer leichten schaumigen Masse verrühren. Das Ei hinzugeben und gut durchschlagen. Mandeln und Mandelaroma unterschlagen. Falls die Mischung zu steif wird, etwas Milch unterrühren. Mit einem Löffel über die Kirschen verteilen. 35–40 Minuten backen, bis die Oberfläche leicht bräunt. Aus dem Backofen nehmen, in der Form abkühlen lassen, 16 Schnitten schneiden und vorsichtig zum Auskühlen auf ein Kuchengitter legen.

50 g Zucker
1 großes Ei, geschlagen
50 g gemahlene Mandeln
½ TL Mandelaroma
5–10 ml (1–2 TL Milch, falls nötig)

Bakewell-Törtchen

Ursprünglich aus Bakewell in Derbyshire, wurde das Rezept im Laufe der Jahrhunderte leicht abgeändert. Dies ist die heute wohl bekannteste Variante.

Vorbereitung 30 min, plus 20 min für den Teig · **Backzeit** 15–20 min · **Menge** 14–16 kleine oder 12 große Törtchen

Teig (s.S. 139) zubereiten und 15 Minuten kalt stellen. Backofen auf 180° vorheizen und 14–16 kleine oder 12 größere Förmchen ausfetten. Für die Füllung Fett und Zucker verschlagen, bis die Mischung weich und schaumig ist. Ei und Mandelaroma unterschlagen. Mit einem Metalllöffel das Mehl und die gemahlenen Mandeln unterheben und alles gut durchmischen.

Den Teig auf einem bemehlten Brett 5 mm dick ausrollen. Mit einem mehlbestäubten Ausstecher (7,5 cm ∅) 14–16 Kreise ausstechen bzw. 12 Kreise mit 10 cm ∅. Die vorbereiteten Förmchen mit dem Teig auslegen, je 1 gehäuften TL Marmelade einfüllen und die Füllung mit einem Löffel darüber häufen. 15–20 Minuten backen lassen, bis die Törtchen gut gegangen und goldgelb sind. Aus dem Backofen nehmen und je mit einer halben kandierten Kirsche belegen. In den Formen 5–10 Minuten abkühlen lassen, dann herausnehmen und auf einem Kuchengitter völlig erkalten lassen.

ZUTATEN
Teig 6 (s.S. 139) mit 225 g Mehl
50 g weiche Margarine oder Butter, plus 15 ml (1 EL) zum Ausfetten der Form
50 g Zucker
1 großes Ei, geschlagen
½ TL Mandelaroma
30 g Mehl, gesiebt, plus 50–75 g zum Bemehlen des Brettes
½ TL Backpulver
15 g gemahlene Mandeln
ca. 150 g Erdbeer- oder Himbeer-Marmelade
6–8 kandierte Kirschen, halbiert

Brandy Snaps

ZUTATEN

Für die Brandy Snaps
25 g weiche Butter oder Margarine, plus 10 ml (2 TL) zum Einfetten der Backbleche
65 g Zucker
22 ml Sirup
25 g Mehl, gesiebt, plus 45–60 ml (3–4 EL) zum Bemehlen der Hände
5 ml Ingwerpulver

Für die Füllung
275 ml Sahne
14 Stück kandierter Ingwer

Abbildung gegenüber S. 81

Bei dieser besonderen Art von dünnen Pfefferkuchen muß man den entscheidenden Moment erwischen, um sie richtig temperiert um die Holzlöffel zu rollen – der Teig muß noch geschmeidig sein, aber fest genug, um in Form zu bleiben. Man sollte ungefähr 4 Holzlöffel dafür bereithalten.

Vorbereitung 10 min · **Backzeit** 10–12 min · **Menge** 14 Stück

Backofen auf 150° vorheizen und 2 große Backbleche ausfetten. Fett, Zucker und Sirup zu einer lockeren schaumigen Masse verrühren, Mehl und Ingwer unterrühren. Mit bemehlten Händen 14 kleine Kugeln formen und mit viel Zwischenraum auf die vorbereiteten Backbleche legen, sie gehen während des Backens noch auf.

10–12 Minuten backen lassen, bis sie schön braun sind. Aus dem Backofen nehmen und kurz abkühlen lassen. Mit einer Palette vom Blech nehmen und, solange sie noch heiß sind, um einen hölzernen Löffelstiel drehen. Auf eine Arbeitsplatte oder ein Brett legen, damit die Form sich festigt. Nach 5–10 Minuten sind die Röllchen fest genug, von den Löffelstielen ziehen, vorsichtig auf ein Kuchengitter legen und auskühlen lassen.

Sahne steif schlagen und in einen Spritzbeutel füllen. Jedes Röllchen mit Sahne füllen und an einem oder beiden Enden mit einem Stück kandierten Ingwer verzieren.

Schokoladen-Törtchen

ZUTATEN

100 g Mehl, gesiebt
1 gestrichenen TL Backpulver
50 g Kakaopulver
100 g weiche Margarine, plus 5 ml (1 TL) zum Einfetten der Form
225 g weicher brauner Zucker
2 mittelgroße Eier, schaumig geschlagen
150 ml Milch
5 ml (1 TL) Vanillearoma
100 g gehackte Walnüsse
100 g Rosinen

Abbildung gegenüber S. 96

Schwere süße Leckerbissen mit Rosinen und Walnüssen.

Vorbereitung 10 min · **Backzeit** 30 min · **Menge** 16 Stück

Backofen auf 180° vorheizen. Rechteckige Backform (20 cm) ausfetten. Mehl und Kakao in einer Schüssel mischen. In einer anderen Schüssel Margarine und Zucker schaumig schlagen. Nach und nach die geschlagenen Eier hinzufügen und jedesmal gut durchschlagen. Mehl und Kakao einrieseln und zwischendurch etwas Milch unterschlagen. Vanillearoma, Nüsse und Rosinen unterrühren. In die vorbereitete Form füllen und 30 Minuten backen lassen, bis der Teig gestiegen und an der Oberfläche fest geworden ist. Erst in Stücke schneiden, wenn der Kuchen ganz erkaltet ist, sonst krümelt die baiserartige Kruste. Den kalten Kuchen in 16 Stücke schneiden und vorsichtig aus der Form nehmen.

Blätterteig-Sahne

Den Blätterteig sollte man frisch machen. Frische Erdbeeren oder Himbeeren schmecken gut dazu, auch Ananas, Pfirsiche oder Kompott – frisch oder aus der Dose.

Vorbereitung 15–20 min (mit Teig) · **Backzeit** 40 min · **Menge** 24 kleine oder 12 große Teilchen

Backofen auf 200° vorheizen. Ein großes Backblech ausfetten. Den Teig (s. S. 136) zubereiten, lauwarm in einen Spritzbeutel mit 2,5 cm-Sterntülle füllen und 24 kleine oder 12 große Kugeln auf das Blech spritzen. 30 Minuten backen. In dieser Zeit den Herd keinesfalls öffnen. Dann weitere 10 Minuten bei 170° backen. Falls der Teig zu braun wird, mit Backpapier abdecken.
Aus dem Backofen nehmen, quer durchschneiden, offen hinlegen und eventuell feuchte Teigreste aus dem Inneren entfernen. Sind die Teilchen nicht ganz durchgebacken, noch einmal zum Austrocknen in den abgestellten Backofen legen. Die Sahne sehr steif schlagen, nach und nach Kirschwasser und Zucker unterschlagen. Auf die erkalteten Hälften erst eine Schicht Sahne, darüber dann die Früchte geben und die mit Puderzucker bestreute andere Hälfte darüber legen.

ZUTATEN

5 ml (1 TL) zum Einfetten des Backbleches
Teig 1 (s. S. 136) mit 100 g Mehl
275 ml Sahne
15 ml (1 EL) Kirschwasser
15 ml (1 EL) Zucker
450 g frische Erd- oder Himbeeren, geputzt und halbiert
45–60 ml (3–4 EL) Puderzucker

Abbildung gegenüber S. 65

Cremeschnitten

Man kann wahlweise Marmelade oder frisches Obst als Füllung nehmen und die Schnitten mit Puderzucker oder bunter Glasur verzieren.

Vorbereitung 30 min, plus 4 h für den Teig · **Backzeit** 8–10 min · **Menge** 10 Cremeschnitten.

Den Teig zubereiten (s. S. 137) und 30 Minuten kalt stellen. Backofen auf 220° vorheizen und 2 Backbleche ausfetten und mit etwas Wasser besprenkeln. Den Teig auf einem bemehlten Brett dünn ausrollen. Die ganze Oberfläche mit einer Gabel einstechen, dann in 15 Streifen, je 10x6 cm, schneiden. Die Streifen auf die vorbereiteten Bleche legen und 8–10 Minuten backen, bis sie hell goldgelb sind.
Aus dem Backofen nehmen und auf einem Kuchengitter abkühlen lassen. Nach dem Erkalten jeden Streifen waagrecht halbieren. Puderzucker im Wasser auflösen, etwa 45–60 ml (3–4 EL) zur Seite stellen, den Rest mit einer Palette über die untere Hälfte der Teigstücke verstreichen. Mit der glasierten Seite nach oben auf einem Kuchengitter erstarren lassen. Unter die restliche Glasur 3-4 Tropfen rosa Lebensmittelfarbe geben, in einen

ZUTATEN

¼ Menge Teig 3 (s. S. 137), mit 100 g Mehl
10 ml (2 TL) Margarine zum Einfetten der Backbleche
50–75 g Mehl zum Bemehlen des Brettes
225 g Puderzucker
15 ml (1 EL) Wasser
Einige Tropfen rosa Lebensmittelfarbe
275 ml Sahne
ca. 50 g Erdbeer- oder Himbeer-Marmelade, oder 100 g frische Früchte, geputzt und in Stücke geschnitten

Abbildung gegenüber S. 65

Spritzbeutel mit sehr kleiner Tülle füllen. Jeweils 3 längliche rosa Linien über die weiße Glasur spritzen und dann vorsichtig mit einem Holzstäbchen darüberziehen, damit eine hübsche Marmorierung entsteht.

Sahne steif schlagen. 10 Teigstückchen mit Marmelade oder frischem Obst belegen, darüber dann Sahne verteilen. Darüber je 1 weiteres Teigstück legen und wieder eine Schicht mit Marmelade oder Obst und Sahne. Darauf die glasierten Stücke legen und sofort servieren.

Eccles Cakes

ZUTATEN
¼ Menge Teig 2, mit 100 g Mehl (s. S. 137)
50–75 g Mehl zum Bemehlen des Brettes
25 g weiche Butter, plus 10 ml (2 TL) zum Einfetten der Backbleche
25 g weicher brauner Zucker
25 g Orangeat/Zitronat
75 g Korinthen
1 mittelgroßes Eiweiß, schaumig geschlagen
30 ml (2 EL) Zucker

Abbildung gegenüber S. 96

Das kleine, runde Gebäck heißt nach der Stadt Eccles und ist ganz ähnlich wie die ovalen Banbury Cakes oder Coventry Cakes, die die Form eines gleichschenkligen Dreiecks haben. Auch die runden Corley Cakes werden ähnlich gemacht, oder die tellergroßen Hawkshead Cakes. Alle haben unterschiedliche Formen, aber denselben Teig und ähnliche Zutaten.

Vorbereitung 20–25 min, plus 2 h für den Teig · **Backzeit** 10–15 min · **Menge** 12 Stück

Teig zubereiten (s. S. 137) und 1 Stunde kaltstellen. Den Teig auf einem bemehlten Brett ausrollen. Mit einem mehlbestäubten Ausstecher (10 cm ⌀) 12 Kreise ausstechen. Wer keinen so großen Ausstecher hat, kann auch eine leere dünne Blechbüchse oder eine passende Schale nehmen.

In einer Schüssel Zucker und Butter zu einer leichten schaumigen Mischung verrühren. Orangeat, Zitronat und Rosinen unterziehen. Je einen TL der Mischung auf die Teigkreise häufen. Den Teigrand mit Wasser anfeuchten, den Teig über die Mitte zusammenschlagen und die Taschen gut zusammendrücken. Umdrehen, damit die Nahtstelle unten liegt. 2 große Backbleche ausfetten. Die Teigtaschen auf einem bemehlten Brett etwa 1 cm dick ausrollen, so, daß man die Korinthen gerade sieht. Die Stücke auf die vorbereiteten Bleche legen und 10–15 Minuten kaltstellen. Backofen auf 230° vorheizen. Oben in jedes Stück drei Einschnitte machen, mit geschlagenem Eiweiß einpinseln und mit Zucker bestreuen. 10–15 Minuten backen, bis sie blaßgold und knusprig sind. Aus dem Backofen nehmen und auf einem Kuchengitter erkalten lassen.

Törtchen und kleines Gebäck 63

Eclairs

Das Geheimnis, perfekte Eclairs zu backen, besteht darin, die Seite des Backpapiers, auf dem sie gebacken werden, anzufeuchten. Mit dem Wasserdampf geht der Teig leichter und lockerer auf. Der Teig sollte frisch gemacht werden.

Vorbereitung 30 min, mit Teig · **Backzeit** 25–30 min · **Menge** 14 Eclairs

Backofen auf 200° vorheizen. Backpapier für 2 große Bleche zuschneiden und eine Seite anfeuchten. Mit der nassen Seite nach unten auf die Bleche legen. Teig (s.S. 136) machen. Den lauwarmen Teig in einen Spritzbeutel mit 1 cm-Tülle füllen und 14 10 cm lange Stücke auf die vorbereiteten Bleche spritzen. 25–30 Minuten backen, bis sie hellbraun und knusprig sind. Der Backofen darf während dieser Zeit nicht geöffnet werden! Aus dem Backofen nehmen und jedes Stück an der Seite leicht einschlitzen, damit der Dampf entweichen kann. Auf ein Kuchengitter legen und abkühlen lassen. Sahne sehr steif schlagen und in einen Spritzbeutel füllen. Die Sahne in die aufgeschlitzten Eclairs spritzen.

Schokolade und Butter unter ständigem Rühren im Wasserbad schmelzen. Die Oberfläche der Eclairs vorsichtig hineinstippen, dann senkrecht stellen und die Schokoladenglasur auf einem Kuchengitter erkalten lassen.

ZUTATEN
¼ Menge Teig 1 (s.S. 136), mit 100 g Mehl
275 ml Sahne
175 g Blockschokolade
25 g Butter

Abbildung gegenüber S. 97

Fairy Cakes

Die kleinen Törtchen können ganz verschieden gefüllt und verziert werden. Wenn diese Vorschläge nicht reichen – Ihrer Kreativität sind keine Grenzen gesetzt.

Vorbereitung 30 min · **Backzeit** 10 min · **Menge** 12 Törtchen

Backofen auf 200° vorheizen. 12 kleine Backförmchen mit Papierförmchen auslegen. Margarine und Zucker schaumig schlagen. Das geschlagene Ei hinzufügen und sehr gut unterschlagen. Mehl unterheben und verschlagen, dann das kochende Wasser gut unter die Mischung schlagen. Den Teig in die Papierförmchen löffeln. 10 Minuten backen. Die goldgelben Törtchen aus dem Backofen nehmen und abkühlen lassen. Nach dem Erkalten aus den Backformen nehmen, aber in den Papierförmchen lassen und zum Anrichten auf einen Servierteller stellen.

ZUTATEN
Für die Törtchen
50 g weiche Margarine
50 g Zucker
1 großes Ei, schaumig geschlagen
100 g Mehl, gesiebt
1 TL Backpulver
15 ml (1 EL) kochendes Wasser

64 Törtchen und kleines Gebäck

Für den Belag
50 g weiche Butter
100 g Puderzucker
15–30 ml (1–2 EL) Milch oder Rahm
10 ml (2 TL) Erdbeer- oder Himbeermarmelade
5 ml (1 TL) frisch ausgepreßter Zitronensaft
8 Scheiben kandierte Orangen oder Zitronen, oder Kringel kandierter Schale
5 ml (1 TL) Kakaopulver
8 Schokoladenlinsen

Füllung

Butter und Puderzucker schaumig rühren. Milch hinzufügen und so lange schlagen, bis die Glasur weich und gut durchgerührt ist. In 3 gleiche Teile teilen.

Das erste Drittel wird mit Erdbeer- oder Himbeermarmelade vermischt, das zweite Drittel mit Zitronensaft und fein geriebener Zitronenschale, das letzte Drittel mit Kakao.

Für die Schmetterlingstörtchen werden aus 4 Gebäckstücken oben kleine Kreise ausgeschnitten und dann in Halbkreise geteilt. Das Loch mit Marmeladenglasur füllen und dann die beiden Halbkreise wie Schmetterlingsflügel aufstecken.

Für die Zitronentörtchen das Gebäck oben mit Zitronenglasur bestreichen und die Stücke mit kandierten Orangen- oder Zitronenscheiben bzw. mit Kringeln von Orangen- oder Zitronenscheiben garnieren. Die Schokoladentörtchen werden mit der Kakaoglasur überzogen und mit kleinen Schokoladenstücken garniert.

ZUTATEN
½ Menge Teig 6 (s. S. 139) mit 100 g Mehl
50–75 g Mehl zum Bemehlen des Brettes
50 g weiche Butter, plus 10 ml (2 TL) zum Ausfetten der Form
50 g Zucker
1 mittelgroßes Ei, schaumig geschlagen
15 ml (1 EL) Mehl, gesiebt
50 g gemahlene Mandeln
2–3 Tropfen Mandelaroma
ca. 40 Mandelsplitter
30 ml (2 EL) Aprikosenmarmelade
10 ml (2 TL) Wasser

Abbildung gegenüber S. 17

Mandeltörtchen

Die kleinen Frangipani-Törtchen sind eine Zierde für jeden Teetisch. Mit einem gezackten Teigrädchen bekommt man eine hübschere Form.

Vorbereitung 20–25 min, plus 20 min für den Teig · **Backzeit** 20 min · **Menge** 10 Törtchen

Den Teig zubereiten (s. S. 139) und 15 Minuten kalt stellen. Backofen auf 200° vorheizen und 10 kleine Backförmchen ausfetten. Den Teig auf einem bemehlten Brett dünn ausrollen. Mit einem mehlbestäubten Ausstecher oder einem Teigrädchen 10 Kreise (7,5 cm ⌀) ausstechen, die vorbereiteten Förmchen mit dem Teig auslegen und 15 Minuten kalt stellen.

Zucker und Butter schaumig schlagen. Das geschlagene Ei vorsichtig hineingeben und dann Mehl, Mandeln und Mandelaroma unterschlagen. Alles gut durchschlagen. Die Mischung in die Teigförmchen geben, sie sollten etwa ⅔ gefüllt sein. Oben mit je etwa 4 Mandelhälften garnieren. 20 Minuten backen, bis die Törtchen goldgelb sind.

Marmelade und Wasser für die Glasur in einer Kasserolle erhitzen. Zum Kochen bringen, durchseihen und dann wieder erhitzen. Die fertigen Törtchen aus dem Backofen nehmen und sofort mit der Glasur überziehen. Vorsichtig auf ein Kuchengitter stellen und abkühlen lassen.

Törtchen und kleines Gebäck   Oben links: Maids of Honour (siehe S. 67); oben rechts: Mürbekuchen mit Nüssen und Kirschen (siehe S. 68); Mitte: Erdbeertörtchen (siehe S. 69); unten: Zitronen-Trauben-Schnitten (siehe S. 65).

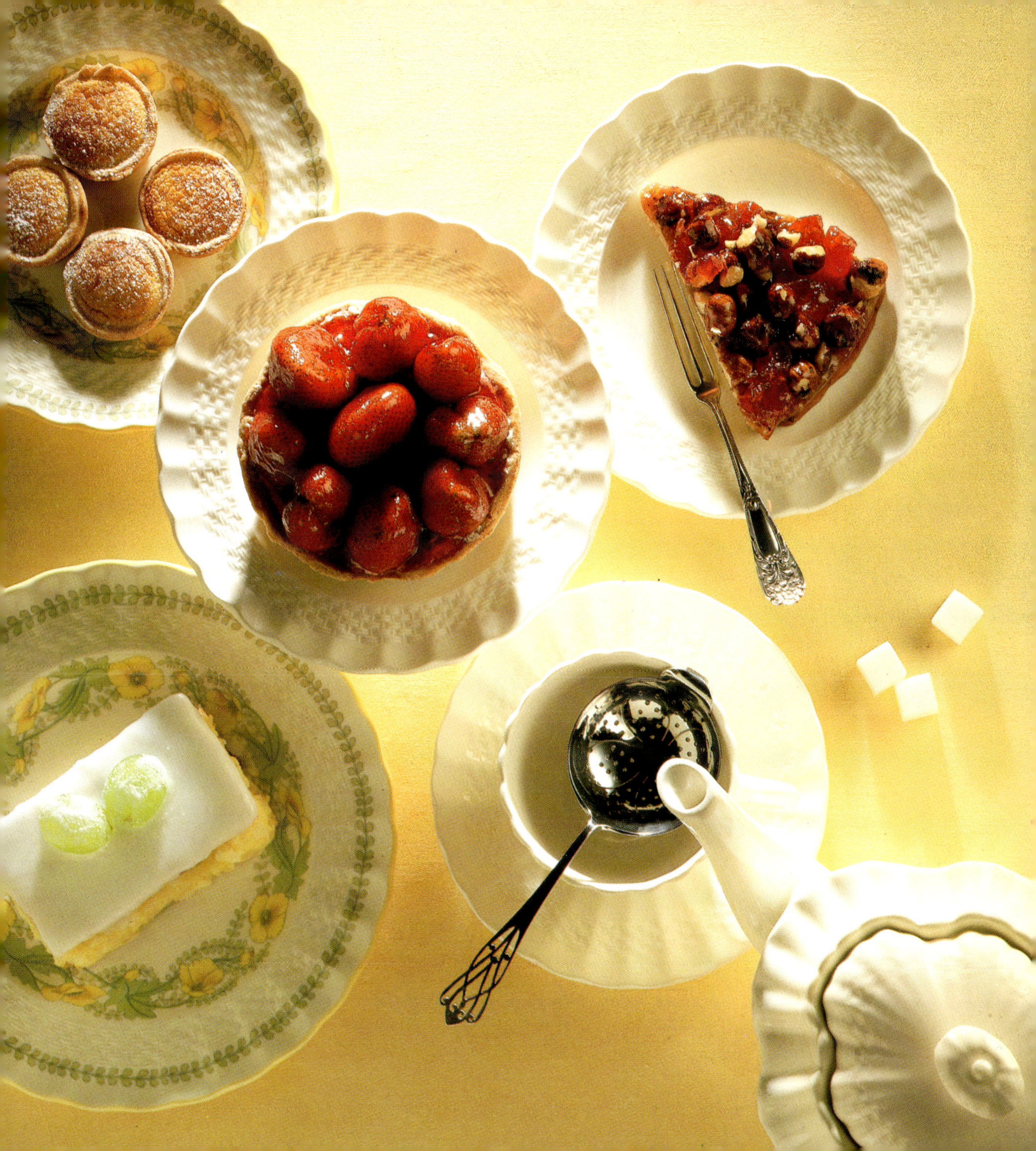

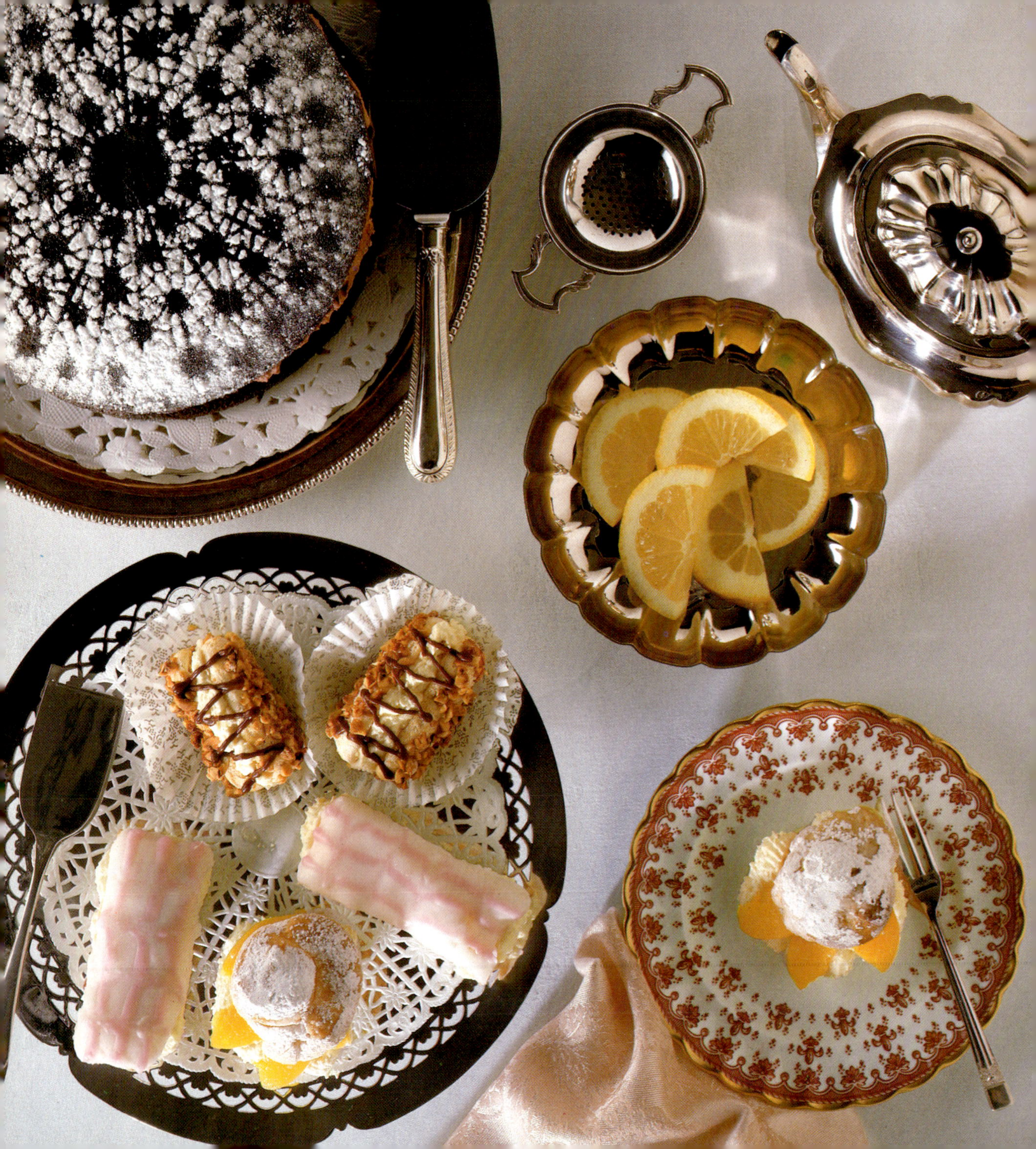

Zitronen-Trauben-Schnitten

Gebäck, das auch als Nachtisch bei einer Dinner-Party Eindruck macht. Die sahnige Zitronencreme ist ein guter Kontrast zu dem lockeren Blätterteig.

Vorbereitung 30 min, plus 4 h für den Teig · **Backzeit** 10–15 min · **Menge** 7 Schnitten

Den Teig (s.S. 137) machen und 30 Minuten kalt stellen. Backofen auf 230° vorheizen und ein großes Backblech einfetten. Den Teig auf einem bemehlten Brett zu einem 35x20 cm großen Rechteck ausrollen. Die Schmalseite halbieren und dann je 7 cm lange Streifen schneiden. Die Stücke auf das vorbereitete Blech legen und 10–15 Minuten backen, bis sie goldgelb und aufgegangen sind. Aus dem Backofen nehmen und auf einem Kuchengitter auskühlen lassen. Stärkemehl, Zucker und Milch vermischen und in einer Kasserolle unter ständigem Rühren langsam zum Kochen bringen, bis die Masse eindickt. Zitronensaft und -schale einrühren, das Eigelb zugeben und alles gut durchschlagen. Vom Herd nehmen und abkühlen lassen. Dann die Sahne unterschlagen.

14 Trauben für die Dekoration zur Seite legen, die anderen halbieren, entkernen und in die Zitronencreme rühren. 7 Kuchenscheiben nehmen und umdrehen. Eine Schicht Trauben-Zitronensauce darüber verstreichen und die anderen 7 Scheiben darauf legen. Puderzucker in Wasser auflösen und mit einer Palette über die Oberfläche streichen. Eiweiß steifschlagen. Die restlichen 14 Trauben in den Eischnee tauchen und dann mit Zucker bestreuen. Trocknen lassen, dann jede Schnitte mit 2 Trauben garnieren.

ZUTATEN

½ Menge Teig 3 (s.S. 137), mit 225 g Mehl
5 ml (1 TL) Margarine zum Ausfetten des Backbleches
50–75 g Mehl zum Bemehlen des Bleches
25 g Stärkemehl
40 g Zucker, plus 30 ml (2 EL) zum Bestäuben der Trauben
150 ml Milch
Saft von 1 Zitrone
Geriebene Schale von ½ Zitrone
1 mittelgroßes Ei; Eiweiß und Eigelb trennen
60 ml (4 EL) Sahne
150 g Weintrauben
100 g Puderzucker
15–30 ml (1–2 EL) Wasser

Abbildung gegenüber S. 64

Zitronen-Baisers

Der frische Zitronenschaum paßt gut zu den süßen Baisers.

Vorbereitung 15 min · **Backzeit** 40–45 min · **Menge** 12 kleine oder 8 größere Baisers

Backofen auf 170° vorheizen. Backform (20 cm^2) ausfetten und auslegen. Fett und Zucker schaumig schlagen. Eigelb, Zitronensaft und -schale unterschlagen. Mehl hinzufügen und alles mit der Gabel zu einem festen Teig verarbeiten. Die Mischung in die vorbereitete Form füllen und mit einer Palette glatt streichen. Die gehackten Nüsse darüberstreuen. Eiweiß steifschlagen und nach und nach die Hälfte des Puderzuckers unterschlagen. Dann den restlichen Puderzucker bis auf einen EL unterheben. Über den mit Nüssen bestreuten Teig verteilen und dabei die Baisers mit einem Mes-

ZUTATEN

100 g weiche Margarine oder Butter, plus 5 ml (1 TL) zum Ausfetten der Form
100 g Zucker
3 mittelgroße Eier; Eiweiß Eigelb trennen
Geriebene Schale von 1 Zitrone
10 ml (2 TL) frisch ausgepreßter Zitronensaft
225 g selbstgehendes Mehl, gesiebt
75 g gehackte Walnüsse
175 g Puderzucker

Nachmittagstee Im Uhrzeigersinn von oben beginnend: Schokoladentorte (siehe S. 81); Blätterteig-Sahne (siehe S. 61); Cremeschnitten (siehe S. 61); Meringen Marguerite (siehe S. 115).

ser spitz formen. Den restlichen Puderzucker darüber streuen. 40–45 Minuten backen, bis die Baisers blaßgelb sind. Aus dem Backofen nehmen und in der Form abkühlen lassen. Nach dem Erkalten vorsichtig in 12 kleinere oder 8 größere Streifen schneiden.

Zitronentörtchen

Die Füllung kann man auch als Aufstrich für Schnitten und Scones nehmen.

Vorbereitung 30 min, plus 10 min für den Teig · **Backzeit** 10–15 min · **Menge** 20 Törtchen

ZUTATEN
½ Menge Teig 4 (s.S. 138), mit 100 g Mehl
Geriebene Schale und Saft von 2 Zitronen
50 g Butter
2 mittelgroße Eier, leicht geschlagen
225 g Zucker
15 ml (1 EL) Margarine zum Einfetten der Formen
50–75 g Mehl zum Bemehlen des Brettes
20 Zitronen- oder Orangenscheiben, kandiert, oder geringelte Schalen für die Garnierung

Den Teig (s.S. 138) zubereiten und 15 Minuten kaltstellen. Für die Füllung Zitronensaft und -schale, Butter, Eier und Zucker mischen und unter ständigem Rühren im Wasserbad erhitzen, bis die Masse eindickt. Abkühlen lassen. Herd auf 200° vorheizen und 20 kleine Förmchen ausfetten. Den Teig auf einem bemehlten Brett ausrollen und mit einem bemehlten Ausstecher (7,5 cm ∅) 20 Kreise ausstechen. Die Förmchen mit dem Teig auslegen. Je einen kleinen Kreis aus Backpapier darüber legen und mit getrockneten Bohnen beschweren, damit der Teig nicht zu sehr geht. 10–15 Minuten backen, aus dem Backofen nehmen, Bohnen und Papier entfernen und in den Formen abkühlen lassen. Nach dem Erkalten auf einen Servierteller legen.

Die Zitronenmischung in einen Spritzbeutel mit einer 5-mm-Sterntülle füllen und in die Törtchen spritzen. Man kann das auch mit einem Löffel machen, aber gespritzt sieht es schöner aus. Jedes Törtchen mit einer kandierten Orangen- oder Zitronenscheibe garnieren, auch mit geringelten Orangen- oder Zitronenscheiben.

Maids of Honour

Diese kleinen Mandeltörtchen sollen das Lieblingsgebäck von Anna Boleyn und ihren Hofdamen gewesen sein. Mit winzigen Förmchen gebacken sehen sie besonders hübsch aus.

Vorbereitung 25 min, plus 10 min für den Teig · **Backzeit** 35–40 min · **Menge** 24–36 Törtchen, je nach Größe

Den Teig (s. S. 138) zubereiten und 15 Minuten kalt stellen. Backofen auf 180° vorheizen und 24 kleine Backförmchen ausfetten. Den Teig auf einem bemehlten Brett ausrollen und mit einem mehlbestäubten Ausstecher (7,5 cm ⌀) 24 Kreise ausstechen. Förmchen mit dem Teig auslegen. Quark und Butter schaumig schlagen. Eier, Brandy und Zucker hinzufügen und gut verschlagen.

In einer anderen Schüssel Kartoffelbrei, Mandeln, Muskat, Zitronensaft und geriebene Zitronenschale gut mischen und schlagen; in die Quarkmischung rühren und gut schlagen. Mit einem Löffel in den Teig füllen. 35–40 Minuten backen. Wenn die Törtchen fest sind, aus dem Backofen nehmen und erst 2–3 Minuten in der Form, dann auf einem Kuchengitter abkühlen lassen.

ZUTATEN
Doppelte Menge Teig 4 (s. S. 138) mit 450 g Mehl, 50–75 g Mehl zum Bemehlen des Brettes
100 g Quark
75 g weiche Butter, plus 15 ml (1 EL) zum Einfetten der Formen
2 mittelgroße Eier, schaumig geschlagen
65 ml Brandy
75 g Zucker
75 g kaltes Kartoffelpüree
25 g gemahlene Mandeln
½ TL geriebenes Muskat
Geriebene Schale von 2 Zitronen
Saft von 1 Zitrone

Abbildung gegenüber S. 64

Meringen

Um das Eiweiß richtig steif zu schlagen, muß die Schüssel frei von Fett sein. Frisch schmecken Meringen am besten.

Vorbereitung 10 min · **Backzeit** 4–5 h · **Menge** 10–12 Meringen

Den Backofen auf 110°, die niedrigste Stufe, stellen. 2 große Backbleche mit Backpapier auslegen und leicht mit Öl ausfetten. Das Eiweiß mit einer Prise Salz sehr steif schlagen. Die Masse muß stehenbleiben, wenn man das Rührgerät herauszieht. Die Hälfte des Zuckers einrieseln und gut unterschlagen. Den restlichen Zucker mit einem Metallöffel unterheben. Mit einem Teelöffel 10–12 Häufchen auf das Backpapier setzen. Das Blech in den Backofen stellen und 4–5 Stunden eher trocknen als backen. Nach dem Erkalten vorsichtig in eine Dose legen und bis zum Servieren luftdicht verschließen.

Vor dem Anrichten die Sahne steif schlagen. In einen Spritzbeutel mit einer 1-cm-Sterntülle füllen. Die Sahne auf je eine Meringe spritzen und dann eine zweite Meringe darüberlegen. Über die Sahne Schokoladenstreusel oder gehackte Nüsse streuen. Die fertigen Meringen in passende Papierförmchen legen.

ZUTATEN
Für die Meringen
15 ml (1 EL) Gemüseöl zum Einfetten des Backpapiers
2 mittelgroße Eiweiße
1 Prise Salz
100 g Zucker

Für die Füllung
125 g Sahne
Schokoladenstreusel oder gehackte Nüsse

ZUTATEN

Für den Mürbeteig
175 g Mehl, gesiebt
50 g Zucker
5 ml (1 TL) geriebenes Muskat
100 g weiche Margarine, plus 5 ml (1 TL) zum Einfetten der Form

Für den Belag
50 g grob gehackte Haselnüsse
75 g kandierte Kirschen, in Viertel geschnitten
45 g dicker Honig

Abbildung gegenüber S. 64

Mürbekuchen mit Nüssen und Kirschen

Der leichte Mürbeteig mit der Haselnuß-Kirsch-Mischung bringt Farbe auf den Teetisch.

Vorbereitung 10 min · **Backzeit** 30–35 min · **Menge** 8 Stücke

Backofen auf 170° vorheizen und eine runde Backform (18 cm ∅) ausfetten. Mehl, Zucker und Muskat vermischen, die Margarine in kleinen Flöckchen hineingeben und das Ganze zu einer klebrigen Masse verrühren. In die vorbereitete Form füllen und die Oberfläche mit einer Palette glattstreichen. 30–35 Minuten backen, bis der Kuchen leicht gebräunt ist. Aus dem Herd nehmen und in der Form abkühlen lassen.

Nüsse, Kirschen und Honig in einer kleinen Kasserolle unter ständigem Rühren zum Kochen bringen und dann noch 2 Minuten bei kleiner Flamme eindicken lassen. Gleichmäßig über den Kuchen verteilen und abkühlen lassen. Nach Erkalten in 8 Stücke schneiden.

ZUTATEN

Für die Füllung
225 g entkernte, getrocknete Datteln, klein gehackt
150 ml Wasser
30 ml (2 EL) weicher brauner Zucker
Saft von 1 Zitrone
Geriebene Schale von 2 Zitronen

Für den Haferteig
150 g Mehl, gesiebt
5 ml (1 TL) Natron
125 g große Haferflocken
200 g weicher brauner Zucker
175 g zerlassene Butter, plus 30 ml (2 EL) zum Einfetten der Formen
Saft von 1 Zitrone

Park Pies

Diese Törtchen sollten reichlich mit Zitronensaft gewürzt werden, da die Mischung aus Datteln und Haferflocken sonst zu süß schmeckt.

Vorbereitung 15–20 min · **Backzeit** 30 min · **Menge** 16 Pies

Backofen auf 190° vorheizen und 16 kleine Pastenförmchen (7,5 cm) ausfetten. Zuerst Datteln, Wasser, Zucker, Zitronensaft und -schale für die Füllung in einer kleinen Kasserolle zum Kochen bringen, dann bei niedrigerer Temperatur und unter gelegentlichem Umrühren langsam eindicken, aber nicht eintrocknen lassen. Vom Herd nehmen und abkühlen lassen.

Mehl, Natron, Haferflocken und Zucker vermischen, die zerlassene Butter und den Zitronensaft hinzufügen. Alles mit einer Gabel oder mit bemehlten Händen gut verkneten, bis eine feste Masse entsteht. Ein Drittel der Mischung zur Seite stellen, mit dem Rest Boden und Seiten der Förmchen auslegen. Fest hineinpressen. Darüber je einen reichlichen TL der Füllung geben und mit der restlichen Teigmischung zudecken. 30 Minuten backen, bis die Pies hellbraun sind. Aus dem Backofen nehmen und 10–15 Minuten in den Förmchen abkühlen lassen, bevor man sie vorsichtig herausnimmt und auf einem Kuchengitter erkalten läßt.

Törtchen und kleines Gebäck **69**

Queen Cakes

Das traditionelle englische Gebäck wird hier, eher ungewöhnlich, mit Sahne angereichert.

Vorbereitung 5 min · **Backzeit** 20–25 min · **Menge** 18 Törtchen

Backofen auf 190° vorheizen. 18 Papierförmchen in kleine Backförmchen legen. Fett und Zucker schaumig schlagen. Sahne und Zitronensaft hinzufügen und gut unterschlagen. Erst das eine, dann das andere Ei unterschlagen. Mehl, Backpulver, Korinthen und etwas Milch hinzufügen. Alles gut verkneten. Mit einem Löffel in die Papierförmchen füllen und 20–25 Minuten backen, bis die Törtchen goldgelb sind. Aus dem Backofen nehmen und in den Förmchen abkühlen lassen.

ZUTATEN
100 g weiche Butter oder Margarine
100 g Zucker
22 ml Sahne
5 ml (1 TL) frisch ausgepreßter Zitronensaft
2 mittelgroße Eier, schaumig geschlagen
225 g Mehl, gesiebt
½ TL Backpulver
100 g Korinthen
8–15 ml (½–1 EL) Milch

Erdbeertörtchen

Die kleinen Törtchen können auch mit anderen frischen Früchten gefüllt werden, so mit Loganbeeren oder Himbeeren. An Stelle von Creme kann man auch frisch geschlagene Sahne nehmen.

Vorbereitung 30 min, plus 25 min für den Teig · **Backzeit** 10 min · **Menge** 12 Törtchen

Teig (s.S. 138) zubereiten und 15 Minuten kalt stellen. Herd auf 190° vorheizen und 12 große Pastetenförmchen ausfetten. Teig auf einem bemehlten Brett sehr dünn ausrollen und mit einem mehlbestäubten Ausstecher (10 cm ⌀) 12 Kreise ausstechen. Förmchen mit Teig auslegen, darüber ein passend geschnittenes Backpapier legen und mit einigen getrockneten Bohnen beschweren. 10 Minuten backen, bis die Törtchen goldgelb sind. Aus dem Backofen nehmen, Bohnen und Papier entfernen und in den Formen auskühlen lassen. Dann vorsichtig auf einen Servierteller oder ein Drahtgestell legen.

Für die Puddingmasse wird das Stärkemehl in etwas Milch aufgelöst. In die Kasserolle die restliche Milch, Zucker, Ei oder Eigelbe einrühren. Unter ständigem Rühren langsam zum Kochen bringen und eindicken lassen. Vom Herd nehmen, Mandelaroma unterrühren und abkühlen lassen. Über die Oberfläche etwas Zucker streuen, damit sich keine Haut bildet. Wenn die Puddingmasse erkaltet ist, gut durchschlagen und mit einem Löffel in die Förmchen füllen. Die Erdbeeren dekorativ darüber legen. Johannisbeergelee und Wasser in einer Kasserolle erhitzen, zum Kochen bringen, durchseihen und wieder erhitzen. Gleichmäßig über die Erdbeeren verstreichen und fest werden lassen.

ZUTATEN
Für den Teig
½ Menge Teig 4 (s.S. 138), mit 100 g Mehl
10 ml (2 TL) Margarine zum Einfetten der Formen
50–75 g Mehl zum Bemehlen des Brettes

Für die Creme
20 g Stärkemehl
275 ml Milch
50 g Zucker, plus 45–60 ml (3–4 EL) zum Bestreuen der Törtchen
1 mittelgroßes Ei oder 2 Eigelb, schaumig geschlagen
6–7 Tropfen Mandelaroma

Für den Belag
450 g frische Erdbeeren, geputzt und halbiert
75 ml (5 EL) rotes Johannisbeer-Gelee
22 ml (1½ EL) Wasser

Abbildung gegenüber S. 64

Kuchen für alle Jahreszeiten

Die meisten dieser Rezepte eignen sich sowohl für den täglichen Nachmittagstee als auch für besonders festliche Tees. Den raffinierten Mincemeat-Kuchen oder die Schokoladentorte kann man zu besonderen Anlässen backen; Whitby Yule Cake, Simnel Cake oder Christmas Cake bietet man – wie der Name sagt – zu Weihnachten an. Viele dieser Kuchen kann man, je nach Jahreszeit und Gelegenheit, besonders garnieren und auch die Füllungen variieren. Den Osterkuchen kann man gelb und weiß glasieren und mit Hasen, Küken, Zuckereiern oder Frühlingsblumen verzieren. Geburtstagskuchen können in der Lieblingsfarbe des Geburtstagskindes glasiert, mit dem Namen beschriftet und mit lustigen Motiven verziert werden.

ZUTATEN
100 g zerlassene Butter, plus 5 ml (1 TL) zum Einfetten der Pfanne
275 g Mehl, gesiebt
2½ TL Backpulver
12,5 ml (2½ TL) gemahlener Zimt
5 ml (1 TL) Gewürzmischung aus Kardamon, Nelken und Piment
½ TL Salz
225 g brauner Zucker
75 g Rosinen
2 große Eier, schaumig geschlagen
175 g Milch
225 g Äpfel, geschält, entkernt und gerieben
30 ml (2 EL) Zucker

Gewürzkuchen mit Äpfeln

Am besten eignen sich leicht säuerliche, knackige Eßäpfel. Kochäpfel sollten nicht verwendet werden, da sie zu sauer sind.

Vorbereitung 10–15 min · **Backzeit** 1–1¼ h · **Menge** 1 Kuchen

Backofen auf 180° vorheizen, rechteckige Backform (20 cm) ausfetten und auslegen. Alle Zutaten bis auf die 30 ml weißer Zucker werden in einer Schüssel gut vermischt. 2–3 Minuten gut durchschlagen und in die vorbereitete Form füllen. Nach 1–1½ Stunden Backzeit muß der Kuchen schön goldgelb und fest sein. Stäbchenprobe machen, dann aus dem Herd nehmen und 10–15 Minuten in der Form abkühlen lassen, bevor man ihn herausnimmt und auf einem Kuchengitter völlig erkalten läßt. Auf eine Tortenplatte legen und oben mit Zucker bestreuen.

Bananen-Kirsch-Kuchen

Eine gute Möglichkeit, überreife Bananen aufzubrauchen. Der Kuchen ist feucht und durch das Vollweizenmehl schön körnig.

Vorbereitung 10 min · **Backzeit** 1¼–1½ h · **Menge** 1 runder Kuchen oder ein 900 g-Laib

Backofen auf 170° vorheizen. Eine runde Backform (18 cm ⌀) oder eine 900 g-Kastenform ausfetten und auslegen. Alle Zutaten in einer Schüssel gut vermischen und durchschlagen. Weitere 2 Minuten durchschlagen, damit genug Luft in den Teig kommt. In die vorbereitete Form füllen, in der Mitte eine kleine Vertiefung eindrücken, da der Kuchen sonst zu sehr aufgeht. Nach 1¼–1½ Stunden Backzeit muß der Kuchen braun und fest sein. Aus dem Backofen nehmen und 15 Minuten in der Form abkühlen lassen. Herausnehmen und auf einem Kuchengitter erkalten lassen.

ZUTATEN
100 g weiche Margarine oder Butter, plus 5 ml (1 TL) zum Ausfetten der Form
100 g glacierte Kirschen, geviertelt
Mus von 2 reifen Bananen
225 g Weizenvollkornmehl, gesiebt
1 Prise Salz
175 g weicher brauner Zucker
2 große Eier, geschlagen

Abbildung gegenüber S. 80

Schokolade-Zimt-Rolle

Dieses Prachtstück von Kuchen kann auch als Dessert serviert werden.

Vorbereitung 25 min · **Backzeit** 7–9 min · **Menge** 1 Kuchen

Den Backofen auf 225° vorheizen. Eine Biskuitform (33x23 cm) ausfetten und auslegen. Eier und Zucker im Wasserbad schlagen, bis die Mischung zäh vom Löffel fließt. Mit einem Metallöffel vorsichtig Mehl, Zimt, Kakao und Salz unterheben. Heißes Wasser hinzufügen und alles sorgfältig zu einer glatten Mischung verrühren. In die vorbereitete Form füllen und 7–9 Minuten backen, bis der Teig fest ist. Ein Stück Backpapier vorbereiten, auf ein feuchtes Tuch legen und mit dem Extra-Zucker bestreuen. Den Kuchen aus dem Backofen nehmen und sofort auf das bezuckerte Papier legen. Die Ränder glätten und den noch warmen Kuchen in das bezuckerte Papier rollen. Sahne steif schlagen, langsam das Kirschwasser hinzugeben. Den Kuchen vorsichtig aufrollen und mit der Sahne bestreichen. Dann wieder – ohne Papier – einrollen und einige Minuten festhalten, damit er in Form bleibt. Die Rolle mit Puderzucker bestreuen und mit einem warmen Stäbchen kreuz und quer Linien zur Verzierung ziehen.

ZUTATEN
Für die Biskuitrolle
5 ml (1 TL) Margarine zum Einfetten der Form
3 mittelgroße Eier, schaumig geschlagen
100 g Zucker, plus 30 ml (2 EL) zum Bezuckern des Papiers
75 g Mehl, gesiebt
5 ml (1 TL) gemahlener Zimt
25 g Kakaopulver
1 gute Prise Salz
15 ml (1 EL) heißes Wasser

Für die Füllung
175 ml Sahne
22 ml (1½ EL) Kirschwasser
30 ml (2 EL) Puderzucker

Abbildung gegenüber S. 80

Christmas Cake

ZUTATEN

Für den Kuchen
225 g weiche Butter, plus 30 ml (2 EL) zum Ausfetten von Form und Papier
225 g weicher brauner Zucker, gut durchgesiebt und nicht klumpig
4 große Eier, geschlagen
10 ml (2 TL) dunkler Sirup
100 ml Sherry, medium
½ TL Vanillearoma
½ TL Mandelaroma
100 g Mehl, gesiebt
175 g Mehl, gesiebt
1½ TL Backpulver
¼ TL Salz
5 ml (1 TL) gemahlener Zimt
½ TL gemahlenes Muskat
5 ml (1 TL) Gewürzmischung aus Nelken, Kardamon und Piment
350 g Rosinen
450 g Sultaninen
450 g Korinthen
75 g glacierte Kirschen, geviertelt
100 g Orangeat/Zitronat
50 g gehackte Mandeln oder Walnüsse, blanchiert
50 g gemahlene Mandeln

Für das Marzipan
175 g Puderzucker und 175 g Zucker, oder 350 g Puderzucker, plus 45–60 ml (3–4 EL) zum Bezuckern des Brettes
350 g gemahlene Mandeln
Saft von ½ Zitrone
3–4 Tropfen Mandelaroma
1–2 Eigelb, mittelgroß, geschlagen

Abbildung gegenüber S. 81

Dieser Weihnachtskuchen ist mein Lieblingsrezept. Es stammt von meiner Mutter und schmeckt reich und schwer, aber nicht herb. Wie fast alle Fruchtkuchen sollte man ihn 5–6 Wochen vorher backen. Backzeiten für die verschiedenen Formen und Größen
Quadratische Form (18 cm), Grundmenge 3¼–3½ h
Quadratische Form (20 cm), Grundmenge 3 h
Runde Form (15 cm ⌀), halbe Menge 2½–2¾ h
Runde Form (18 cm ⌀), halbe Menge 3½ h

Vorbereitung 50–60 min, plus 4–6 Tage für das Marzipan und die Glasur · **Backzeit** 3½–4 h · **Menge** 1 runder Kuchen (23 cm ⌀)

Backofen auf 170° vorheizen. Eine runde Backform (23 cm ⌀) ausfetten. Mit drei Schichten Backpapier, auf beiden Seiten eingefettet, auslegen; sie sollten mindestens 3 cm über den Rand der Form ragen. Butter weich und schaumig schlagen, Zucker einrieseln und gut durchschlagen. In einer anderen Schüssel Eier, Sirup, Sherry, Vanille- und Mandelaroma verschlagen. Mehl, Salz und Gewürze in eine dritte Schüssel sieben.

Mit einem Holzlöffel abwechselnd die Ei- und die Mehlmischung in die Butter-Zucker-Mischung geben. Gut vermischen, aber nicht schlagen. Nüsse und Trockenfrüchte hinzugeben und gründlich verrühren, damit alles gleichmäßig verteilt ist. In die vorbereitete Form füllen und mit einer Palette glätten. 30 Minuten backen, dann weitere 3–3½ Stunden auf 200° backen. Mit einem Finger in den Teig drücken – der Kuchen ist gut, wenn keine Druckstelle zurückbleibt. Anderenfalls noch für ein paar Minuten in den Backofen stellen. Aus dem Backofen nehmen und 10 Minuten in der Form auskühlen lassen, herausnehmen und auf einem Kuchengitter erkalten lassen. In Folie wickeln und luftdicht abgeschlossen aufbewahren.

Die Marzipanschicht kann hinzugefügt werden, wenn der Kuchen kalt ist, oder 2–3 Tage bevor man die Glasur macht.

Für das Marzipan werden Puderzucker (und eventuell Zucker) mit den gemahlenen Mandeln vermischt. Zitronensaft, Mandelaroma und ausreichend Eigelb hinzufügen und zu einer weichen, aber trockenen Masse verarbeiten. Auf einem bezuckerten Brett weich kneten. Um die Marzipanschicht um den Kuchen zu legen, den Kuchen auf ein Brett oder einen großen Teller legen. Das Marzipan auf dem bezuckerten Brett etwa 5 mm dick ausrollen und einen Kreis in der Größe des Kuchens ausschneiden. Aus dem restlichen Marzipan Streifen für die Seiten schneiden.

Für die Glasur in einer Kasserolle Marmelade und Wasser zum Kochen bringen, durchseihen und wieder erhitzen. Dünn über Oberfläche und Seiten des Kuchen streichen. Den Marzipankreis auflegen, seitlich die Streifen andrücken. Die Kanten mit den Fingern zusammenpassen, der ganze

Kuchen muß mit Marzipan bedeckt sein. Zum Trocknen 2–3 Tage an einen warmen, trockenen Platz stellen.

Die Glasur 2–3 Tage vor dem Verzehr machen. Eiweiß in eine flache Schale geben und vorsichtig mit 30 ml (2 EL) Puderzucker verschlagen, den restlichen Puderzucker hinzugeben und kräftig schlagen, bis die Mischung dick, weich und glänzend ist. Zitronensaft hineingeben und nochmals schlagen. Sorgfältig Glycerin unterrühren.

Kuchen auf den Servierteller legen. Die Glasur mit einer in kochendes Wasser getauchten Palette über die ganze Oberfläche verteilen. Wenn man lieber eine rauhe, schneeartige Oberfläche haben möchte, mit einem Messer kleine Unebenheiten hineinziehen. Mit Stechpalmenblätter oder weihnachtlichen Schmuck garnieren. In einer luftdicht verschlossenen Dose aufbewahren.

Für die Glasur
30 ml (2 EL) Aprikosenmarmelade
10 ml (2 TL) Wasser

Für die Glasur Royal
2 mittelgroße Eiweiße
450 g Puderzucker
5 ml (1 TL) frisch ausgepreßter Zitronensaft
5 ml (1 TL) Glycerin

Baumstamm

Der weihnachtliche Kuchen kann mit Stechpalmenblätter, Misteln, kleinen Vögeln und vielem anderen garniert werden.

Vorbereitung 20–25 min · **Backzeit** 8–10 min · **Menge** 1 Kuchen

Backofen auf 220° vorheizen. Eine 28x18 cm-Biskuitform ausfetten und auslegen. Kakao, Mehl, Salz und Backpulver mischen. Eier und Zucker im Wasserbad schlagen, bis die Mischung dick und glänzend wird. Vom Herd nehmen. Mehl mit einem Metallöffel unterheben. In die vorbereitete Form füllen und 8–10 Minuten backen. Der Biskuitteig muß zurückspringen, wenn man leicht mit dem Finger hineindrückt. Ein Stück Backpapier vorbereiten und mit Zucker bestreuen. Den fertigen Teig aus dem Herd nehmen und auf das Papier legen. Backpapier entfernen und den Kuchen vorsichtig einrollen. Zum Abkühlen liegenlassen, danach aufrollen und das bezuckerte Papier entfernen.

Für die Glasur Kakaopulver in heißem Wasser auflösen und abkühlen lassen. Die Butter mit der Hälfte des Puderzuckers sehr schaumig schlagen. Milch, Brandy, Kakaomischung und den restlichen Puderzucker hinzufügen, gut vermischen und schaumig schlagen. 1/3 der Glasur über die Innenseite des Kuchens verteilen. Den Kuchen vorsichtig zur Rolle formen und die restliche Glasur darüber verstreichen. Mit einer Gabel borkenartige Muster über die Oberfläche ziehen und alles mit etwas Puderzucker bestäuben.

ZUTATEN

Für die Rolle
5 ml (1 TL) Margarine zum Einfetten der Form
25 g Kakaopulver
50 g Mehl, gesiebt
1 Prise Salz
5 ml (1 TL) Backpulver
3 mittelgroße Eier, geschlagen
75 g Zucker, plus 45 ml (3 EL) zum Bezuckern des Papiers

Für Füllung und Glasur
30 ml (2 EL) Kakaopulver, plus 15 ml (1 EL) zum Bestreuen der Rolle
15 ml (1 EL) heißes Wasser
75 g Butter
275 g Puderzucker
37 ml (2½ EL) Milch
10 ml (2 TL) Brandy

Dundee Cake

ZUTATEN

225 g weiche Butter, plus 5 ml (1 TL) zum Ausfetten der Form
225 g Zucker
Geriebene Schale von 1 großen Orange
4 mittelgroße Eier, geschlagen
225 g Mehl, gesiebt
50 g gemahlene Mandeln
25 g Orangeat und Zitronat
100 g Korinthen
100 g Sultaninen
100 g Rosinen
50 g glacierte Kirschen, geviertelt
40–50 g Mandelsplitter

Dieses traditionelle schottische Früchtebrot ist schön locker und schmeckt gut nach Mandeln.

Vorbereitung 15 min · **Backzeit** 2½–3 h · **Menge** 1 runder Kuchen (18 cm ⌀) oder ein 900 g-Laib

Backofen auf 180° vorheizen. Eine runde Form (18 cm ⌀) oder eine 900 g-Kastenform ausfetten und auslegen. Butter und Zucker schaumig schlagen. Die Orangenschale und die Eier einzeln unterschlagen, mit jedem Ei 15 ml (1 EL) Mehl zugeben. Alles gut durchschlagen. Trockenfrüchte und gemahlene Mandeln mit einem Metallöffel einrühren. Vorsichtig das restliche Mehl unterheben. In die vorbereitete Form füllen und über die Oberfläche Mandelsplitter verteilen. 2½–3 Stunden backen. Stäbchenprobe machen. Aus dem Backofen nehmen und 2–3 Minuten in der Form abkühlen lassen, bevor man den Kuchen aus der Form nimmt und zum Erkalten auf ein Kuchengitter stellt.

Früchtebrot

ZUTATEN

225 g Mehl, gesiebt
2 gehäufte TL Backpulver
½ TL Backpulver
7,5 ml (1½ TL) Gewürzmischung aus Kardamon, Nelken und Piment
7,5 ml (1½ TL) gemahlenes Muskat
100 g weiche Butter oder Margarine, plus 5 ml zum Ausfetten der Form
175 g weicher brauner Zucker
10 ml Sirup
2 mittelgroße Eier, schaumig geschlagen
450 g gemischte Trockenfrüchte (Rosinen, Korinthen, Sultaninen, Orangeat, Zitronat, Kirschen)
30 ml (2 EL) warme Milch

Ein Kuchen für die ganze Familie und für alle Tage. Feucht und würzig; wer es mag, kann noch mehr Gewürze hinzutun.

Vorbereitung 20 min · **Backzeit** 1¾–2 h · **Menge** 1 Kuchen

Backofen auf 170° vorheizen und eine runde Backform (18 cm ⌀) ausfetten und auslegen. Mehl, Backpulver und Gewürze vermischen. In einer anderen Schüssel Fett und Zucker schaumig schlagen. Sirup hinzufügen und gut durchschlagen. Nach und nach die beiden geschlagenen Eier unterschlagen, dazwischen jedesmal 15 ml (1 EL) Mehl hinzufügen. Kräftig durchschlagen, damit möglichst viel Luft in den Teig kommt. Das restliche Mehl mit einem Holzlöffel untermischen, dann die Trockenfrüchte. Alles gut verrühren. Die warme Milch hinzugeben. Alles durchschlagen, bis die Mischung feucht und gut durchgerührt ist. In die vorbereitete Form füllen und 1¾–2 Stunden backen. Stäbchenprobe machen. Den Kuchen aus dem Herd und aus der Form nehmen und auf einem Kuchengitter abkühlen lassen.

Ingwerkuchen

Gingerbread ist ähnlich wie Lebkuchen. An Stelle von kandiertem Ingwer kann man alle möglichen Früchte nehmen – Rosinen, Sultaninen, kleingeschnittene Datteln, Orangeat, Zitronat oder auch eine beliebige Mischung.

Vorbereitung 10 min · **Backzeit** 1 h · **Menge** 1 Kuchen

Backofen auf 180° vorheizen und entweder eine runde Backform (18 cm ⌀) oder eine 900 g-Kastenform ausfetten und auslegen. In einer mittelgroßen Kasserolle Fett, Sirup und Zucker bei mittlerer Hitze verschmelzen, bis sich der Zucker aufgelöst hat. Nicht kochen. Topf vom Herd nehmen. Nach und nach Mehl, Salz und Gewürze hinzugeben und mit einem Holzlöffel gut verschlagen. Den klein geschnittenen Ingwer hinzugeben und gut unterrühren. Soda in der warmen Milch auflösen, in die Mischung gießen und alles gut verrühren. Die Masse in die vorbereitete Form füllen und 1 Stunde backen, bis der Kuchen braun und fest ist. Stäbchenprobe machen. Aus dem Backofen nehmen und 10–15 Minuten in der Form abkühlen lassen, dann herausnehmen und auf einem Kuchengitter erkalten lassen.

ZUTATEN

50 g Margarine oder Butter, plus 5 ml (1 TL) zum Ausfetten der Form
50 g Schmalz
50 g brauner Kristallzucker
60 ml (4 EL) Sirup
250 g Mehl, gesiebt
2½ TL Backpulver
1 Prise Salz
15 ml (1 EL) Ingwerpulver
10 ml (2 TL) Gewürzmischung aus Kardamon, Nelken und Piment
100 g kandierter Ingwer, fein gehackt, oder andere Früchte
½ TL Backsoda
150 ml warme Milch

Madeira-Kuchen

Ein leichter Biskuitkuchen mit delikatem Zitronengeschmack, der gern zum Tee – oder zu einem Gläschen Madeira – serviert wird.

Vorbereitung 10 min · **Backzeit** 1½ h · **Menge** 1 Kuchen

Backofen auf 180° vorheizen. Eine runde Backform (18 cm) ausfetten und auslegen. Mehl und Backpulver mischen. In einer anderen Schüssel Fett, Zucker und Zitronenschale locker und schaumig schlagen. Abwechselnd etwas geschlagenes Ei und jeweils 15 ml (1 EL) Mehl unterschlagen. Alles gut durchschlagen, damit die Mischung schön luftig wird. Mit einem Metalllöffel das restliche Mehl unterheben und dann die Milch hinzufügen. Gut vermischen und in die vorbereitete Form füllen.

Nach 1 Stunde Backzeit aus dem Backofen nehmen, einige Scheiben kandierte Zitronenschale leicht auf die Oberfläche drücken und den Kuchen weitere 30 Minuten backen, bis er goldbraun und gut gegangen ist. Aus dem Herd nehmen, mindestens 5 Minuten in der Form auskühlen, dann herausnehmen und auf einem Kuchengitter erkalten lassen.

ZUTATEN

225 g Mehl, gesiebt
1 TL Backpulver
175 g weiche Butter oder Margarine, plus 5 ml (1 TL) zum Ausfetten der Form
175 g Zucker
Geriebene Schale von ½ Zitrone
30 ml (2 EL) Milch, Zimmertemperatur
2–3 dünne Scheiben kandierte Zitronenschale

Abbildung gegenüber S. 97

ZUTATEN
Für den Kuchen
225 g Mehl, gesiebt
2 TL Backpulver
½ TL Natron
5 ml (1 TL) Gewürz-
   mischung aus Kardamon,
   Nelken und Piment
175 g Zucker
150 ml Milch,
   Zimmertemperatur
100 g weiche Butter,
   plus 5 ml (1 TL) zum
   Ausfetten der Form
Geriebene Schale von
   1 Zitrone
2 mittelgroße Eier,
   geschlagen
100 g Mincemeat
Für die Glasur
50 g weiche Butter
175 g Puderzucker
15 ml (1 EL) Brandy
Nüsse zum Dekorieren

Abbildung gegenüber S. 81

Mincemeat-Kuchen mit Brandy-Glasur

Fertiges Mincemeat gibt es hier selten zu kaufen. Das Rezept dafür auf S. 134.

Vorbereitung 15 min · **Backzeit** 1 h · **Menge** 1 Kuchen

Backofen auf 170° vorheizen. Backform (18 cm^2) ausfetten und auslegen.
   Mehl, Backpulver, Natron und Gewürze vermischen. Zucker, Milch, Butter und Zitronenschale hinzugeben und alles locker schlagen. Die Eier nach und nach hinzugeben und gut unterschlagen. Mincemeat hineingeben und gut unterrühren.
   In die vorbereitete Form füllen und 1 Stunde backen. Wenn der Kuchen fest ist, aus dem Backofen nehmen, erst 5 Minuten in der Form, dann auf einem Kuchengitter auskühlen lassen.
   Butter und Puderzucker schaumig schlagen, Brandy hineinschlagen. Die Glasur über den Kuchen verteilen, mit dem Messerrücken Muster einzeichnen und mit Paranüssen garnieren.

ZUTATEN
Für den Kuchen
100 g Blockschokolade
150 g weiche Butter oder
   Margarine, plus 10 ml
   (2 TL) zum Ausfetten der
   Form
150 g Zucker
3 mittelgroße Eier,
   geschlagen
15 ml (1 EL) Milch
225 g Mehl, gesiebt
2 gehäufte TL Backpulver
Eine Prise Salz
Für die Füllung
30 g weiche Butter
100 g Puderzucker,
   plus 30 ml (2 EL) zum
   Bestreuen des Kuchens
10 ml (2 TL) Milch
15 ml (1 EL) Kakaopulver
15 ml (1 EL) heißes Wasser

Feuchter Schokoladenkuchen

Statt der Schokoladenglasur kann man auch eine Vanilleglasur machen, mit ¼ TL Vanillearoma anstelle des Kakaopulvers.

Vorbereitung 15 min · **Backzeit** 35–40 min · **Menge** 1 Kuchen

Backofen auf 180° vorheizen. 2 runde Sandwich-Formen (18 cm ⌀) ausfetten und auslegen. Schokolade im Wasserbad schmelzen. Fett und Zucker schaumig schlagen. Die Eier jeweils einzeln hineinschlagen. Milch in die geschmolzene Schokolade einrühren und in die Mischung gießen. Gut durchschlagen. Mit einem Metallöffel Mehl und Salz unterheben. Alles gut mischen.
   In die vorbereiteten Formen füllen und 35–40 Minuten backen, bis der Kuchen gut gegangen und fest ist. Aus dem Backofen nehmen und erst in den Formen 15 Minuten auf einem Kuchengitter erkalten lassen. Für die Füllung Butter und Puderzucker verschlagen, dann die anderen Zutaten hinzufügen und alles gut durchschlagen. Wenn die Kuchen erkaltet sind, einen Kuchen oben mit der Füllung bestreichen und den anderen darüberlegen. Die Oberfläche mit Puderzucker bestreuen.

Mrs. Pettigrews berühmter Zitronenkuchen

Dieser Kuchen sollte wirklich nach Zitronen schmecken und schön locker sein. Wenn die gekauften Zitronen nicht saftig genug sind, nimmt man eine mehr oder einfach etwas Zitronensaft aus der Flasche.

Vorbereitung 10 min · **Backzeit** 1 h · **Menge** 1 runder Kuchen (18 cm ⌀) oder 1900 g-Laib

Backofen auf 170° vorheizen. Eine runde Backform (18 cm ⌀) oder eine 900 g-Kastenform ausfetten und auslegen.

2 Zitronen schälen und alle 3 auspressen. Den Saft mit den 45 ml (3 EL) Zucker für die Glasur an einem warmen Platz stellen, vielleicht oben auf den warmen Herd. Der Zucker muß sich auflösen, so daß ein dicklicher Zitronensaft entsteht. Fett und Zucker schaumig schlagen. Die Eier nach und nach langsam hinzugeben und jedesmal gut durchschlagen. Dann geriebene Zitronenschale und Mehl hinzufügen und gut verschlagen. Die Milch unterrühren und alles noch einmal durchschlagen. In die vorbereitete Form füllen und 1 Stunde backen, bis der Kuchen goldgelb und gut gegangen ist.

Aus dem Backofen nehmen und sofort an 3–4 Stellen einstechen, gleich den Zitronensirup über die ganze Oberfläche gießen. Während der Kuchen in der Form abkühlt, kann der Zitronensirup in den Biskuitteig einziehen. Anschließend herausnehmen und in Folie packen, falls man den Kuchen nicht gleich servieren will.

ZUTATEN
3 Zitronen
45 ml (3 EL) Zucker für die Glasur
100 g weiche Butter oder Margarine, plus 5 ml (1 TL) zum Ausfetten der Form
175 g Zucker
2 große Eier, geschlagen
175 g Mehl, gesiebt
90 ml Milch, Zimmertemperatur

Altenglischer Ciderkuchen mit Käse- und Ingwerglasur

Man kann diesen fruchtig nach Apfel schmeckenden Kuchen auch ohne die Glasur machen.

Vorbereitung 10 min · **Backzeit** 40–45 min · **Menge** 1900 g-Kuchen

Backofen auf 190° vorheizen und eine 900 g-Kastenform ausfetten und auslegen. Fett und Zucker schaumig schlagen, die Eier langsam hinzugeben und dazwischen immer wieder gut durchschlagen. Mehl, Backpulver, Muskat und Ingwer mit einem Metallöffel unterheben und gut vermischen. Zum Schluß den Apfelwein einrühren. In die vorbereitete Form füllen und 40–45 Minuten backen lassen, bis der Kuchen goldgelb und fest ist. Aus dem Backofen und aus der Form nehmen und auf einem Kuchengitter auskühlen lassen.

ZUTATEN
Für den Kuchen
100 g weiche Butter oder Margarine, plus 5 ml (1 TL) zum Ausfetten der Form
100 g weicher brauner Zucker
2 mittelgroße Eier, schaumig geschlagen
225 g Mehl, gesiebt
5 ml (1 TL) Backpulver
5 ml (1 TL) geriebenes Muskat
½ TL gemahlener Ingwer
150 ml Apfelwein, halbtrocken

Für die Glasur
100 g Doppelrahm-Frischkäse
100 g Puderzucker
5 ml (1 TL) Ingwerpulver
25 g kandierter Ingwer, fein gehackt

ZUTATEN
½ Menge Teig 6 (s. S. 139) mit 100 g Mehl
5 ml (1 TL) Margarine zum Ausfetten des Tellers
50–75 g Mehl zum Bemehlen des Brettes
15–30 ml (1–2 EL) Milch
225 g Mincemeat

Abbildung gegenüber S. 81

Alle Zutaten für die Glasur zu einer cremigen Mischung verrühren und über die Oberfläche des Kuchens verstreichen. Mit den Zinken einer Gabel dekorative Muster ziehen.

Open Mincemeat Tart

Ein traditioneller Weihnachtskuchen, der sich aber auch das ganze Jahr lang anbieten läßt. Das Mincemeat-Rezept ist auf S. 134.

Vorbereitung 20–25 min, plus 20 min für den Teig · **Backzeit** 25–30 min · **Menge** 1 Kuchen

Den Teig (s. S. 139) zubereiten und 15 Minuten kalt stellen. Den Backofen auf 230° vorheizen und eine 20 cm große feuerfeste Form ausfetten.

In die vorbereiteten Formen füllen und 35–40 Minuten backen, bis der Kuchen gut gegangen und fest ist. Aus dem Backofen nehmen und erst in den Formen 15 Minuten auf einem Kuchengitter erkalten lassen. Für die Füllung Butter und Puderzucker verschlagen, dann die anderen Zutaten hinzufügen und alles gut durchschlagen. Wenn die Kuchen erkaltet sind, einen Kuchen oben mit der Füllung bestreichen und den anderen darüberlegen. Die Oberfläche mit Puderzucker bestreuen.

Den Teig auf einem bemehlten Brett etwa 5 mm dick ausrollen, vorsichtig über die ausgefettete Form legen und mit einem scharfen Messer den überhängenden Teig abschneiden. Aus den Teigresten etwa 2,5 cm breite Streifen schneiden, eine Seite mit Milch bestreichen und dann mit der bestrichenen Seite nach unten, wie eine Mauer um den Teigkreis legen und fest andrücken. Die Nahtstellen gut mit Milch bepinseln. Mit dieser Umrandung kann das Mincemeat während des Backens nicht auslaufen. Mit einem stumpfen Messer oder einer Gabel einritzen, damit der Rand nachher schöner aussieht. Mit einem Löffel Mincemeat hineingeben und glatt verstreichen. Den restlichen Teig zu 15–18 cm langen Würstchen (etwa 1 cm ∅) rollen, eventuelle Anschlußstellen mit Milch verfestigen. Die Streifen dann gitterförmig über den Kuchen legen.

Nach 15 Minuten Backzeit den Backofen auf 200° herunterstellen und weitere 10–15 Minuten backen. Wenn der Kuchen goldgelb ist, herausnehmen und warm oder kalt servieren.

Pfundkuchen

Der traditionelle Kuchen hat viele Varianten. Unser modernes Rezept ist fruchtig und locker, durch den Brandy oder Sherry bekommt er einen raffinierten Geschmack.

Vorbereitung 30 min · **Backzeit** 2–2½ h · **Menge** 1 Kuchen

Herd auf 170° vorheizen. Eine runde Backform (23 cm ⌀) ausfetten und auslegen.
 Mehl und Backpulver vermischen. In einer zweiten Schüssel Butter und Zucker schaumig schlagen. Ein Ei nach dem anderen und dazwischen jedesmal 15 ml (1 EL) Mehl hinzufügen und gut durchschlagen. Zitronenschale hinzufügen und alles noch einmal gut durchschlagen. Das restliche Mehl mit einem Metallöffel unterheben, dann Orangeat, Zitronat, Korinthen und gehackte Mandeln unterziehen. Gut durchrühren, damit alle Zutaten gleichmäßig verteilt sind. Zum Schluß Brandy oder Sherry in die Mischung einrühren. In die vorbereitete Form füllen und 2–2½ Stunden backen. Stäbchenprobe machen. Aus dem Backofen und aus der Form nehmen und auf einem Kuchengitter abkühlen lassen.

ZUTATEN
450 g Mehl, gesiebt
10 ml (2 TL) Backpulver
225 g weiche Butter, plus 10 ml (2 TL) zum Ausfetten der Form
225 g Zucker
4 mittelgroße Eier
Geriebene Schale von 1 Zitrone
50 g Orangeat und Zitronat
225 g Korinthen
50 klein gehackte blanchierte Mandeln
50 ml Brandy oder Sherry

Kümmelkuchen

Ganz ähnlich wie der Madeira-Kuchen, aber körniger und aromatischer durch den Kümmel.

Vorbereitung 10 min · **Backzeit** 1–1¼ h · **Menge** 1 Kuchen

Backofen auf 180° vorheizen. Eine runde Backform (18 cm ⌀) oder eine 900 g-Kastenform ausfetten und mit Backpapier auslegen. Fett und Zucker schaumig schlagen. Die Eier im Wasserbad schlagen, bis sie glänzend sind und eindicken. Die Eier dann unter die Fett-Zucker-Mischung schlagen. Alle trockenen Zutaten vermischen und mit einem Holzlöffel unter die Mischung heben. Milch hinzufügen und alles gut durchrühren. In die vorbereitete Form füllen und 1–1¼ Stunde backen, bis der Kuchen goldgelb und fest ist. Aus dem Backofen nehmen und 15 Minuten in der Form abkühlen lassen, dann herausnehmen und auf einem Kuchengitter erkalten lassen.

ZUTATEN
175 g weiche Butter oder Margarine, plus 5 ml (1 TL) zum Ausfetten der Form
175 g Zucker
3 mittelgroße Eier
225 g Mehl, gesiebt
10 ml (2 TL) Backpulver
1 Prise Salz
1 Prise Backsoda
25 g Kümmel
½ TL gemahlener Zimt
15 ml (1 EL) Milch, Zimmertemperatur

Simnel Cake

ZUTATEN

225 g Marzipan, fertig gekauft, oder selbstgemacht (½ Menge s.S. 72)
225 g Mehl, gesiebt
5 ml (1 TL) Backpulver
1 Prise Salz
5 ml (1 TL) Gewürzmischung aus Nelken, Kardamon und Piment
1 große Prise geriebene Muskatblüte
175 g weiche Butter, plus 5 ml (1 TL) zum Ausfetten der Form
175 g weicher brauner Zucker
3 mittelgroße Eier
30 ml (2 EL) Milch
100 g Rosinen
175 g Korinthen
50 g Sultaninen
50 g Orangeat und Zitronat
50 g kandierte Kirschen, abgespült, getrocknet und geviertelt
Verquirltes Eiweiß für die Glasur
Breites gelbes Band für die Dekoration

Abbildung gegenüber

Dieser schöne Kuchen wurde früher immer am vierten Fastensonntag gebacken. Die Dienstmädchen bekamen damals einen Tag Urlaub, um ihre Eltern zu besuchen und brachten den Kuchen ihrer Mutter als Geschenk mit. Die elf Marzipankugeln symbolisieren die Apostel; der zwölfte, der Verräter Judas, fehlt.

Vorbereitung 30–40 min · **Backzeit** 1½ h · **Menge** 1 Kuchen

Backofen auf 180° vorheizen. Eine runde Backform (15 cm ⌀) ausfetten und auslegen. ⅓ des Marzipans zu einem Kreis ausrollen, der etwas kleiner als die Backform ist.

Mehl, Backpulver, Salz, Gewürze und die gemahlene Muskatblüte in einer Schüssel vermischen. In einer zweiten Schüssel Butter und Zucker schaumig schlagen. Die Eier einzeln unterschlagen und jeweils 15 ml (1 EL) Mehl dazugeben. Immer gut durchschlagen.

Das Mehl langsam einrieseln und mit einem Metallöffel unterheben, abwechselnd mit der Milch. Dann die Trockenfrüchte unterziehen. Die Hälfte der Mischung in die vorbereitete Form füllen, mit einer Palette glätten, den Marzipankreis darüberlegen und dann den Rest der Mischung einfüllen.

30 Minuten backen, die Hitze dann auf 150° reduzieren und 1 weitere Stunde backen. Stäbchenprobe machen. Aus dem Backofen nehmen und 10 Minuten in der Form abkühlen lassen, dann zum Auskühlen vorsichtig aus der Form nehmen und auf ein Kuchengitter legen.

Das restliche Marzipan in 2 Hälften teilen. Aus einer Hälfte mit den Händen 11 Kugeln formen. Die andere Hälfte zu einem Kreis aufrollen, der genau auf den Kuchen paßt.

Die Oberfläche des Kuchens mit Eiweiß bestreichen und den Marzipankreis darauf legen. Das restliche Eiweiß auf die Marzipankugeln pinseln und sie rund um den Kuchenrand legen.

Zum Schluß ein breites gelbes Band um den Kuchen wickeln und mit zwei Stecknadeln befestigen.

Kuchen für alle Jahreszeiten Im Uhrzeigersinn von links beginnend: Simnel Cake (siehe S. 80); Schokoladen-Zimt-Rolle (siehe S. 71); Bananen-Kirsch-Kuchen (siehe S. 71).

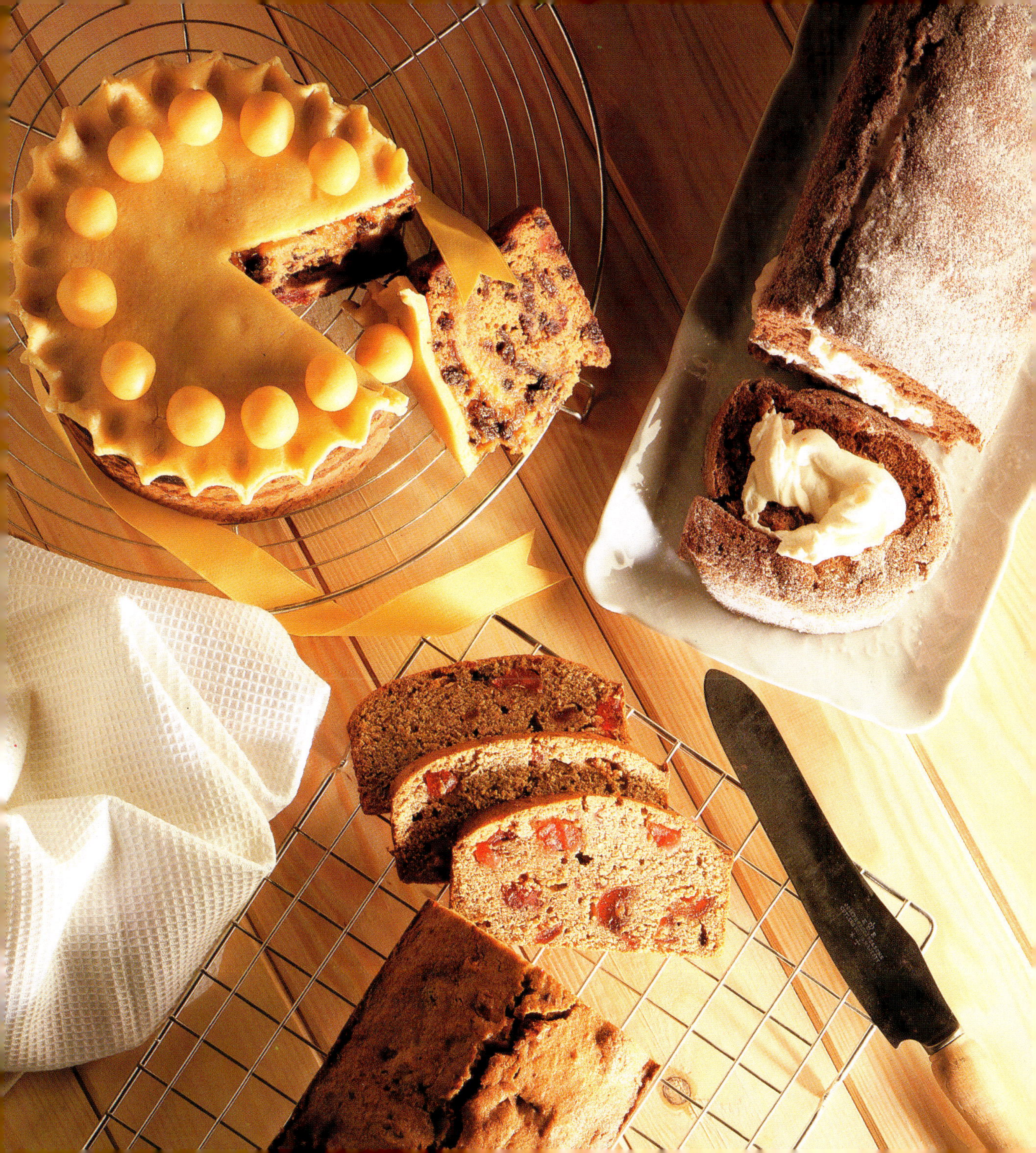

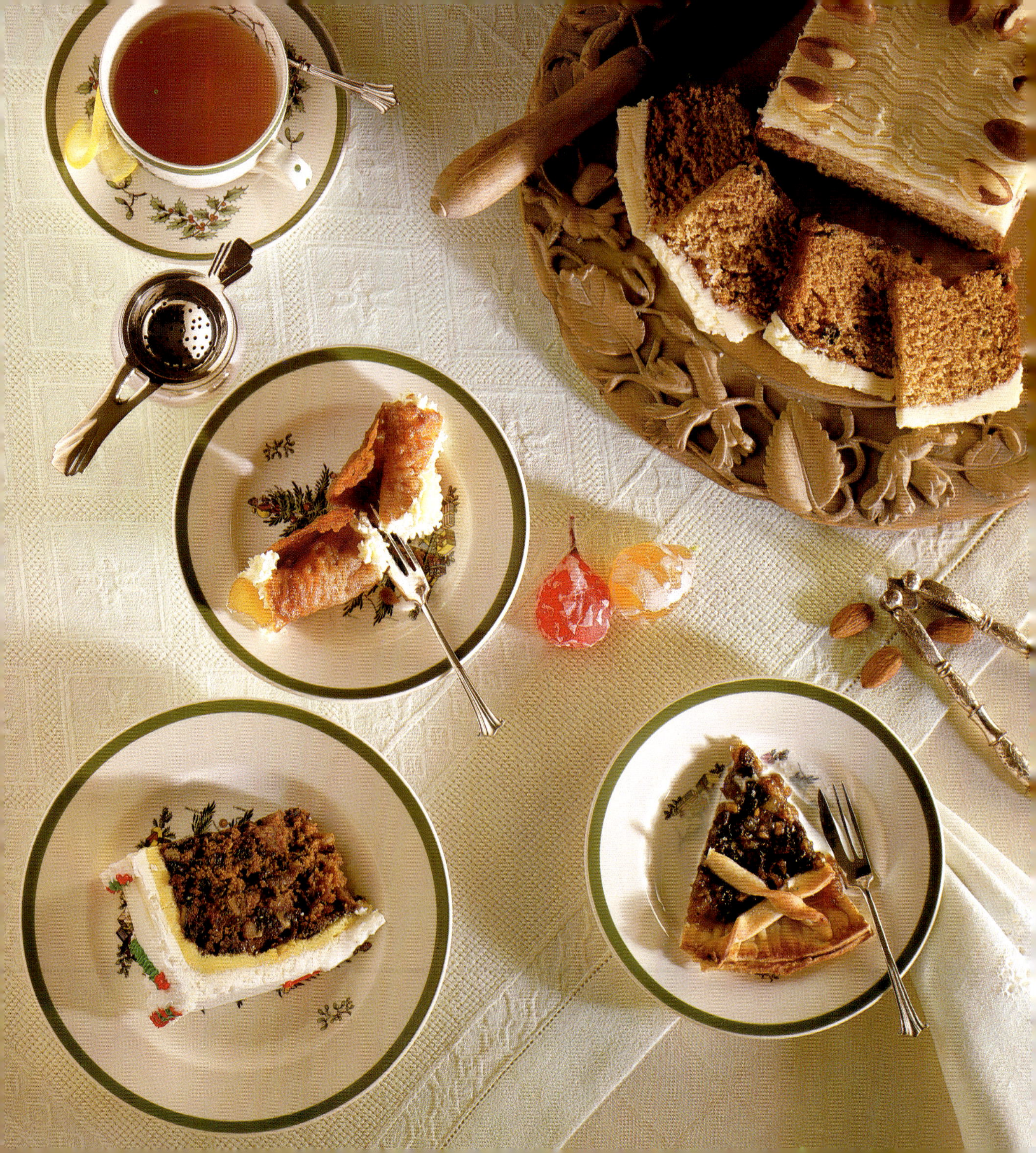

Schokoladentorte

Mit Öl gebacken, zieht dieser Kuchen schön durch, je länger er liegt.

Vorbereitung 10 min · **Backzeit** 40–45 min · **Menge** 1 Torte

Backofen auf 170° vorheizen. 2 runde Backformen (18 cm ⌀) mit Öl ausfetten und auslegen. Mehl, Backpulver, Kakao, Natron und Zucker vermischen. In einer zweiten Schüssel Sirup, Eier, Öl und Milch verschlagen, in die Mehlmischung gießen, vorsichtig rühren bis alles richtig vermischt ist, dann gut durchschlagen. In die vorbereiteten Formen füllen und 40–45 Minuten backen. Der Teig muß gleich wieder hochgehen, wenn man mit dem Finger hineindrückt. Aus dem Herd nehmen und erst 2–3 Minuten in den Formen, dann auf einem Kuchengitter erkalten lassen.

Puderzucker und Butter für die Füllung sehr weich und schaumig schlagen. Kakao und heißes Wasser unterschlagen und gut vermischen. Die Füllung über einen Kuchen streichen, dann den anderen vorsichtig darüber legen und mit Zucker bestreuen.

ZUTATEN

Für den Kuchen
175 g Mehl, gesiebt
5 ml (1 TL) Backpulver
30 ml (2 EL) Kakaopulver
5 ml (1 TL) Natron
150 g Zucker
30 ml (2 EL) dunkler Sirup
2 mittelgroße Eier,
    schaumig geschlagen
150 ml Gemüseöl
150 ml warme Milch

Für die Füllung
175 g Puderzucker
50 g weiche Butter
25 g Kakaopulver
30 ml (2 EL) heißes Wasser

Abbildung gegenüber S. 65

Biskuitrolle

Als Füllung passen Marmelade, Butterglasur oder frische Sahne.

Vorbereitung 15 min · **Backzeit** 7–10 min · **Menge** 1 Rolle

Backofen auf 200° vorheizen. Eine 28x18 cm große Biskuitform ausfetten und auslegen. Eier und Zucker 7–8 Minuten fest im Wasserbad schlagen. Ist die Masse zäh, Mehl und heißes Wasser unterheben. In die vorbereitete Form füllen und 8–10 Minuten backen, bis der Kuchen hellgoldgelb und fest ist.

Ein Stück Pergamentpapier vorbereiten, auf ein feuchtes Tuch legen und mit 30 ml (2 EL) Zucker bestreuen. Den Kuchen aus dem Backofen nehmen und sofort auf das Papier legen. Backpapier entfernen. Solange der Kuchen noch warm ist, die Ränder glätten und die ganze Oberfläche – bis auf 1,5 cm an einer Seite – mit Himbeermarmelade bestreichen. Man rollt die Rolle in Richtung auf den leeren Rand und hält sie kurz fest, damit sie in Form bleibt. Vorsichtig zum Abkühlen auf ein Kuchengitter legen. Vor dem Servieren mit 30 ml (2 EL) Zucker bestreuen.

ZUTATEN

5 ml (1 TL) Margarine zum
    Ausfetten der Form
3 mittelgroße Eier
100 g Zucker, plus 60 ml
    (4 EL) zum Bezuckern des
    Papiers und zum Bestreuen der Biskuitrolle
75 g Mehl, gesiebt
15 ml (1 EL) heißes Wasser
45 ml (3 EL) Erdbeermarmelade

Weihnachtstee Im Uhrzeigersinn von oben beginnend: Mincemeat-Kuchen mit Brandy-Glasur (siehe S. 76); Open Mincemeat Kuchen (siehe S. 78); Christmas Cake (siehe S. 72); Brandy Snaps (siehe S. 60).

Victoria-Biskuitkuchen

ZUTATEN

100 g weiche Butter oder Margarine, plus 5 ml (1 TL) zum Ausfetten der Formen
100 g Zucker, plus 15 ml (1 EL) zum Bestreuen des Kuchens
2 mittelgroße Eier, geschlagen
100 g Mehl, gesiebt
1 TL Backpulver
15 ml (1 EL) kochendes Wasser
50–75 g Himbeermarmelade

Abbildung gegenüber S. 129

Statt der traditionellen Himbeermarmelade kann man jede beliebige Füllung nehmen – Vanille- oder Schokoladencreme, Marmelade oder frisches Obst mit geschlagener Sahne.

Vorbereitung 10 min · **Backzeit** 20–25 min · **Menge** 1 Kuchen

Backofen auf 180° vorheizen. 2 runde Backformen (18 cm ⌀) ausfetten und auslegen. Fett und Zucker schaumig rühren. Nach und nach die Eier hineinschlagen und jedesmal 15 ml (1 EL) Mehl dazugeben. Sehr gut durchschlagen. Das restliche Mehl mit einem Metallöffel unterheben. Zum Schluß das kochende Wasser einrühren. Alles gut vermischen.

Je eine Hälfte in die beiden vorbereiteten Formen füllen und 20–25 Minuten backen, bis der Kuchen hellbraun ist und zurückspringt, wenn man mit dem Finger hineindrückt. Aus dem Backofen und aus den Formen nehmen und auf einem Kuchengitter auskühlen lassen. Nach dem Erkalten einen Kuchen mit Marmelade bestreichen, den anderen vorsichtig darüberlegen und mit Zucker bestreuen.

Whitby Yule Cake

ZUTATEN

175 g weiche Butter, plus 5 ml (1 TL) zum Ausfetten der Form
350 g Mehl, gesiebt
100 g weicher brauner Zucker
15 g gemahlener Zimt
5 ml (1 TL) geriebenes Muskat
100 g Rosinen
100 g Korinthen
100 g Orangeat und Zitronat
50 g gehackte Mandeln
3 mittelgroße Eier
50 ml Brandy
ca. 30 ml (2 EL) Sahne

Nach alter Sitte wurde dieser Kuchen zwischen Weihnachten und Neujahr Besuchern zu einem Glas Sherry angeboten.

Vorbereitung 10–15 min · **Backzeit** 2½–3 h · **Menge** 9 Stücke

Backofen auf 170° vorheizen. Eine 20 cm große, rechteckige Backform ausfetten und auslegen.

Die Butter in kleinen Flöckchen in das Mehl geben. In die krümelige Masse die trockenen Zutaten geben und gut vermischen.

Die Eier mit dem Brandy verquirlen und gut mit einer Gabel verrühren. So viel Sahne hinzufügen, daß ein weicher Teig entsteht. In die vorbereitete Form füllen, 9 Quadrate einritzen und bis zur halben Höhe einschneiden.

2½–3 Stunden backen. Aus dem Backofen und aus der Form nehmen. Auf einem Kuchengitter auskühlen lassen. Den erkalteten Kuchen entlang der markierten Linien in Stücke brechen.

Ausgefallenes für Feste

Einige Rezepte sind nicht nur für den Nachmittagstee, sondern auch als eindrucksvolle Desserts für Dinner-Parties geeignet, wie z.B. die Himbeertorte, der Erdbeerkuchen oder die Walnuß-Zitronenbaiser-Torte. So kunstvolles Gebäck kann ein viel bewunderter Mittelpunkt des Teetisches sein, und eine Überraschung für verwöhnte Gäste, die eine solche Einladung nicht so schnell vergessen werden. Die Kuchen können auf schönen Porzellantellern, Glasplatten oder Tortenständern serviert werden. In Spezialgeschäften gibt es eine große Auswahl von Tortenständern und dekorativen Etageren, manche so groß, daß sie auf dem Fußboden stehen. Man deckt sie mit schönem Leinen oder mit Spitzendeckchen aus Papier.

Mandel-Kirsch-Torte

Ärgern Sie sich nicht, wenn die Kirschen auf den Boden des Kuchens sinken – wie sie es meist tun! Denn der Kuchen schmeckt frisch und köstlich; er hält auch bis zu 10 Tagen, wenn man ihn luftdicht verschlossen aufbewahrt.

Vorbereitung 25 min · **Backzeit** 50–55 min · **Menge** 1 Torte

Backofen auf 180° vorheizen. Eine runde Backform (18 cm ⌀) ausfetten und auslegen. Butter und Zucker schaumig schlagen. Abwechselnd das geschlagene Ei und die gemahlenen Mandeln hinzugeben und jedesmal gut schlagen. Mehl, Kirschen und Mandelaroma mit einem Metallöffel unterheben und alles gut vermischen. In die vorbereitete Form füllen und 50–55 Minuten backen. Stäbchenprobe machen. Aus dem Backofen neh-

ZUTATEN
Für den Kuchen
100 g weiche Butter, plus 5 ml (1 TL) zum Ausfetten der Form
150 g Zucker
3 große Eier
90 g gemahlene Mandeln
40 g Mehl, gesiebt
½ TL Backpulver
175 g kandierte Sauerkirschen
5 ml (1 TL) Mandelaroma

Für die Glasur
50 g weiche Butter
100 g Puderzucker
5 ml (1 TL) Amaretto
4 kandierte Kirschen, halbiert
8 Mandeln, halbiert

ZUTATEN

100 g Butter oder Margarine, plus 5 ml (1 TL) zum Ausfetten der Form
150 g Zucker, plus 30 ml (2 EL) zum Bestäuben des Kuchens
6 mittelgroße Eier; Eigelb und Eiweiß trennen
¼ TL Vanillearoma
45–60 ml (3–4 EL) Grieß, eventuell zusätzlich 15–30 ml (1–2 EL)
500 g Quark
Saft ½ Zitrone
¼ TL Backpulver
225 g Rosinen

Abbildung gegenüber S. 112

men und 15 Minuten in der Form abkühlen lassen. Den Kuchen dann vorsichtig herausnehmen und auf einem Kuchengitter erkalten lassen.

Alle Zutaten für die Glasur vermischen und locker und schaumig schlagen. Über die Oberfläche des Kuchens streichen und mit Gabel oder Messerrücken Muster hineinziehen. Den Rand und die Mitte mit Kirsch- und Mandelhälften belegen.

Käsekuchen

Käsekuchen sind in England schon seit mindestens 700 Jahren Tradition. Dieses klassische Rezept mit Rosinen ist schwerer als die heutigen leichten und luftigeren Käsekuchen.

Vorbereitung 20–25 min · **Backzeit** 1½–1¾ h · **Menge** 1 Kuchen

Backofen auf 180° vorheizen. Eine runde Backform (20 cm ⌀) ausfetten und auslegen. Fett, Zucker und Eigelb zu einer leichten schaumigen Mischung schlagen. Vanillearoma hinzugeben und gut verschlagen. Langsam Gries und Quark hinzufügen, dazwischen immer wieder gut schlagen. Falls die Mischung zu flüssig ist, noch etwas Gries zugeben. Zitronensaft, Backpulver und Rosinen unterrühren und gut vermischen. Eiweiß steif schlagen und vorsichtig unter die Mischung ziehen.

In die vorbereitete Form füllen und 1¼ Stunde backen, bis der Kuchen goldgelb ist.

Während dieser Zeit den Backofen nicht öffnen. Backofen abstellen und den Kuchen noch etwa 15–30 Minuten darin lassen, dann herausnehmen und in der Form erkalten lassen. Auf eine Kuchenplatte legen und mit Zucker bestreuen.

ZUTATEN

Für den Kuchen
175 g Mehl, gesiebt
2 gestrichene TL Backpulver
1 Prise Salz
5 ml (1 TL) Backpulver
150 g weiche Butter, plus 10 ml (2 TL) zum Ausfetten
3 mittelgroße Eier
25 ml (5 TL) Pulverkaffee
150 g Zucker

Kaffee-Walnuß-Torte

Immer beliebt und je nach Geschmack mit mehr oder weniger Kaffee zu backen.

Vorbereitung 20 min · **Backzeit** 35–40 min · **Menge** 1 Torte

Backofen auf 180° vorheizen. 2 runde Backformen (18 cm ⌀) ausfetten und auslegen. Mehl, Salz und Backpulver vermischen. In einer zweiten Schüssel Butter und Sahne schaumig schlagen. Die Eier nach und nach hinzufügen, dazwischen 15 ml (1 EL) untermischen und jedesmal gut durchschlagen. Das restliche Mehl hineingeben und durchschlagen. Kaffeepulver in kochendem Wssser auflösen und mit den Walnüssen in die Mischung rühren. Alles gut durchmischen. Mit dem Löffel in die vorbereiteten Formen füllen. 35–40 Minuten backen. Wenn der Kuchen fest ist, aus dem Backofen und gleich aus den Formen nehmen. Auf einem Kuchengitter abkühlen lassen.

Für die Füllung und die Glasur Puderzucker, Butter, Kaffee und Wasser schaumig rühren. Die Mischung sollte ziemlich steif sein. Falls sie zu weich und flüssig ist, noch etwas Puderzucker unterrühren. Einen Kuchen damit bestreichen, den anderen darauf legen und dann Oberfläche und Seiten bestreichen. Mit einem warmen Messerrücken Muster hineinziehen und die Oberfläche mit Walnußhälften verzieren.

15 ml (1 EL) kochendes Wasser
75 g gehackte Walnüsse

Für Füllung und Glasur
ca. 350 g Puderzucker
225 g weiche Butter
20 ml (4 TL) Pulverkaffee
5 ml (1 TL) Wasser
9–10 Walnuß-Hälften

Abbildung gegenüber S. 112

Orangen-Schokoladen-Torte

Eine verführerische Kombination von lockerem Biskuitteig, Schokolade und Orangen.

Vorbereitung 20 min · **Backzeit** 40–45 min · **Menge** 1 Torte

Backofen auf 180° vorheizen. Eine runde Backform (18 cm ⌀) ausfetten und auslegen. Kakao in Wasser auflösen. Fett und Zucker schaumig schlagen. Erst das eine, dann das andere Ei hinzufügen und jedesmal gut durchschlagen. Kakao hineingießen und gut durchschlagen. Mehl mit einem Metalllöffel unterheben. Orangenschale und -saft hinzufügen. Gut vermischen, damit alle Zutaten gleichmäßig verteilt sind. In die vorbereitete Form füllen und 40–45 Minuten backen. Wenn der Kuchen fest ist, aus dem Backofen nehmen und erst 10–15 Minuten in der Form, dann auf einem Kuchengitter auskühlen lassen.

Für die Füllung Butter und Puderzucker schaumig schlagen. Orangensaft und -schale erst langsam und dann kräftiger unterschlagen, bis die Mischung glatt und weich ist. Den Kuchen quer durchschneiden, die untere Hälfte mit der Füllung bestreichen, dann die andere Hälfte darüber legen und mit dem Rest der Füllung glasieren. Mit einem warmen Messer Muster hineinziehen, mit frischen Orangenscheiben garnieren und sofort servieren.

ZUTATEN
Für den Kuchen
30 ml (2 EL) Kakaopulver
30 ml (2 EL) warmes Wasser
100 g weiche Butter oder Margarine, plus 5 ml (1 TL) zum Ausfetten der Form
150 g Zucker
2 große Eier, geschlagen
100 g Mehl, gesiebt
1 TL Backpulver
Geriebene Schale von 1 großen Orange
30 ml (2 EL) frisch ausgepreßter Orangensaft

Für Füllung und Glasur
225 g weiche, ungesalzene Butter
225 g Puderzucker
Geriebene Schale und Saft von ½ Orange
10–12 Orangenscheiben, frisch, geschält und entkernt

ZUTATEN

Für den Kuchen
5 ml (1 TL) Margarine zum Ausfetten der Form
3 mittelgroße Eier; Eiweiß und Eigelb trennen
75 g Zucker
Geriebene Schale von ½ Zitrone
50 g Mehl, gesiebt
15 g gemahlene Mandeln

Für Füllung und Glasur
450 g frische oder tiefgefrorene Himbeeren
30 ml (2 EL) Zucker
275 g Sahne

Himbeertorte

Die Torte gelingt ebenso gut mit Erdbeeren.

Vorbereitung 30 min · **Backzeit** 35–40 min · **Menge** 1 Torte

Backofen auf 180° vorheizen. Eine runde Backform (23 cm ⌀) ausfetten und auslegen. Eigelb und Zucker schlagen, bis die Mischung dick und sahnig ist. Unter ständigem Schlagen die Zitronenschale zugeben. So lange schlagen, bis die Masse spitz stehenbleibt, wenn man das Rührgerät herausnimmt. Erst Mehl und Mandeln, dann den Eischnee mit einem Metalllöffel unterheben. In die Form füllen und 35–40 Minuten backen, bis der Teig schön gestiegen und goldgelb ist.

    Aus dem Backofen und gleich aus der Form nehmen und auf einem Kuchengitter auskühlen lassen. Dann quer durchschneiden. 16–18 schöne Himbeeren zur Seite legen, mit dem Rest die untere Hälfte der Torte auslegen, die Hälfte des Zuckers darüber streuen und die andere Hälfte der Torte darüber legen. Kurz vor dem Servieren die Sahne steif schlagen und auf Oberfläche und Seiten verstreichen. Mit den restlichen Himbeeren garnieren und mit Zucker bestreuen.

ZUTATEN

Für den Kuchen
2 mittelgroße Eier
175 g grober Kristallzucker
150 ml Maisöl, plus 15 ml (1 EL) zum Ausfetten der Form
50 g fein gehackte Walnüsse
100 g Mehl, gesiebt
225 g geriebene Karotten
5 ml (1 TL) gemahlener Zimt
5 ml (1 TL) Natron

Für die Glasur
175 g Puderzucker
50 g weiche Butter
75 g Doppelrahm-Frischkäse
½ TL Vanillearoma

Karottenkuchen mit Rahmkäse

Mit Karotten kann man köstliche süße Kuchen backen. Mit Öl gebacken, werden sie immer besser, je länger sie liegen.

Vorbereitung 15 min · **Backzeit** 45–50 min · **Menge** 1 Kuchen

Backofen auf 190° vorheizen. Eine runde Backform (18 cm ⌀) mit Öl ausfetten und auslegen.

    Eier und Zucker schlagen, bis die Mischung dick und weißlich wird. Nach und nach Öl hineinschlagen, dann alle anderen Zutaten mit einem Metalllöffel unterheben. Gut vermischen, damit alle Zutaten gleichmäßig verteilt sind.

    In die vorbereitete Form füllen, 45–50 Minuten backen, bis der Kuchen fest ist. Stäbchenprobe machen. Aus dem Backofen nehmen und erst 10–15 Minuten in der Form, dann auf einem Kuchengitter erkalten lassen.

    Alle Zutaten für die Glasur zu einer weichen und lockeren Mischung verschlagen. Über den Kuchen streichen und mit einer Gabel dekorative Muster hineinziehen.

Mürbeteigkuchen mit Erdbeeren

Auch mit frischen Himbeeren ein idealer Kuchen zum Tee, gleichzeitig ein schönes sommerliches Dessert.

Vorbereitung 20 min · **Backzeit** 20–25 min · **Menge** 1 Kuchen

Backofen auf 190° vorheizen. 2 runde Backformen (20 cm ⌀) ausfetten und auslegen. Mehl, Backpulver und Salz vermischen. Das Fett in kleinen Flöckchen hineingeben, bis eine krümelige Mischung entsteht. 100 g Zucker einrühren. Eier hinzufügen und gut mit einer Gabel verrühren. So viel Milch hinzugeben, damit ein weicher Teig entsteht. In der Schüssel locker durchkneten, bis er geschmeidig ist. In die Formen füllen und mit einer Palette glattstreichen. 20–25 Minuten backen, bis der Kuchen fest und blaßgold ist.

Aus dem Backofen und aus der Form nehmen und auf einem Kuchengitter abkühlen lassen. 5–6 Erdbeeren für die Dekoration zur Seite legen, die anderen halbieren, in eine Schale legen und mit dem restlichen Zucker bestreuen.

Sahne steif schlagen. ¼ über die Unterseite der beiden Torten verteilen. Die eingezuckerten Erdbeeren auf das eine Tortenstück legen, und dann das andere, mit der Sahneschicht nach unten, darauflegen. Die restliche Sahne über die Oberfläche verteilen und mit halbierten Erdbeeren garnieren.

ZUTATEN

Für den Mürbeteig
225 g Mehl, gesiebt
2½ TL Backpulver
1 gute Prise Salz
75 g weiche Butter,
    plus 10 ml (2 TL) zum
    Ausfetten der Formen
150 g Zucker
1 mittelgroßes Ei,
    geschlagen
45–60 ml (3–4 EL) Milch

Für Füllung und Glasur
225 g Erdbeeren,
    gewaschen
275 ml Sahne

Abbildung gegenüber S. 112

Walnuß-Zitronenbaiser-Torte

Dieses Kunstwerk von Torte ist eine ebenso leichte wie lukullische Bereicherung der Teetafel, am besten frisch serviert. Lemon Curd gibt es hier selten zu kaufen, das Rezept ist auf S. 133.

Vorbereitung 25 min · **Backzeit** 35–40 min · **Menge** 1 Torte

Backofen auf 190° vorheizen. 2 runde Backformen (18 cm ⌀) ausfetten und auslegen, die Seiten mit etwas Öl einstreichen. Eiweiß steifschlagen, die Hälfte des Zuckers hinzufügen und ganz steif schlagen. Unter ständigem Schlagen den restlichen Zucker hinzufügen, die Mischung muß fast stehen. 100 g Walnüsse hacken und mit einem Metallöffel unterrühren. Die Mischung in die beiden vorbereiteten Formen verteilen und die Oberfläche mit einer Palette glätten. 35–40 Minuten backen, bis die Masse fest und goldgelb ist. Aus dem Backofen und aus den Formen nehmen. Vorsichtig zum Auskühlen auf ein Kuchengitter stellen. Sorgfältig das Backpapier entfernen.

ZUTATEN

Für den Kuchen
10 ml (2 TL) Margarine zum
    Ausfetten der Formen
10 ml (2 TL) Öl zum Ausölen
    der Formen
4 mittelgroße Eiweiße
250 g Zucker
150 g Walnüsse

Für Füllung und Glasur
275 ml Sahne
75 ml (5 EL) Lemon Curd

Fortsetzung nächste Seite

Sahne schlagen, die Hälfte unter das Lemon Curd heben und damit eine der Baisertorten bestreichen, die zweite dann darüberlegen. Die restliche Sahne über die Oberfläche verteilen. Mit einem Messer mit runder Klinge Muster hineinziehen, dann mit den restlichen Walnüssen garnieren.

Whisky-Rosinen-Torte

ZUTATEN

225 g Rosinen
Geriebene Schale von ½ Zitrone
100 ml Whisky
175 g Mehl, gesiebt
15 ml (1 EL) Backpulver
175 g weiche Butter, plus 5 ml (1 TL) zum Ausfetten der Form
175 g Zucker
4 mittelgroße Eier, in Eiweiß und Eigelb getrennt
75 g Orangeat und Zitronat

Abbildung gegenüber S. 112

Mehr als ein gewöhnlicher Alltagskuchen – ein Leckerbissen für Gäste, die etwas Besonderes zum Tee und zur Abwechslung einmal nicht so Süßes und Schweres schätzen.

Vorbereitung 12 Stunden oder 1 Nacht zum Einweichen der Früchte · plus 20 min · **Backzeit** 1 h · **Menge** 1 Kuchen

Rosinen und Zitronenschale im Whisky mindestens 12 Stunden, möglichst über Nacht, ziehen lassen.

Backofen auf 180° vorheizen. Eine runde Backform (23 cm ⌀) ausfetten und auslegen.

Mehl und Backpulver vermischen. In einer zweiten Schüssel Butter und Zucker schaumig schlagen. Die Eigelbe einzeln hineingeben, dazwischen jedesmal 15 ml (1 EL) Mehl hinzufügen und immer gut durchschlagen. Whisky, Zitronenschale und Rosinen mit einem Metallöffel einrühren, dann das Orangeat und Zitronat, schließlich das restliche Mehl unterrühren.

Eiweiß steifschlagen und mit einem Metallöffel vorsichtig unter die Mischung heben.

In die vorbereitete Form füllen und 1 Stunde backen lassen. Stäbchenprobe machen. Aus dem Backofen nehmen und erst 10 Minuten in der Form abkühlen lassen, dann herausnehmen und auf einem Kuchengitter erkalten lassen.

Delikatessen zum High Tea

Nach altenglischer Sitte ist High Tea etwas ganz anderes als ein gewöhnlicher Nachmittagstee. Die Tradition, nachmittags Tee zu trinken, war seit dem 18. Jahrhundert eine gesellige Angelegenheit in gutbürgerlichen und adeligen Kreisen, damals allerdings nicht »high« Tea, sondern »low« Tea genannt. Mit der industriellen Revolution des 19. Jahrhunderts entwickelte sich dann der heutige High Tee. Wenn man am späten Nachmittag hungrig von der Arbeit nach Hause kam, gab es gegen 18 Uhr ein herzhaftes Essen zum Tea, mit Welsh Rarebit, kaltem Fleisch, Pies, Fischpasteten und Salaten, dazu selbstgebackenes Brot und Butter, Teebrote und Kuchen. Es war ein Ersatz für das Abendessen, obwohl es manchmal noch einen späten Imbiß gab.

Engel zu Pferd

Besonders raffinierte Happen für Feinschmecker. Man kann entweder 4 große oder 12 kleine reitende Engel machen. Die traditionelle englische Delikatesse wird hübsch mit Petersilie garniert.

Vorbereitung und Backzeit *15–20 min* · **Menge** *4 Portionen*

Etwas Zitronensaft und einen Hauch Cayenne- und schwarzen Pfeffer über die Austern geben, mit dünnen Speckscheiben umwickeln und mit kleinen Cocktail-Spießchen befestigen. Brot in 12 Quadrate schneiden, entrinden, und auf beiden Seiten in heißer Butter oder Öl rösten oder toasten. Die umwickelten Austern unter einen sehr heißen Grill legen und so lange grillen, bis der Speck knusprig ist. Umdrehen, damit alle Seiten gleichmäßig durch werden – aber nicht zu lange grillen, da die Austern sonst hart und zäh werden. Auf das getoastete Brot legen und sofort servieren.

ZUTATEN

12 Austern
Saft von 2–3 Zitronen
Cayenne-Pfeffer
Frisch gemahlener
 schwarzer Pfeffer
12 dünne Speckstreifen,
 ohne Kruste
4 Scheiben Vollkornbrot
45–60 ml (3–4 EL) Butter
 oder Sonnenblumenöl
 zum Brotrösten (nach
 Belieben)

Bombay Toast

ZUTATEN
4 mittelgroße Eier
60 ml (4 EL) Sahne
¾ TL Anchovis-Essenz
24 Kapern, 12 ganz und 12 klein gehackt
Salz und frisch gemahlener schwarzer Pfeffer
1 gute Prise Cayenne-Pfeffer
25 g Butter, plus 25–50 g zum Bestreichen des Toasts
4 Scheiben Brot
4 Sardellenfilets, in feine Streifen geschnitten

Dieses Rezept aus den Kolonien des Britischen Empire ist eine pikante Variante der traditionellen Rühreier.

Vorbereitung und Backzeit 15–20 min · **Menge** 4 Portionen

Die Eier in einer Schüssel gut durchschlagen. Sahne, Anchovisessenz und zerhackte Kapern hinzugeben und gut verrühren. Mit Salz, Pfeffer und Cayenne-Pfeffer abschmecken.

Butter in einer beschichteten Pfanne zergehen lassen, die verrührten Eier hinzugeben und unter ständigem Rühren bei niedriger Hitze leicht köcheln lassen. Brot toasten, dick mit Butter bestreichen und auf einen Servierteller legen. Rührei auf den Toast geben, darüber gitterförmig Streifen von Sardellenfilets legen, die Kapern dazwischen garnieren und gleich servieren.

Lauch, Käse & Schinken

ZUTATEN
75 g Butter
225 g Speckstreifen, ohne Kruste
575–825 ml Wasser
5 ml (1 TL) Salz
450 g Lauch, in 2,5 cm lange Stücke geschnitten
50 g Mehl
575 ml Milch
100 g alter Cheddar, (ersatzweise alter Gouda,) gerieben
1 Prise gemahlenes Muskat, Salz und frisch gemahlener schwarzer Pfeffer

Zu Toast oder Vollkornbrötchen, mit Petersilie garniert.

Vorbereitung und Kochzeit 20 min · **Menge** 4 Portionen

Backofen auf 150° vorwärmen und einen Servierteller warmstellen. 25 g Butter in einer Bratpfanne zergehen lassen, den Schinken kurz anbraten, bis er gerade bräunt. Aus der Pfanne nehmen, mit Küchenpapier abtrocknen und kleinschneiden. In einer mittelgroßen Kasserolle Wasser und Salz zum Kochen bringen, den Lauch hineingeben und 5–8 Minuten kochen lassen, etwas länger, wenn er ganz weich werden soll. Herausnehmen, mit kaltem Wasser abschrecken, abtropfen lassen und dann mit Küchenpapier abtrocknen.

Die restliche Butter in einer mittelgroßen Kasserolle zergehen lassen. Wenn sie anfängt, zu brutzeln, Mehl hineingeben. Gut verrühren und bei mäßiger Hitze 2–3 Minuten köcheln lassen. Vom Herd nehmen, die Milch langsam unterrühren; dabei aufpassen, daß das Mehl nicht klumpt. Wenn die Milch verrührt ist, die Kasserolle wieder auf den Herd stellen, langsam zum Kochen bringen und unter ständigem Rühren 1–2 Minuten kochen lassen. Hitze herunterstellen, den geriebenen Käse hineingeben und sorgfältig verrühren. 1–2 Minuten kochen lassen, dann mit Muskat und Gewürzen abschmecken. Schinken und Lauch in den Topf geben. Sie sollten gleichmäßig von der Sauce bedeckt sein. Gut durchrühren und leicht vor sich hinköcheln lassen. Gleich servieren.

Delikatessen zum High Tea **91**

Sardinenhäppchen

Kleine marinierte Sardinen auf Toast sind eine köstliche Vorspeise zu jedem Essen, und auch eine pikante Abwechslung zum High Tea. Man garniert sie mit Petersilie oder Tomatenscheiben.

Vorbereitung und Kochzeit 1 h zum Marinieren der Sardinen, plus 15 min · **Menge** 4 Portionen

Die Sardinen vorsichtig enthäuten, halbieren, entgräten und zusammen in eine flache Schale legen. Die zerhackten Schalotten, Zitronensaft, Cayenne-Pfeffer, Salz und Pfeffer vermischen, über die Sardinen gießen und 1 Stunde in dieser Mischung marinieren lassen; einmal umdrehen.

Die Sardinen dann abtropfen, mit Küchenpapier trocknen und leicht mit Mehl bestäuben. Öl oder Butter in der Bratpfanne erhitzen und die Sardinen leicht anbraten, bis sie anfangen zu bräunen. Brot toasten und dick mit Butter bestreichen. Die Sardinen vierteln, auf den Toast legen und gleich servieren.

ZUTATEN

2 Büchsen Ölsardinen (124 g), abgetropft
2 Schalotten, fein gehackt
20 ml (4 TL) frisch ausgepreßter Zitronensaft
1 Prise Cayenne-Pfeffer, Salz und frisch gemahlener schwarzer Pfeffer
30–45 ml (2–3 EL) Mehl
30 ml (2 EL) Öl oder Butter zum Braten des Fischs
4 Scheiben Brot
30 g Butter

Eier in Thunfischsauce

Hartgekochte Eier und Champignons in würziger Thunfischsauce schmecken besonders gut auf warmem frischem Brot oder Toast, garniert mit Tomatenscheiben und frisch gehackter Petersilie.

Vorbereitung und Kochzeit 20–25 min · **Menge** 4 Portionen

In einer kleinen Kasserolle 25 g Butter zergehen lassen, die in Scheiben geschnittenen Champignons hineingeben und auf kleiner Flamme 5–10 Minuten kochen lassen, bis sie weich sind. Mit einem Schaumlöffel herausheben und in einer Schüssel auf die Seite stellen.

Suppe und Milch in einer Schüssel verrühren. Die restliche Butter in einer sauberen Kasserolle zergehen lassen, Mehl hineingeben und sorgfältig glattrühren. Bei kleiner Hitze 2–3 Minuten kochen.

Vom Herd nehmen, langsam die mit Milch verquirlte Suppe hinzugeben und sorgfältig verrühren, damit das Mehl nicht klumpt. Wenn die Mischung glatt ist, wieder auf den Herd stellen und zum Kochen bringen. Unter ständigem Rühren 2–3 Minuten kochen.

Schüssel oder Teller vorwärmen. Pilze, Eier und Thunfisch in die Kasserolle geben, damit sie warm werden und durchziehen. Auf den vorgewärmten Teller geben und gleich servieren.

ZUTATEN

50 g Butter
50 g Champignonköpfe, in Scheiben geschnitten
1 Büchse Champignonsuppe (200 g)
100 ml Milch
25 g Mehl
4 mittelgroße Eier, hart gekocht und geviertelt
1 Büchse Thunfisch in Öl (200 g) abgetropft und in kleinen Stücken

Abbildung gegenüber S. 96

Pochierte Eier mit Schinken

ZUTATEN
25 g Butter
100 g gekochter magerer Schinken, kleingeschnitten
10 ml (2 TL) Petersilie, fein gehackt
4 mittelgroße Eier
Salz und frisch gemahlener schwarzer Pfeffer
Cayenne-Pfeffer

Mit warmem, butterbestrichenem Toast oder Brötchen servieren.

Vorbereitung und Backzeit 20 min · **Menge** 4 Portionen

Herd auf 180° vorheizen und 4 Auflaufformen oder passende Teller mit der Hälfte der Butter ausfetten.

Den klein geschnittenen Schinken mit Petersilie vermischen, je einen Löffel unten in die Auflaufförmchen geben, darüber vorsichtig je 1 Ei aufschlagen. Das Eigelb sollte ganz bleiben. Etwas Salz, schwarzen und Cayenne-Pfeffer darübergeben und ein reichliches Stück Butter darauflegen. Die Förmchen in eine größere Backform setzen, die zur Hälfte mit kochendem Wasser gefüllt ist. Vorsichtig in den Backofen stellen und 10–15 Minuten backen, bis das Eiweiß fest ist. Gleich servieren.

Kedgeree

ZUTATEN
2 mittelgroße Eier, hart gekocht
50 g Butter
100 g Reis, gekocht und trocken
450 g geräucherter Schellfisch, zerpflückt
1 Prise Cayenne-Pfeffer, Salz und frisch gemahlener schwarzer Pfeffer

Haddock, geräucherter Schellfisch, mit Reis ist ein traditionelles englisches Frühstücksgericht. Es eignet sich auch zum High Tea.

Vorbereitung und Kochzeit 15 min · **Menge** 4 Portionen

Herd auf 150° stellen. Servierteller vorwärmen. Eier hart kochen. Eiweiß in kleine Stücke schneiden und das Eigelb durch ein Sieb passieren. Butter in einer kleinen Kasserolle zergehen lassen. Reis, Fisch, Eiweiß, Cayenne-Pfeffer und Gewürze hineingeben und unter ständigem Rühren erwärmen. Die Mischung auf den vorgewärmten Teller füllen, mit Eigelb bestreuen und gleich servieren.

Nierenpastete auf Toast

ZUTATEN
6 Lammnieren
275 ml Wasser
30 g Butter, plus 25–50 g zum Bestreichen des Toasts
45 ml (3 EL) Sahne
¾ TL frischer Zitronensaft
½ TL Cayenne-Pfeffer
Salz und schwarzer Pfeffer
4 Scheiben Roggenbrot

Mit Petersilie oder Gurkenscheiben garnieren.

Vorbereitung und Kochzeit 20–25 min · **Menge** 4 Portionen

Die Nieren in einer Kasserolle mit Wasser zum Kochen bringen. 15 Minuten leicht köcheln lassen, bis sie zart sind. Abgießen, Haut und Knorpel entfernen und im Mixer zerkleinern. Mit Butter, Sahne, Zitronensaft, Salz, Cayenne- und schwarzem Pfeffer vermischen. Brot toasten, erst dick mit Butter, dann mit der Nierenpaste bestreichen und gleich servieren.

Kipper-Filets in Sahne

Die gewürzten Räucherheringe, auch gut als Vorspeise, sind ein ideales, herzhaftes Gericht zum High Tea, serviert auf warmem, gebuttertem Toast oder Vollkornbrot.

Vorbereitung und Kochzeit 10–15 min · **Menge** 4 Portionen

Butter in einer Bratpfanne zergehen lassen, die gehackten Schalotten bei kleiner Hitze 8–10 Minuten anbraten, bis sie glasig werden. Sahne unterrühren und zum Kochen bringen. Die Kipper-Filets hineingeben und 4–5 Minuten ziehen lassen. Mit Muskat und Pfeffer abschmecken, auf kleine Teller geben, mit Petersilie oder Zitronenscheiben garnieren und gleich servieren.

ZUTATEN
30 g Butter
3 Schalotten, fein gehackt
200 ml Sahne
350 g Heringsfilets, ganz
 oder in kleinen Stücken
1 Prise gemahlenes Muskat
Frisch gemahlener
 schwarzer Pfeffer

Champignon-Anchovis-Sahne

Aus einem Cambridge College seit 1881 überliefert, ein pikanter Leckerbissen für die Liebhaber von Champignons. Der salzige Sardellengeschmack wird durch die Sahne gemildert. Man kann die würzige Mischung entweder auf geröstetem Brot oder auf gebuttertem Toast anbieten, mit Gurkenscheiben oder Petersilie garniert.

Vorbereitung und Kochzeit 25 min · **Menge** 4 Portionen

Backofen auf 170° stellen und einen feuerfesten Servierteller anwärmen.
 Mit einem Ausstecher Kreise (6–8 cm ⌀) aus dem Brot stechen. Butter oder Öl in einer Bratpfanne erhitzen und die runden Brotscheiben auf beiden Seiten goldbraun rösten. Das überschüssige Fett mit Küchenpapier abtupfen und die Scheiben auf den Teller im Backofen legen. Eventuell noch etwas zusätzliches Fett in die Pfanne geben und die Pilze darin bei kleiner Flamme etwa 8–10 Minuten langsam garen lassen, bis sie weich sind.
 Mit Pfeffer und Salz abschmecken. Anchovis kleinhacken und durch ein Sieb passieren. Sahne steif schlagen. Die Anchovispaste und die Sardellen gut mit der Sahne vermischen. Auf jede Brotscheibe einen Champignon legen, in dessen Mitte ein Löffel Paste gefüllt wird. Sofort servieren.

ZUTATEN
12 Scheiben Gersten- oder
 Vollkornbrot, je etwa
 7 mm dick
60–90 g (4–6 EL) Butter
 oder Sonnenblumenöl,
 zum Rösten von Brot
 und Pilzen
12 große Champignons,
 ohne Stiele
Salz und frisch gemahlener
 schwarzer Pfeffer
5–6 Sardellen
45 ml (3 EL) Sahne

Überbackene Shrimps

ZUTATEN

225 g frische ausgelöste Shrimps
¼ TL gemahlenes Muskatblüte
¼ TL gemahlene Nelken
1 Prise gemahlenes Muskat
Salz und frisch gemahlener schwarzer Pfeffer
175 g Butter

Dieses Rezept für Hummerkrabben gibt es schon seit 1830. Die beliebte Delikatesse wird auf Roggentoast oder Brötchen serviert und mit Gurkenscheiben oder Petersilie garniert.

Vorbereitung und Backzeit 30 min, plus 1–1¼ h zum Kaltstellen · **Menge** 4 Portionen

Backofen auf 150° vorheizen. Die Shrimps in eine flache feuerfeste Schale legen und mit Salz, Pfeffer und Gewürzen bestreuen. 50 g Butter in einer kleinen Kasserolle erhitzen und darübergießen. 10–15 Minuten backen, aus dem Backofen nehmen, durchrühren und in vier kleine Förmchen füllen. 30 Minuten im Kühlschrank durchkühlen lassen. Die restlichen 100 g Butter klären (s.u.), über die Shrimps gießen und wieder für 30–45 Minuten in den Kühlschrank stellen.

Butter klären

Die angegebene Menge Butter in eine Kasserolle geben, langsam zerlassen und dann abschäumen. Wenn die Butter ganz klar ist, vorsichtig und ohne Bodensatz über die Shrimps gießen.

Scotch Woodcock

ZUTATEN

12–15 Sardellen
30 g Butter, plus 65 g zum Bestreichen des Toasts
60 ml (4 EL) Sahne
4 mittelgroße Eigelb, kleingehackt
5 ml frische Petersilie, gehackt
1 gute Prise Cayenne-Pfeffer
1 Prise Salz
8 Scheiben Vollkornbrot

Die »schottische Waldschnepfe« ist eine würzige Mischung aus Eiern, Sardellen, Sahne und Petersilie, heiß auf Toast serviert.

Vorbereitung und Kochzeit 20 min · **Menge** 4 Portionen

Die Sardellen in kleine Stücke schneiden und durch ein Sieb zu einer Paste rühren. In einer kleinen Kasserolle langsam 30 g Butter zergehen lassen. Sahne und Eigelb hinzugeben und unter ständigem Rühren eindicken lassen. Petersilie, Cayenne-Pfeffer und Salz dazugeben und gut verrühren. Bei kleiner Hitze köcheln lassen und inzwischen das Brot toasten. Das Brot dann mit der Paste (oder mit Gentleman's Relish) bestreichen. Kurz bevor die Sahne-Ei-Mischung kocht, vom Herd nehmen und über die belegten Toastscheiben gießen. Die Toastscheiben in Streifen oder Quadrate schneiden und gleich heiß servieren.

Delikatessen zum High Tea 95

Rührei

Das Geheimnis guter Rühreier ist die langsame Zubereitung, vorsichtiges und häufiges Umrühren und die Verwendung von frischer Sahne anstelle von Milch. Kurz bevor die Rühreier stocken, kann man frisch geschnittenen Schnittlauch hinzufügen oder klein geschnittenen Schinken, geriebenen Käse, in dünne Scheiben geschnittene Champignons, geschälte Tomatenscheiben oder kleine Stücke Räucherlachs. Mit Toast, Brot oder Brötchen servieren.

Vorbereitung und Kochzeit 15 min · **Menge** 4 Portionen

Die Eier in einer Schüssel gut durchschlagen, Sahne und Gewürze hinzufügen und weiter schlagen. Die Butter in einer beschichteten Kasserolle zerlassen, die geschlagenen Eier hineingeben und bei niedriger Hitze kochen lassen, ständig mit einem Holzlöffel rühren. Wenn die Rühreier nach etwa 10 Minuten gestockt und fast fertig sind, den Topf vom Herd nehmen und die Rühreier noch 30 Sekunden in der eigenen Hitze ziehen lassen. Sofort servieren.

ZUTATEN
8 mittelgroße Eier
150 ml Sahne
Salz und frisch gemahlener schwarzer Pfeffer
30 g Butter

Geräucherter Schellfisch auf Toast

Eine englische Spezialität, entweder in einer großen Schüssel oder gleich in kleinen Portionen serviert, auf Toast oder mit Roggenbrötchen, und mit frischer Petersilie garniert.

Vorbereitung und Kochzeit 30–40 min · **Menge** 4 Portionen

Herd auf 180° vorheizen.
Den geräucherten Schellfisch in Milch legen und in einer feuerfesten Form 10–15 Minuten backen. Aus dem Backofen nehmen und auf einen Teller legen, den Sud zur Seite stellen. Haut und Gräten entfernen und den Fisch in größere Stücke teilen.
Butter in einer mittelgroßen Kasserolle zerlassen, die Schalotten darin glasieren, aber nicht braun werden lassen. Das dauert 8–10 Minuten, dann kommen Fisch und Petersilie dazu. 4–5 Minuten ziehen lassen.
Die Eier mit der Hälfte des Fischsuds verschlagen, Muskat, Cayenne- und schwarzen Pfeffer hinzufügen. Zu der Fischmischung in die Kasserolle gießen. Langsam köcheln lassen und immer wieder vorsichtig umrühren, bis die Masse nach 4–5 Minuten eindickt. Brot toasten, dick mit Butter bestreichen, den Fisch darüber geben und gleich servieren.

ZUTATEN
450 g geräucherter Schellfisch
575 ml Milch
50 g Butter, plus 25–50 g zum Bestreichen des Toasts
2 Schalotten, fein gehackt
15 ml (1 EL) frische Petersilie, fein gehackt
4 mittelgroße Eier
1 Prise gemahlenes Muskat
1 Prise Cayenne-Pfeffer
Frisch gemahlener schwarzer Pfeffer
4 Scheiben Brot

Abbildung gegenüber S. 96

Welsh Rarebit

ZUTATEN

15 g weiche Butter, plus 25–50 g zum Bestreichen des Toasts
30 ml Sahne
2 TL frischer gehackter Schnittlauch, oder 1 TL getrockneter Schnittlauch
5 ml (1 TL) körniger Senf
½ TL Sahnemeerrettich
½ TL frisch gemahlener schwarzer Pfeffer
100 g alter Cheddar-Käse, (ersatzweise alter Gouda,) gerieben
4 Scheiben Brot

Der traditionelle Käsetoast wird üblicherweise nicht mit Schnittlauch serviert, bekommt dadurch aber einen würzigeren und pikanteren Geschmack. Passende Beilagen sind Chutney oder Pickles, garniert wird mit Gurkenscheiben oder Streifen von grünem Paprika.

Vorbereitung und Kochzeit 15 min · **Menge** 4 Portionen

Butter, Sahne, Meerrettich, Schnittlauch, Senf und schwarzer Pfeffer werden in einer Schüssel vermischt. Wenn alles gut vermischt ist, den Käse hineinrühren und alles mit einem Holzlöffel gleichmäßig und gut verrühren.

Brotscheiben halbieren oder vierteln und im Grill auf einer Seite rösten. Die nicht geröstete Seite erst mit Butter, dann mit der Käsemischung bestreichen und im heißen Grill 4–5 Minuten überbacken, bis der Käse Blasen wirft und eine hellbraune Kruste bekommt. Auf die Teller legen und gleich servieren.

Variationen

Buck Rarebit: Dasselbe Rezept, angereichert mit einem pochierten Ei auf jeder Scheibe.

Gloucestershire Rarebit: Dasselbe Rezept, doch statt des geriebenen Cheddar nimmt man Double-Gloucestershire-Käse und statt des Sahnemeerrettichs 30–45 ml (2–3 EL) trockenen Cider.

High Tea Im Uhrzeigersinn von oben beginnend: Eccles Cakes (siehe S. 62); Eier in Thunfischsauce (siehe S. 91); Geräucherter Schellfisch auf Toast (siehe S. 95); Schokoladen-Törtchen (siehe S. 60).

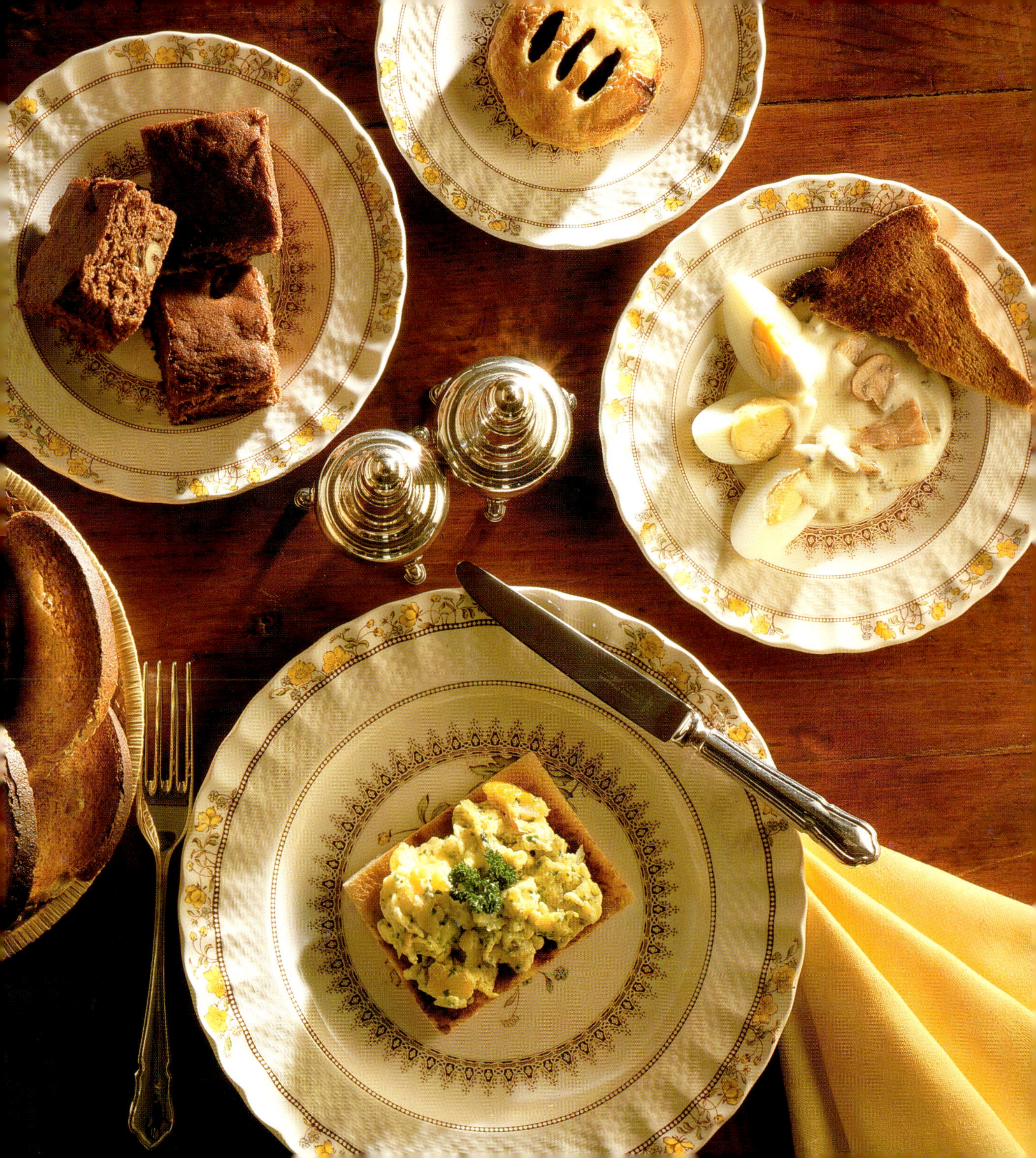

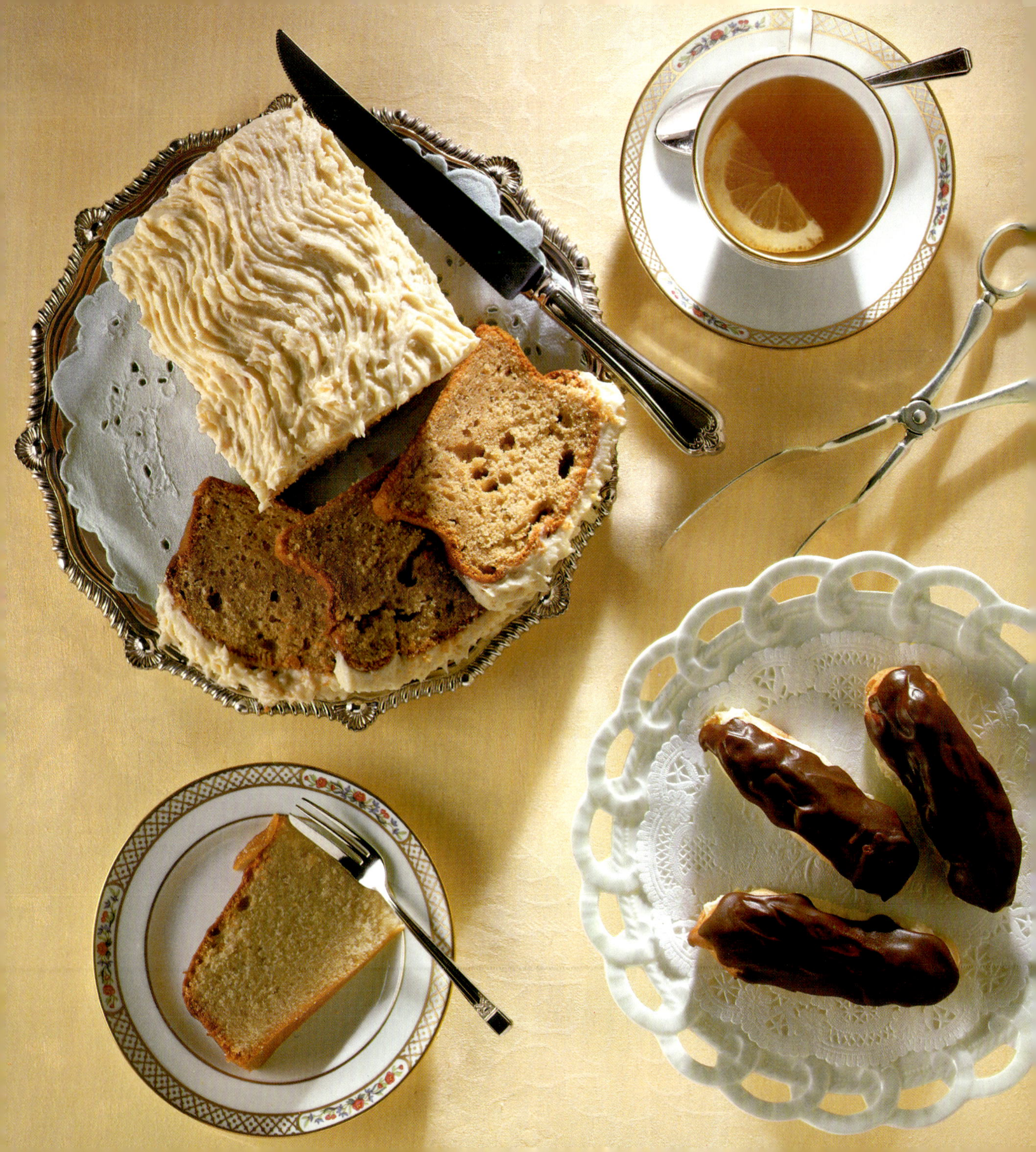

Teeparty für Kinder

In der guten alten Zeit von Königin Victoria oder König Edward nahmen wohlerzogene englische Kinder ihren Tee im Spielzimmer mit dem Kindermädchen ein. Sie bekamen ihr eigenes Essen, auf den kindlichen Geschmack abgestimmt, gesund und nahrhaft. Auch heute essen englische Kinder oft am späten Nachmittag, wenn sie aus der Schule kommen.

Viele der vorangegangenen Rezepte eignen sich auch für Kinder. Hier ist noch eine besondere Auswahl zusammengestellt, sowohl traditionelle alte Rezepte wie ganz moderne. Die meisten Gerichte haben lustige und ausgefallene Formen und Serviervorschläge und werden bei Kindereinladungen ein voller Erfolg sein.

Sandwiches

Ein Sandwich heißt immer: zwei zusammengelegte Scheiben Brot, unabhängig davon, wieviele Streifen, Quadrate usw. man daraus schneidet.

Buchstaben

Auf die Mini-Schnitten kann man ganze Alphabete, die Initialen der Kinder oder auch Zahlen spritzen, und sie mit Gurkenkringeln oder Tomatenscheiben garnieren.

Vorbereitung 20–30 min · **Menge** ca. 30 Stück

Die Brote – man kann verschiedene Sorten nehmen – mit Butter bestreichen und je zur Hälfte mit Fleisch und mit Käse belegen. Entrinden und mit dem Messer oder mit Ausstechern in verschiedene Formen schneiden, so daß möglichst wenig Abfall entsteht. Den Doppelrahm-Frischkäse mit

ZUTATEN
10 dünne Scheiben möglichst von verschiedenen Brotsorten
60–75 g weiche Butter
5–6 Schinken- oder Kotelettscheiben
5 Scheiben Schmelzkäse
50 g Doppelrahm-Frischkäse
15 ml (1 EL) Milch

Nachmittagstee Im Uhrzeigersinn von oben beginnend: Altenglischer Apfelkuchen mit Käse und Ingwerglasur (siehe S. 77) Éclairs (siehe S. 63); Madeira-Kuchen (siehe S. 75).

der Milch verrühren und in einen Spritzbeutel mit kleiner Tülle (oder einen aus Pergament gedrehten) füllen. Je einen Buchstaben auf jedes Häppchen spritzen und das Ganze hübsch auf einem großen Teller anrichten.

Bananen-Schokoladen-Sandwich

ZUTATEN
4 Scheiben dunkles Brot
25 g weiche Butter
2 große, reife Bananen
75 g Milch- oder Bitterschokolade, geraspelt

Eine bei Kindern sehr beliebte Kombination, leicht und schnell zu machen.

Vorbereitung 7–8 min · **Menge** 2 Sandwiches

Bananen in Scheiben schneiden, 4 Scheiben für die Garnierung zur Seite legen. Brote mit Butter bestreichen und auf 2 Scheiben Bananen legen, darüber vorsichtig eine dicke Schicht geriebene Schokolade streuen. Je eine zweite Scheibe darauflegen und gut festdrücken. Krusten entfernen, die Scheiben in je 2 Dreiecke schneiden, mit einer Bananenscheibe garnieren und anrichten.

Käse-Erdnußbutter-Sandwich

ZUTATEN
4 Scheiben Vollkornbrot
25 g weiche Butter
60 ml (4 EL) Erdnußbutter
75 g Cheddar-Käse, (ersatzweise mittelalter Gouda,) gerieben
Einige Salatblätter

Für diese kräftigen Schnitten kann man statt Salat auch Gurkenscheiben verwenden.

Vorbereitung 5 min · **Menge** 2 Sandwiches

Die Brotscheiben erst mit Butter und dann mit Erdnußbutter bestreichen, über 2 der Scheiben eine Schicht Käse streuen, darüber dann ein Salatblatt legen und die andere Scheibe auflegen. Rinden entfernen und in 4 Dreiecke schneiden.

Würstchen-Sandwich

Nach Belieben kann man noch geriebenen Käse oder einige klein geschnittene Salatblätter dazugeben und anstelle von Ketchup Mayonnaise nehmen.

Vorbereitung 5 min · **Menge** 2 Sandwiches

Die Brotscheiben mit Butter bestreichen und die Würstchen in längliche schmale Streifen schneiden.
 Zwei Scheiben mit Tomaten-Ketchup oder Relish bestreichen und dann etwas Wurst darüber legen. Die zweite Scheibe darauflegen, die Krusten entfernen und in 4 Dreiecke schneiden.

ZUTATEN
4 Scheiben Brot
25 g weiche Butter
2 große kalte Wiener
 Würstchen, gekocht
10 ml Tomatenketchup

Sandwich-Kebab

Der Belag für diese Spießchen sollte weich sein, damit er nicht herausfallen kann. Leberwurst, Lachs mit Mayonnaise, Schmelzkäse, Doppelrahm-Frischkäse und Braten eignen sich gut. Damit abwechselnd können Radieschen- und Tomatenscheiben, Datteln, Apfelstücke oder Bananenscheiben auf die Spießchen gesteckt werden.

Vorbereitung 15–20 min · **Menge** 4 Spießchen

Die Brotscheiben mit Butter bestreichen. Eine Scheibe Roggenbrot mit Leberwurst belegen, eine zweite Scheibe darüber legen, Krusten entfernen und in 4 Quadrate schneiden.
 1 Scheibe Gerstenbrot mit Marmite und Käse bestreichen, die zweite Scheibe darüber legen, Krusten entfernen und in 4 Quadrate schneiden. Die Sardinen mit dem Ei zerdrücken, Mayonnaise untermischen und mit Salz und Pfeffer abschmecken. Auf eine Scheibe Gerstenbrot streichen und eine zweite darüber legen, Krusten entfernen und in 4 Quadrate schneiden.
 Braten auf eine Scheibe Weißbrot legen, die zweite Scheibe darüber legen, Krusten entfernen und in 4 Quadrate schneiden.
 Auf jedes Spießchen steckt man 1 Ananaswürfel, 1 Leberwurstbrot, 1 Scheibe Gurke oder grünen Paprika, 1 Käse-Marmite-Brot, 1 Scheibe Karotte, 1 Sardinen-Ei-Brot und zum Schluß wieder einen Ananaswürfel. Auf eine Servierplatte oder gleich auf Teller legen und mit Folie bedecken, falls man die Spieße nicht gleich serviert.

ZUTATEN
8 Scheiben Brot:
 je 2 Weizen- und Vollkornbrot, 4 Stück Gerstenbrot
50 g weiche Butter
25 g Leberpastete
½ TL Hefeextrakt
 (Marmite)
25 g Cheddar-Käse, in
 Scheiben
2 Sardinen, ohne Haut und
 Gräten
1 mittelgroßes Ei, hart
 gekocht, gepellt und
 zerdrückt
5 ml (1 TL) Mayonnaise
Salz und frisch gemahlener
 schwarzer Pfeffer
2 Scheiben kaltes Fleisch
 nach Wahl
4 Holzstäbchen
8 Würfel Ananas
4 dicke Gurkenscheiben
 oder 4 Stück grüne
 Paprikastückchen
4 Scheiben Karotten

Warme Kleinigkeiten

Eier-Schinken-Toast

ZUTATEN
25 g weiche Butter
1 mittelgroßes Ei, geschlagen
15 ml (1 EL) Sahne
Salz und frisch gemahlener schwarzer Pfeffer
50 g Schinken, klein geschnitten
2 Scheiben Vollkornbrot

Kinder lieben Rühreier, weil sie weich und leicht zu essen sind. Mit Schinken schmecken sie noch besser, und eine Radieschenscheibe ist eine hübsche bunte Dekoration.

Vorbereitung und Kochzeit 15–20 min · **Menge** 8 Stücke

15 g Butter in einer Kasserolle zergehen lassen. Die Eier hineinschlagen, Sahne, Pfeffer und Salz hinzugeben. Langsam und gut durchrühren, schließlich den Schinken einrühren.

Wenn die Rühreier stocken und fast fertig sind, den Topf vom Herd nehmen und die Eier in der eigenen Hitze fertig garen lassen.

Inzwischen das Brot leicht toasten, mit der restlichen Butter bestreichen und entrinden. Die Rühreier über den Toast geben, in 8 kleine Dreiecke schneiden.

Rührei-Schiffchen

ZUTATEN
4 mittelgroße Eier
30 ml (2 EL) Milch
Salz und frisch gemahlener schwarzer Pfeffer
50 g weiche Butter
8 große Scheiben Gerstenbrot
12 dünne Scheiben Frühstücksfleisch oder Salami
24 Cocktail-Stäbchen

Die Toastscheiben mit Rührei werden zu kleinen Schiffchen geformt, mit Segeln aus dünn geschnittenem Frühstücksfleisch oder Salami und mit Petersilie dekoriert.

Vorbereitung und Kochzeit 20–25 min · **Menge** 24 Schiffchen

Eier, Milch und Gewürze vermischen und schlagen. Butter in einer beschichteten Kasserolle zergehen lassen, die Mischung hineingeben und langsam kochen lassen. Gut durchrühren, bis die Rühreier fertig sind. Vom Herd nehmen und abkühlen lassen.

Das Brot leicht toasten, entrinden, mit der restlichen Butter bestreichen, dann das kalte Rührei darüber verteilen und je in 3 Streifen schneiden. Die Wurstscheiben halbieren, auf einen Cocktail-Spieß stecken und als Segel in die Brote stecken. Auf einem Servierteller hübsch anrichten.

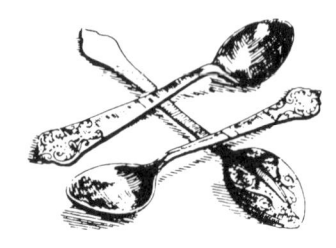

Party-Bouletten

Beefburger, altmodisch Bouletten oder Frikadellen, sind hier so reich gefüllt, daß man sie besser mit Messer und Gabel essen sollte.

Vorbereitung und Backzeit 25–30 min · **Menge** 6 Stück

Backofen auf 170° stellen.

Öl in einer Bratpfanne erhitzen und die Zwiebeln 10–15 Minuten auf kleiner Flamme braten, bis sie weich und hellbraun sind. Mit einem Schaumlöffel herausnehmen und mit Küchenpapier abtupfen. In einer feuerfesten Schale im Backofen warm stellen.

Die Bouletten und den Schinken auf beiden Seiten, etwa 10–15 Minuten, braten oder grillen. Die Bohnen in einem kleinen Topf erwärmen.

Die Brötchen aufschneiden, je eine Boulette auf eine Hälfte und darüber je einen Löffel Bohnen, ein Stück Schinken und etwas geriebenen Käse geben. Mit Zwiebelringen bedecken, das andere halbe Brötchen darüber legen und gleich servieren.

ZUTATEN
ca. 30 ml (2 EL) Öl, zum Braten von Zwiebeln und Fleisch
3 mittelgroße Zwiebeln, in Ringe geschnitten
6 Beefburger
6 Streifen Speck
200 g Dose Weiße Bohnen in Tomatensoße
100 g Cheddar-Käse (ersatzweise mittelalter Gouda) gerieben

Bunte Spieße

Würstchen, Schinken und Käse mögen Kinder besonders gern. Auf kleinen Spießchen werden sie in halbierte Äpfel oder Grapefruits gesteckt und wie bunte Igel auf einem hübschen Teller serviert.

Vorbereitung und Kochzeit 35–40 min · **Menge** 24 Spieße

Würstchen grillen, je in 3 Teile schneiden und warmstellen. Den aufgespießten Schinken kurz, aber nicht zu kroß grillen und warmstellen. Den Käse in kleine Würfel schneiden.

Auf jedes Spießchen erst ein Stück Käse, dann ein Stück Wurst, ein Stück Käse, ein Schinkenröllchen und wieder ein Stück Käse stecken.

ZUTATEN
225 g Knoblauch-Wurst
24 Streifen Speck, aufgerollt und mit einem Cocktail-Spieß befestigt
225 g Käse, nach Belieben verschiedene Sorten als Farbeffekte
24 Cocktail-Spieße

Würstchen mit Tomaten-Stippe

ZUTATEN

25 g Butter
1 mittelgroße Zwiebel, fein gehackt
50 g Stauden-Sellerie, dünn geschnitten
1 Büchse (225 g) geschälte Tomaten
½ TL Senf
4–5 Tropfen Worcester-Sauce
Salz und frisch gemahlener schwarzer Pfeffer
½ TL Zucker
1 Sträußchen gemischte Kräuter
450 g gekochte Würstchen, kalt oder warm

Die Sauce paßt auch zu anderen Fleischspeisen, wie Huhn, Pute, Schinken oder Lammkoteletts. Mit kleinen bunten Gemüsestücken anrichten.

Vorbereitung und Kochzeit 25–30 min · **Menge** 6 Portionen

Butter in einer kleinen Kasserolle zergehen lassen. Zwiebel und Sellerie etwa 10 Minuten leicht anbraten, bis sie weich, aber nicht braun sind. Alle anderen Zutaten – bis auf die Würstchen – in die Kasserolle geben und 8–10 Minuten bei kleiner Hitze köcheln lassen.

In eine Schale füllen und auf einen größeren Servierteller stellen, auf den auch die Würstchen gelegt werden.

Kekse, Kuchen & Pudding

Katzenköpfe

ZUTATEN

Für den Teigboden
5 ml (1 TL) Margarine zum Ausfetten der Form
4 mittelgroße Eier
100 g Zucker
75 g Mehl, gesiebt
50 g Butter, zerlassen

Für Glasur und Garnierung
30 g Butter
75 g Puderzucker
10 ml (2 TL) Wasser
Einige Tropfen rosa Lebensmittelfarbe
32 Pfefferminz-Schokoladentaler

Würfel aus Biskuitteig werden mit schokoladenüberzogenen Pfefferminz-Talern und rosa (oder auch einer anderen Farbe) Lebensmittelfarbe in lustige Katzenköpfe verwandelt.

Vorbereitung 45–50 min · **Backzeit** 25–30 min · **Menge** 21 Stück

Backofen auf 180° vorheizen. Eine flache, 28x18 cm große Backform ausfetten und auslegen.

Eier und Zucker im Wasserbad 6–8 Minuten schlagen, bis die Mischung dick, hellgelb und steif ist.

Aus dem Wasserbad nehmen und weiter schlagen, bis der Eischnee erkaltet ist. Mit einem Metallöffel ⅔ des Mehls unterheben, dann die zerlassene Butter und das restliche Mehl unterheben. In die vorbereitete Form füllen und 25–30 Minuten backen lassen, bis die Masse sich fest anfühlt und hellgoldgelb ist.

Aus dem Herd und aus der Form nehmen und auf einem Kuchengitter auskühlen lassen. Backpapier entfernen und den Kuchen umdrehen, so daß die untere Seite jetzt oben ist.

Für die Glasur Butter, Puderzucker und heißes Wasser zu einer leichten schaumigen Mischung verrühren. Genügend rosa Lebensmittelfarbe hinzugeben, um einen schönen Farbton zu erhalten. 15 ml (1 EL) Glasur zurückbehalten, den Rest gleichmäßig über den Kuchen verteilen. Die Ränder mit einem scharfen Messer glätten und mit den Zinken einer Gabel Muster in die Glasur ziehen.

Den Kuchen in drei gleiche Streifen und daraus je 7 gleiche Stücke schneiden. In die Mitte eines jeden Würfels einen schokoladenüberzogenen Pfefferminztaler legen, die restlichen Taler in 4 Viertel teilen und so an die anderen Taler legen, daß ein Katzenkopf mit Ohren entsteht.

Einen Spritzbeutel mit kleiner Tülle oder eine gefaltete Pergamenttüte mit der restlichen Glasur füllen und vorsichtig auf jeden Taler Augen, Nase und Schnurrbarthaare aufspritzen.

Knusperschokolade

Reis-Crispies oder Cornflakes, Butter und Sirup ist alles, was man für diese Knabberei braucht. Hier können Kinder auch selber einmal ihre Kochkunst ausprobieren.

Vorbereitung und Backzeit 10–15 min, plus 30 min zum Kaltstellen · **Menge** 14–16 Stück

Ein großes Backblech oder 15–16 in Backförmchen gelegte Papierförmchen ausfetten. Bei geringer Hitze Fett, Sirup und Schokolade in einer Kasserolle zergehen lassen. Reis-Crispies oder Cornflakes hineingeben und gut verrühren, sie sollten von der Schokoladenmasse bedeckt sein. Jeweils einen Löffel auf das Backblech oder in die Förmchen füllen und zu einem kleinen Berg formen. 30 Minuten im Kühlschrank erkalten lassen, dann vorsichtig herausnehmen.

ZUTATEN
50 g Butter oder Margarine, plus 5 ml (1 TL) zum Ausfetten des Bleches
50 ml Sirup
100 g Blockschokolade
75 g Reiscrispies oder Cornflakes

Schokoladen-Fudge-Kuchen

Der schwere süße Kuchen kann auch in Streifen oder kleine Würfel geschnitten werden.

Vorbereitung und Backzeit 10–15 min, plus 1 h zum Kühlen · **Menge** 14 Stück

Eine 18 cm große, rechteckige Backform ausfetten und auslegen. Fett, Sirup und Schokolade bei geringer Hitze in einer Kasserolle zergehen lassen. Die zerkrümelten Kekse und die Rosinen hinzugeben und alles gut verrühren. In die vorbereitete Form füllen und die Oberfläche mit einer Palette glätten. 1 Stunde im Kühlschrank erkalten lassen und dann in 14 Streifen schneiden.

ZUTATEN
50 g Butter oder Margarine, plus 5 ml (1 TL) zum Ausfetten des Bleches
45 ml Sirup
200 g Blockschokolade
225 g einfache oder Ingwer-Kekse, zerstoßen
50 g Rosinen

Schokoladenschmatzer

ZUTATEN

5 ml (1 TL) Margarine zum Ausfetten des Backbleches
75 g Blockschokolade
30 ml (2 EL) Büchsenmilch
150 g Kokosnußflocken
15–30 ml (1–2 EL) Puderzucker

Die kleinen Küchlein oder eher großen Pralinen sind leicht und schnell zu machen.

Vorbereitung und Kochzeit 10–15 min, plus ¾–1 h zum Kaltstellen · **Menge** 12 Stück

Backblech einfetten. Die Schokolade in kleine Stücke brechen und mit der Milch im Wasserbad unter gelegentlichem Rühren schmelzen lassen. Aus dem Wasserbad nehmen und die Kokosflocken einrühren. 12 kleine Kugeln formen, in Puderzucker wälzen und auf das vorbereitete Backblech legen. Im Kühlschrank ¾–1 Stunde erkalten lassen.

Eisbecher mit Früchten

ZUTATEN

150 ml Sahne
575 ml Vanille- oder Erdbeer-Eis
450 g frisches Obst der Saison, geschält und entkernt
Kandierte oder frische Früchte, oder Pistazien, für die Verzierung

Himbeeren, Erdbeeren und Pfirsiche schmecken köstlich mit Eis. Ebensogut eignen sich auch Loganbeeren, Bananen, schwarze Johannisbeeren, Mango oder Ananas.

Vorbereitung 10–15 min · **Menge** 4 Eisbecher

Sahne steif schlagen und in einen Spritzbeutel füllen. Je eine Kugel Eis in Glaskelche geben und einen Löffel Früchte (in Stücke geschnitten oder zerkleinert, je nachdem welches Obst man verwendet) darüber füllen. Dann wieder eine Eiskugel hineingeben, die Sahne darüber spritzen und oben schön mit einer Frucht und/oder Pistazien garnieren.

Goldener Teekuchen

ZUTATEN

5 ml (1 EL) Margarine zum Ausfetten der Form
40 ml Goldener Sirup
150 ml Milch
225 g Mehl, gesiebt
2 gut gehäufte TL Backpulver
1 Prise Salz
5 ml Natron
50 g Sultaninen

Ein leichter und lockerer Kuchen, den man mit Butter und Marmelade bestreichen sollte.

Vorbereitung 10 min · **Backzeit** 1 h · **Menge** 1 Kuchen

Backofen auf 180° vorheizen. Eine runde Backform (18 cm ⌀) oder eine 900 g-Kastenform ausfetten und auslegen. In einer mittelgroßen Kasserolle Sirup und Milch verrühren und bei kleiner Hitze erwärmen. Die anderen Zutaten hinzufügen und alles gut verrühren. In die vorbereitete Form füllen und 1 Stunde backen. Stäbchenprobe machen. Aus dem Herd und aus der Form nehmen und auf einem Kuchengitter abkühlen lassen.

Götterspeise

Das Lieblingsgericht aller Kinder. Wenn die Creme etwas lockerer sein soll, etwas mehr Büchsenmilch hinzufügen.

ZUTATEN
1 Gelee-Würfel
275 ml heißes Wasser
1 Büchse (200 g) Kondensmilch

Vorbereitung 40–45 min, plus 1 h zum Erstarren · **Menge** 6–8 Portionen

Den Gelee-Würfel in Wasser auflösen, glattrühren und stehenlassen, bis die Masse anfängt, sich nach etwa 30–40 Minuten zu setzen. Dann die Büchsenmilch mit einem elektrischen Rührgerät darunter schlagen. Eine große Schüssel nehmen, da die schaumige Mischung eine große Menge ergibt. Gut schlagen, bis die Mischung dick und fest wird. In eine Puddingform (575 ml) füllen und im Kühlschrank erkalten lassen. Wenn man die Creme umstürzen will, die Form vorher bis zur halben Höhe in heißes Wasser stellen und dann mit einem festen Ruck vorsichtig auf den darauf gelegten Teller gleiten lassen.

Mürbeteigkekse

Shortcake, weich und schön krümelig, sind vor allem bei kleinen Kindern sehr beliebt.

ZUTATEN
100 g weiche Butter, plus 10 ml (2 TL) zum Ausfetten der Backbleche
25 g Zucker
½ Vanille-Aroma
85 g Mehl, gesiebt
15 g Stärkemehl
15 ml (1 EL) Puderzucker

Vorbereitung 15 min · **Backzeit** 30–35 min · **Menge** 8 Kekse

Backofen auf 190° vorheizen und zwei Backbleche ausfetten. Butter und Zucker schaumig schlagen. Vanillearoma einrühren. Mit einem Holzlöffel Mehl und Stärkemehl untermischen und zu einem festen und lockeren Teig verarbeiten. Den Teig in einen Spritzbeutel mit Sterntülle füllen und 8 Kreise auf die vorbereiteten Bleche spritzen – man beginnt in der Mitte und formt sie dann in Spiralen.

30 Minuten backen, bis die Kekse blaß goldgelb sind. Aus dem Backofen nehmen und 2–3 Minuten auf dem Blech abkühlen lassen, bevor man sie vorsichtig herunternimmt und auf einem Kuchengitter erkalten läßt. Mit Puderzucker bestreuen.

Hochzeiten und Feste

Für einen Hochzeitsempfang oder eine größere Familienfeier muß die Einladung zum Tee etwas ganz Besonderes sein – auch ein optisches Vergnügen mit raffinierten kleinen Gerichten, die man möglichst alle mit den Fingern essen kann. Der Tisch sollte elegant mit Blumen geschmückt werden, bei einem Hochzeitsempfang vielleicht mit den Lieblingsfarben der Braut. Alles sollte frisch sein und besonders schön und verlockend aussehen. Die Platten sollten reich und einladend garniert werden, mit Brunnenkresse, Senfsprossen und Kresse, geringelten Zitronenschalen und frischem Obst. Gebäck, Schnittchen und Petits fours sollte man mit Folie bedecken, bis die Gäste kommen.

Canapés

Käse-Canapés

ZUTATEN
4 Scheiben Vollkornbrot, getoastet und entrindet
75 g Doppelrahm-Frischkäse
1 kleine Schalotte, zerhackt oder zerschnitten
1 mittelgroßes Ei, geschlagen
Einige Tropfen Tabasco

Sie können erst in letzter Minute vorbereitet werden, da sie frisch serviert werden sollten. Mit Petersilie garnieren.

Vorbereitung und Backzeit 15–20 min · **Menge** 16 Canapés

Backofen auf 190° vorheizen. Brotscheiben vierteln. Doppelrahm-Frischkäse, die kleingehackte Schalotte, Ei und Tabasco in einer Schüssel verrühren und leicht und schaumig schlagen. Auf die Brote streichen und auf das Backblech legen. Servierteller warm stellen. Die Canapés 5–10 Minuten backen, bis sie anfangen, braun zu werden. Aus dem Backofen nehmen, auf den vorgewärmten Teller legen und sofort servieren.

Salami-Gurken-Canapés

Auf rundem Salzgebäck oder runden Stücken Brot servieren.

Vorbereitung 10 min · **Menge** 16 Canapés

Mit einer Ausstechform in derselben Größe wie die Wurstscheiben runde Stücke aus den Brotscheiben schneiden. Mit Butter und etwas Senf bestreichen. Auf jedes Stück 1 Scheibe Salami und darüber fächerförmig je 3 halbe Gurkenscheiben legen.

ZUTATEN
7 Scheiben festes Gerstenbrot
50 g weiche Butter
5–10 ml (1–2 TL) körniger Senf
16 Scheiben Salami
½ Gurke, geschält und in Scheiben geschnitten

Sardinen-Canapés

Diese hübschen Schnittchen sind immer beliebt.

Vorbereitung 10–15 min · **Menge** 16 Canapés

Die Brote mit Butter bestreichen und je in 4 Dreiecke schneiden. Die Sardinen enthäuten und entgräten, in einer Schüssel mit dem schwarzen Pfeffer, Zitronensaft und gehackter Petersilie pürieren. Die Mischung auf die dreieckigen Canapés streichen. Eine Scheibe Ei und ein gerolltes Sardellenfilet darüberlegen.

ZUTATEN
4 Scheiben Weißbrot, entrindet
50 g ungesalzene Butter
1 Büchse (124 g) Ölsardinen
Frisch gemahlener schwarzer Pfeffer
½ TL frischer Zitronensaft
10 ml (2 TL) gehackte frische Petersilie
3 mittelgroße Eier, hart gekocht und in dünne Scheiben geschnitten
16 Sardellenfilets, gerollt

Shrimps-Canapés

Besonders würzige kleine Happen, die auch auf Toast oder salzigen Keksen serviert werden können. Mit gehackter Petersilie garnieren.

Vorbereitung und Kochzeit 10 min · **Menge** 16 Canapés

Brot auf beiden Seiten in Öl oder Butter rösten. Auf Küchenpapier trocknen und jede Scheibe in 4 Quadrate schneiden.

Butter bei kleiner Hitze in einer Kasserolle zergehen lassen. Wenn die Butter schaumig wird, Shrimps, Currypulver, Cayenne-Pfeffer, Salz, Zitronensaft und Sahne unterrühren. Die Mischung 3–4 Minuten sanft köcheln lassen. Die Shrimps mit einem Schaumlöffel aus der Sauce heben und auf die Brotquadrate legen. Anrichten und gleich servieren.

ZUTATEN
4 Scheiben Weißbrot, entrindet
30 ml (2 EL) Öl oder Butter zum Rösten des Brotes
50 g Butter
100 g frische oder tiefgefrorene Shrimps
¼ TL Curry-Pulver
1 Prise Cayenne-Pfeffer
1 Prise Salz
10 ml frisch ausgepreßter Zitronensaft
15 ml (1 EL) Sahne

Noch mehr Ideen für Canapés

Kleine salzige Kekse, Brot, geröstetes Brot oder Toast in verschiedenen dekorativen Formen sind immer die Unterlage. Der Belag sollte sorgfältig sowohl nach Biß und Geschmack wie nach Farben ausgewählt werden. Kontrastierende, appetitliche Farben und Formen, dazu frische bunte Garnierungen, werden die Gäste erfreuen.
1. Runde Kekse mit festen Tomatenscheiben belegen, mit einem Spritzbeutel in die Mitte einen Klecks Rahmkäse setzen.
2. Dreiecke oder Sterne aus Vollkornbrot mit Lachs belegen und mit einem kleinen Zitronenschnitz und Petersilie garnieren.
3. Salzkekse mit Leberpastete belegen, darüber eine Olive oder ein paar Kapern geben.
4. Milde Salzkekse werden mit Doppelrahm-Frischkäse und darüber mit einem Löffel Kaviar oder Rogen belegt.
5. Eine Mischung aus Thunfisch und saurer Sahne (oder Mayonnaise) auf geröstete Brotquadrate streichen, mit frischer Minze garnieren.
6. Quadrate oder Dreiecke aus Vollkornbrot mit Butter und etwas Senf bestreichen, mit passend zugeschnittenen Schinkenstreifen belegen und mit je einer Spargelspitze garnieren.

Sandwiches

Kaviar-Sandwiches

ZUTATEN
50 g Butter
65 ml Sahne
¼ TL Senf
1 kleine Prise Cayenne-Pfeffer
Salz und frisch gemahlener schwarzer Pfeffer
10 Scheiben Weiß- oder Graubrot
75 g Kaviar
Saft ½ Zitrone

Seehasenrogen (Deutscher Kaviar) kann als Ersatz für echten Kaviar verwendet werden. Mit Zitronenscheiben garnieren.

Vorbereitung 10 min · **Menge** 5 Sandwiches

Butter weich und schaumig rühren. Sahne steif schlagen und in die Butter geben, gut mit einem Holzlöffel verrühren. Senf und Cayenne-Pfeffer hinzufügen, mit Salz und Pfeffer abschmecken. Brote mit der Mischung bestreichen, eine dünne Schicht Kaviar darauf geben und mit Zitronensaft besprenkeln. Je eine zweite Scheibe darüber legen und in Drei- oder Vierecke schneiden.

Schinken-Avocado-Sandwich

Für diese pikanten Schnittchen sollte die Avocado reif und weich, aber nicht matschig sein. Mit Gurkenscheiben garnieren.

Vorbereitung 10 min · **Menge** 5 Sandwiches

Die Avocado mit der klein geschnittenen Schalotte, Salz und Pfeffer zu Mus zerdrücken. Die Hälfte der Scheiben damit bestreichen, je 1 Scheibe Schinken und Salatstreifen darauf legen und leicht mit Salz bestreuen. Die andere Hälfte der Scheiben mit Senfbutter bestreichen und darüber legen, entrinden und in Dreiecke schneiden.

ZUTATEN
1 reife Avocado, ohne Stein und Schale
1 Schalotte, fein gehackt
Salz und frisch gemahlener schwarzer Pfeffer
10 Scheiben dunkles Brot
350 g Schinken, in Scheiben
Einige Salatblätter
60–75 g weiche Senfbutter (s.S. 36)

Austern-Sandwiches

Die Austernmischung kann auch als Belag für Canapés genommen werden. Mit Petersilie und Gurkenscheiben garnieren.

Vorbereitung und Backzeit 5 min, plus ¾–1 h zum Kaltstellen · **Menge** 5 Sandwiches

Eine Kasserolle (150 ml) ausfetten. Austern aus der Schale lösen, hineingeben und mit 25 g Butter, Paniermehl, Sahne, Eiern und Gewürzen zum Kochen bringen. Durchrühren und nach 3–4 Minuten in eine Schüssel füllen. Im Kühlschrank ¾–1 Stunde kaltstellen. Brote mit der restlichen Butter bestreichen, dann die gekühlte Austernmischung dünn darüber geben. Je eine Brotscheibe darüber legen, Brot entrinden und in Scheiben schneiden.

ZUTATEN
5 ml (1 TL) Margarine zum Einfetten der Schüssel
40 g Austern
150 g Butter
20 ml Paniermehl
60 ml Sahne
2 mittelgroße Eier, schaumig geschlagen
Salz und frisch gemahlener schwarzer Pfeffer
10 Scheiben dunkles Brot

Shrimps-Sandwiches

Natürlich schmecken frische Shrimps am besten, man kann aber auch tiefgekühlte nehmen. Mit Zitronen- oder Gurkenscheiben garnieren.

Vorbereitung 10 min · **Menge** 5 Sandwiches

Die Shrimps mit Küchenpapier trocken tupfen. Sahne steif schlagen, Zitronensaft und Gewürze untermischen und dann die Shrimps vorsichtig und gleichmäßig hineinmischen. Brote mit Butter bestreichen, auf die eine Hälfte die Shrimps-Mischung geben, je eine Scheibe darüber legen und in Dreiecke schneiden.

ZUTATEN
100 g frische oder aufgetaute tiefgefrorene Shrimps
100 ml Sahne
½ TL frisch ausgepreßter Zitronensaft
Salz und frisch gemahlener schwarzer Pfeffer
10 dünne Scheiben dunkles Brot
65 g weiche Butter

Pikante Gerichte

Blätterteigpastete mit Huhn

ZUTATEN

Für die Pastenförmchen
½ Menge Teig 3 (s.S. 137) mit 225 g Mehl
10 ml (2 TL) Margarine zum Ausfetten der Backbleche
50–75 g Mehl zum Bemehlen des Brettes
1 mittelgroßes Ei, verquirlt, zum Einpinseln

Für die Füllung
25 g Butter
25 g Mehl
1 Büchse (290 g) Champignon- oder Hühnersuppe
Salz und frisch gemahlener schwarzer Pfeffer
1 Prise Cayenne-Pfeffer
225 g gekochtes Huhn, in kleine Stücke geschnitten
225 g Mais

Abbildung gegenüber S. 113

Pasteten kann man für die verschiedensten Füllungen nehmen – Huhn, Shrimps in weißer Sauce, Schinken und Champignos in Käsesauce oder Thunfisch mit Eiern und grünem Paprika in weißer Sauce. Mit Petersiliensträußchen, Streifen von rotem Paprika oder Tomatenscheiben garnieren.

Vorbereitung 30 min, plus 4 h für den Teig · **Backzeit** 15–20 min · **Menge** 20 Pasteten

Den Teig (s.S. 137) zubereiten. 30 Minuten im Kühlschrank durchkühlen lassen.

Backofen auf 230° vorheizen und 2 Backbleche ausfetten. Den Teig auf einem bemehlten Brett 2 cm dick ausrollen. Mit einem mehlbestäubten Ausstecher (2,5–4 cm ⌀) vorsichtig Kreise ausstechen, auf die vorbereiteten Bleche legen und mit dem geschlagenen Ei bepinseln. Mit einem kleineren mehlbestäubten Ausstecher in die Mitte der Teigkreise bis zur halben Höhe kleine Kreis stechen. 15–20 Minuten backen lassen. Wenn die Kreise goldgelb sind, aus dem Backofen nehmen und auf einem Kuchengitter abkühlen lassen. Nach dem Erkalten die Deckel aus der Mitte herausnehmen und eventuell noch weichen Teig darunter entfernen.

Während die Pastetchen abkühlen, die Füllung machen. Butter in einer kleinen Kasserolle zergehen lassen, Mehl einrieseln und schnell verrühren. 2–3 Minuten bei kleiner Hitze kochen lassen. Vom Herd nehmen und langsam die Suppe einrühren, bis die Mischung cremig und weich ist. Wieder auf den Herd stellen, zum Kochen bringen und gut verrühren, bis die Masse eindickt. Mit Salz, Pfeffer und Cayenne-Pfeffer abschmecken und abkühlen lassen. Nach dem Erkalten das kleingeschnittene Hühnerfleisch und den Mais hineingeben und alles gut und gleichmäßig verrühren. die Mischung vorsichtig in die Pastetenförmchen löffeln und mit den Deckeln zudecken.

Makrelen auf Gurkenscheiben

Leicht, pikant und dabei hübsch anzusehen. Gurkenscheiben sind ideal als Unterlage für Fischpasten. Mit Petersilie oder Streifen aus rotem Paprika garnieren.

Vorbereitung 15–20 min · **Menge** 20 Scheiben

Die Makrelen enthäuten, entgräten und in kleinen Stückchen auf einen Teller legen. Butter weich und schaumig schlagen, den Käse unterschlagen und dann den zerkleinerten Fisch, Zitronensaft, und Schnittlauch hineinrühren. Mit Pfeffer und Salz abschmecken. Gründlich zu einer weichen, gut vermischten Paste schlagen. Die Gurke in 2 cm dicke Scheiben schneiden, aus der Mitte etwas Fleisch und Kerne wegkratzen und die Fischpaste hineinfüllen. Auf einem Servierteller anrichten.

ZUTATEN
225 g geräucherte Makrelenfilets (etwa 2)
50 g weiche Butter
100 g Doppelrahm-Frischkäse
Saft von ½ Zitrone
10 ml (2 TL) frischer gehackter Schnittlauch
Salz und frisch gemahlener schwarzer Pfeffer
1 Gurke, gewaschen und abgetrocknet

Abbildung gegenüber S. 113

Schinken-Leber-Pastetchen

Auch diese Pastetchen können nach Belieben gefüllt werden, mit geschnetzeltem Hühner- oder Putenfleisch und Leberpastete, mit klein geschnittenen Champignons und Schinken in Käserahmsauce. Mit Petersilie oder Kresse garnieren.

Vorbereitung 30 min, plus 4 h für den Teig · **Kochzeit** 10–12 min · **Menge** 20 Pasteten

Teig (s. S. 137) zubereiten und 30 Minuten kaltstellen. Backofen auf 230° vorheizen und ein Backblech einfetten. Den Teig auf einem bemehlten Brett zu einem 25x20 cm großen Rechteck ausrollen und in 20 Quadrate schneiden.

Den klein geschnittenen Schinken, Gürkchen, Leberwurst und schwarzen Pfeffer mischen und je einen Löffel auf die Teigstücke geben. Die Teigränder mit Milch bestreichen und die Stücke zu Dreiecken falten. Die Ränder fest zusammendrücken und die Oberfläche mit Milch einpinseln. Auf das vorbereitete Blech legen und 10–12 Minuten backen, bis sie gut gegangen und goldbraun sind. Aus dem Backofen nehmen, vorsichtig zum Abkühlen auf ein Drahtgitter legen und abkühlen lassen. Auf einer Platte servieren.

ZUTATEN
¼ Menge Teig 3 (s. S. 137) mit 100 g Mehl
5 ml (1 TL) Margarine zum Einfetten des Backbleches
50–75 g Mehl zum Bemehlen des Brettes
100 g magerer Speck, klein gehackt
1 EL Essiggurken, klein gehackt
50 g Leberwurst
Frisch gemahlener schwarzer Pfeffer
15–30 ml (1–2 EL) Milch

Olivenröllchen

ZUTATEN
100 g weiche Butter
30 ml (2 EL) Sahne
50 g schwarze Oliven, entsteint und fein gehackt
Frisch gemahlener schwarzer Pfeffer
5 ml (1 TL) frisch ausgepreßter Zitronensaft
6 Scheiben Weiß- oder Graubrot
3–4 Körbchen mit Kresse und Senf

Die kleinen Brot-Rollen sehen nicht nur hübsch aus, sondern schmecken auch besonders pikant.

Vorbereitung 15 min · **Menge** 36 Rollen

Butter leicht und schaumig schlagen. Sahne, Oliven, schwarzen Pfeffer und Zitronensaft unterrühren und zu einer glatten Mischung schlagen. Brotscheiben mit Olivenbutter bestreichen und Kresse darüber streuen. Wie eine kleine Biskuitrolle rollen und mit Cocktail-Spießchen zusammenhalten. In Plastikfolie wickeln und im Kühlschrank kaltstellen. vor dem Servieren herausnehmen, Folie und Spießchen entfernen und je in 6 kleine Scheiben schneiden. Mit der Schnittseite nach oben auf einem Servierteller anrichten.

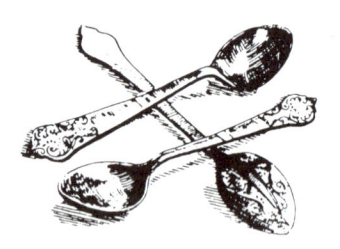

Lachsröllchen

ZUTATEN
350 g Räucherlachs in Scheiben
85 g weiche, ungesalzene Butter
15 ml (1 EL) frisch ausgepreßter Zitronensaft
100 g Doppelrahm-Frischkäse
Salz und frisch gemahlener schwarzer Pfeffer
15–30 ml (1–2 EL) Sahne (nach Belieben)
6 Scheiben Vollkornbrot, entrindet

Für die Lachspastete braucht man oder eine elektrische Küchenmaschine. Die Röllchen werden erst mit Lachspaste, dann mit in Scheiben geschnittenem Lachs belegt und mit frischer Petersilie und Zitronenscheiben garniert.

Vorbereitung 25–30 min · **Menge** 36 Röllchen

Haut und Gräten vom Lachs entfernen und 100 g in der Küchenmaschine zerkleinern, zusammen mit 25 g Butter, Zitronensaft, Käse, Salz und Pfeffer. Wenn dic Mischung zu fest werden sollte, noch etwas Sahne unterrühren.

Die Brotscheiben mit der restlichen Butter bestreichen und dann mit der Lachspaste. Darüber je eine Scheibe Räucherlachs legen und einen Hauch schwarzen Pfeffer darübergeben. Die Scheiben vorsichtig aufrollen, in Folie wickeln und eng zusammen (damit sie in Form bleiben) in einen Behälter legen. Im Kühlschrank kaltstellen. Vor dem Servieren herausnehmen, auspacken und jede Rolle in 6 kleine Scheiben schneiden. Mit der Schnittseite nach oben auf einem Servierteller garnieren.

Ausgefallenes für Feste Oben links: Kaffee-Walnuß-Torte (siehe S. 84); oben rechts: Mürbeteigkuchen mit Erdbeeren (siehe S. 87); Mitte: Whisky-Rosinen-Torte (siehe S. 88); Käsekuchen (siehe S. 84).

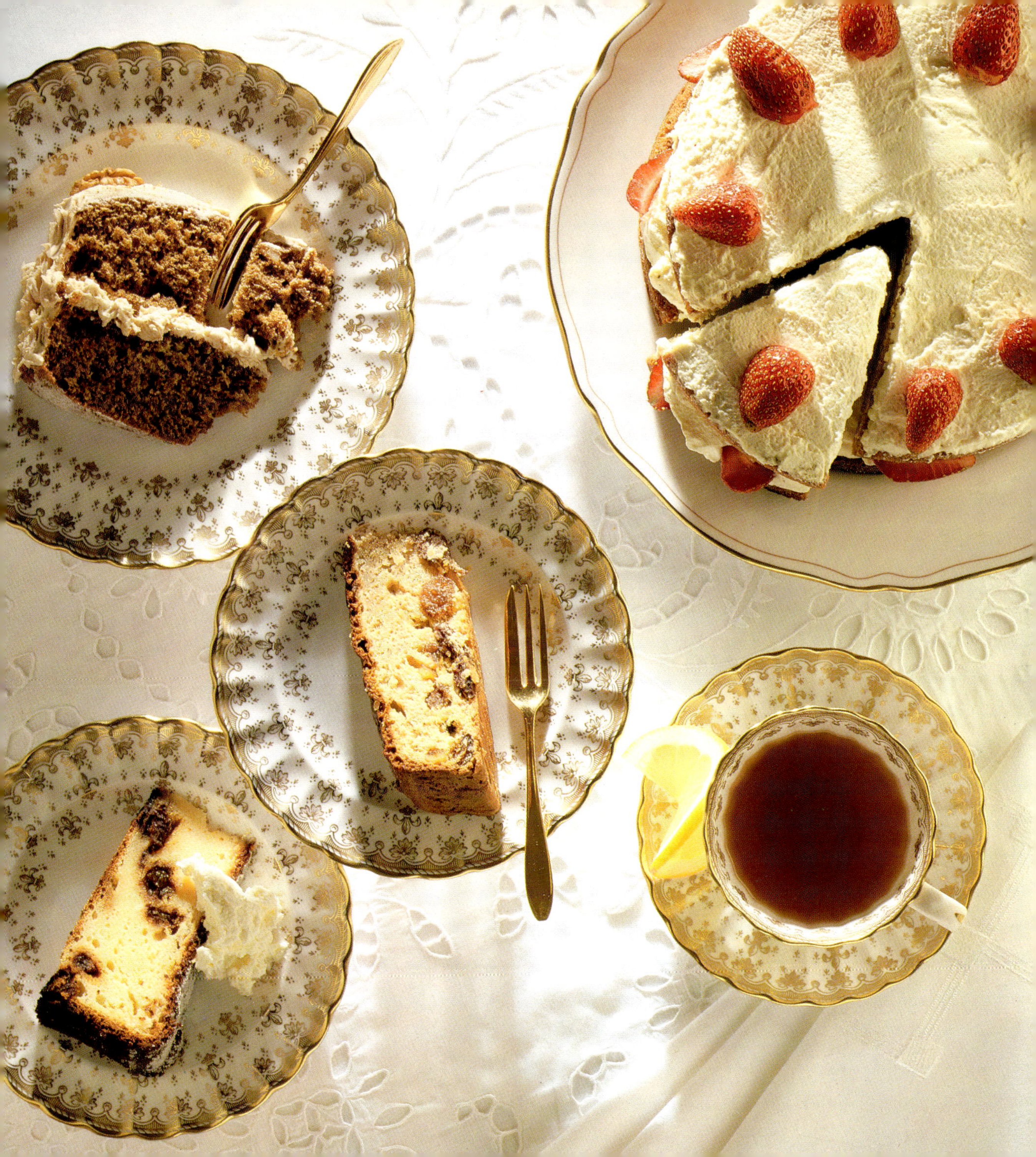

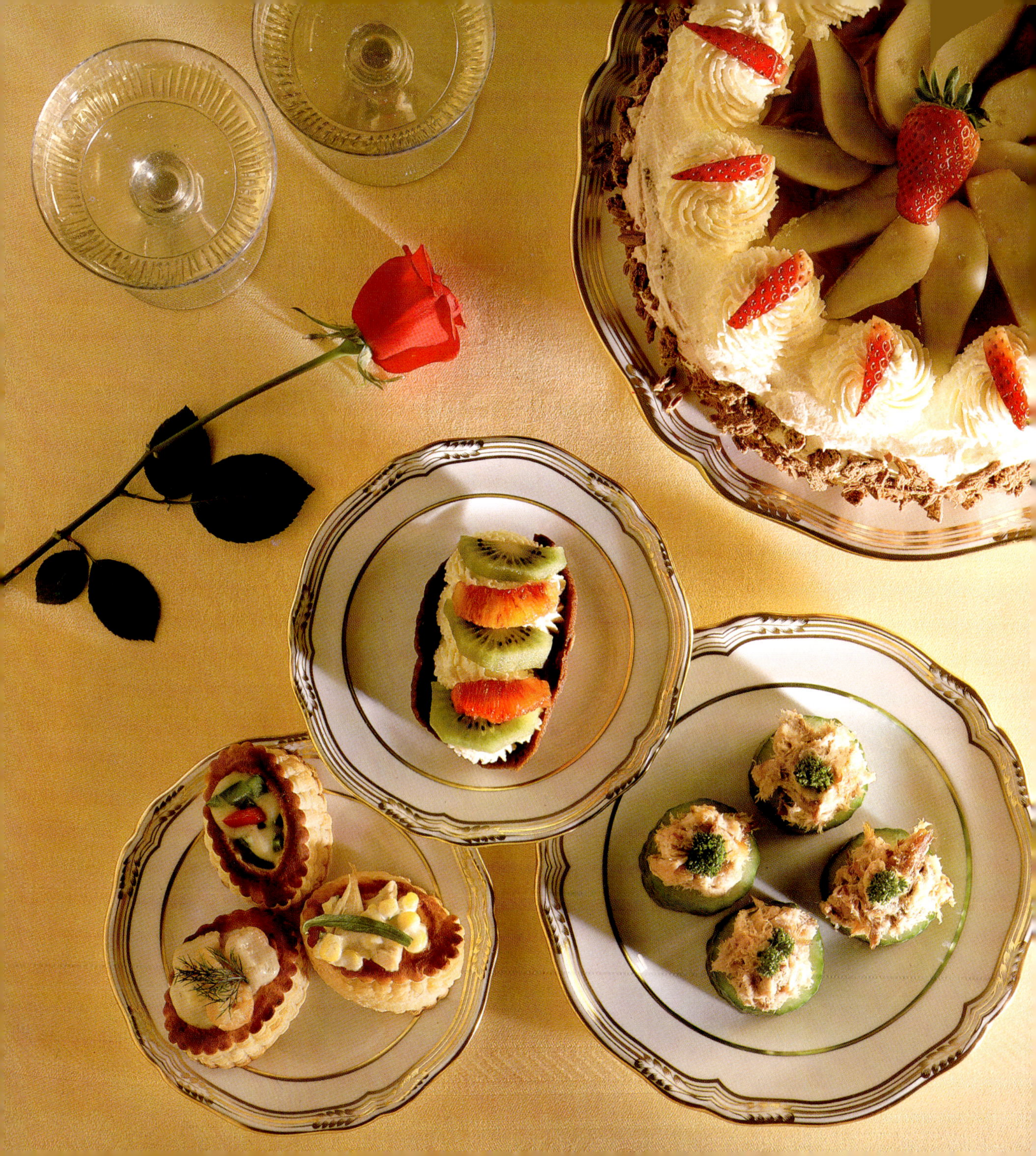

Kekse, Kuchen & Torten

Amourettes

Diese hübschen Törtchen haben die Form kleiner Barken. Sie werden mit Kirschen – oder auch mit Erdbeeren, roten Johannisbeeren oder Mandarinen gefüllt und mit Sahne verziert.

Vorbereitung ½–¾ h, plus 1 h zum Kaltstellen · **Backzeit** 10 min · **Menge** 14 Törtchen

Das Mehl in eine Schüssel sieben. In die Mitte eine Vertiefung drücken, Butter, Zucker, Eigelbe und Vanillearoma hineingeben und alles mit einer Gabel gut vermischen. Das Mehl nach und nach unterziehen, bis ein weicher Teig entsteht. Einige Minuten in der Schüssel locker durchkneten, dann 1 Stunde im Kühlschrank kaltstellen.

Backofen auf 190° vorheizen und 14 barkenförmige Tortenförmchen ausfetten. Den Teig auf einem bemehlten Brett dünn ausrollen. Die vorbereiteten Förmchen mit Teig auslegen, darüber ein Stück Backpapier legen und mit einigen getrockneten Bohnen beschweren. 10 Minuten backen, bis sie goldgelb sind. Aus dem Backofen nehmen, in den Formen erkalten lassen und dann vorsichtig herausnehmen. Die Kirschen einfüllen. Das Johannisbeergelee in einer kleinen Kasserolle mit Wasser zum Kochen bringen, durchseihen und dann gleich über die Kirschen füllen. Sahne steif schlagen und in einen Spritzbeutel mit Sterntülle füllen. Die Törtchen rundum und in der Mitte mit kleinen Sternchen verzieren.

ZUTATEN
Für den Teig
100 g Mehl, gesiebt, plus 45–60 ml (3–4 EL) zum Bemehlen des Brettes
50 g weiche Butter, plus 15 ml (1 EL) zum Ausfetten der Formen
50 g Zucker
2 mittelgroße Eigelbe
Einige Tropfen Vanillearoma

Für die Füllung
225 g eingemachte Kirschen, abgetropft und entsteint
60 ml (4 EL) rotes Johannisbeergelee
15 ml (1 EL) Wasser
150 ml Sahne

Brautjungfernsträuße

Kleine Mandelkuchen, mit Früchten und Schlagsahne gefüllt.

Vorbereitung 25–30 min · **Backzeit** 6–8 min · **Menge** 25 Stück

Backofen auf 200° vorheizen und ein Backblech ausfetten. Butter und Sahne schaumig schlagen. Mit einem Holzlöffel Mehl und Mandeln unterrühren und gut vermischen. Mit einem Teelöffel kleine Häufchen auf das vorbereitete Backblech setzen, mit großen Zwischenräumen. Mit einer Gabel plattdrücken. 6–8 Minuten backen, bis sie blaßgelb sind. Aus dem Backofen nehmen und 1 Minute auf dem Backblech abkühlen lassen. Dann vorsichtig herunternehmen und um eine Nudelrolle rollen (man braucht wahrscheinlich 2 Nudelrollen für alle Törtchen). Sie bleiben an der

ZUTATEN
Für den Biskuitboden
75 g weiche Butter, plus 5 ml (1 TL) zum Ausfetten des Backbleches
75 g Zucker
50 g Mehl, gesiebt
75 g Mandelblättchen

Fortsetzung nächste Seite

Hochzeits- und Festtagskuchen Im Uhrzeigersinn von oben beginnend: Schokoladen-Birnen-Torte (siehe S. 114); Makrelen auf Gurkenscheiben (siehe S. 111); Blätterteigpastete mit Huhn (siehe S. 110); Brautjungfernsträuße (siehe S. 113).

Für die Füllung
275 ml Sahne
Frisches Obst, gewaschen, entweder Himbeeren oder geschälte Kiwis, Mandarinenschnitze, frische Erdbeeren, halbe und entsteinte Kirschen

Rolle, bis sie die Form angenommen haben und werden dann vorsichtig heruntergenommen.

Sahne steif schlagen und in einen Spritzbeutel mit Sterntülle füllen. Sahne in die Röllchen spritzen und mit Himbeeren, Kiwischeiben, Mandarinenschnitzen, halben Erdbeeren und Kirschen, oder anderen Früchten je nach Saison garnieren. Gleich servieren.

ZUTATEN
Für den Teig
150 g Mehl, gesiebt
25 g Stärkemehl
25 g Kakaopulver
6 große Eier
225 g Zucker
75 g Butter, zerlassen und abgekühlt, plus 10 ml (2 TL) zum Ausfetten der Formen

Für die Füllung
100 g Blockschokolade, in kleinen Stücken
2 mittelgroße Eigelbe
275 ml Sahne
2 frische oder eingemachte Birnen, geschält
15 ml (1 EL) frisch ausgepreßter Zitronensaft

Für die Dekoration
275 ml Sahne
Borkenschokolade
Erdbeeren, in Scheiben (nach Belieben)

Abbildung gegenüber S. 113

Schokoladen-Birnen-Torte

Die prächtige Torte kann zum Mittelpunkt des Teetisches werden.

Vorbereitung 50 min, plus 1 Stunde zum Kaltstellen · **Backzeit** 30–35 min · **Menge** 1 Torte

Backofen auf 190° vorheizen. Zwei runde Backformen (25 cm ⌀) ausfetten und auslegen.

Mehl, Stärkemehl und Kakaopulver vermischen. Eier und Zucker im Wasserbad schaumig schlagen, bis die Mischung dick und glänzend ist und spitz stehenbleibt, wenn man das Rührgerät herauszieht. Man muß 3–5 Minuten schlagen, bis der Eischnee richtig steif ist. Vom Herd nehmen und weiter schlagen, bis der Eischnee erkaltet ist. Mit einem Metallöffel abwechselnd Mehl und zerlassene Butter unterheben. Gut vermischen, damit alles gleichmäßig verteilt ist. Die Mischung in die vorbereiteten Formen füllen und 30–35 Minuten backen, bis der Teig fest ist. Aus dem Backofen und aus den Formen nehmen. Auf einem Kuchengitter abkühlen lassen.

Die Schokolade für die Füllung im Wasserbad schmelzen. Vom Herd nehmen und erst die Eigelbe einzeln und dann 15 ml (1 EL) Sahne hineinschlagen. Die restliche Sahne steif schlagen und mit einem Metallöffel vorsichtig unter die Mischung heben. 1 Stunde kalt stellen. Die Birnen in längliche Stücke schneiden und mit Zitronensaft beträufeln, damit sie nicht braun werden. Die Hälfte der Schokoladencreme über eine der beiden Torten streichen, ⅔ der Birnen und den anderen Kuchen dann darüber legen. Die restliche Schokoladencreme auf der Oberfläche verteilen, sternförmig mit den übrigen Birnenstücken verzieren.

Sahne steif schlagen, 45–60 ml (3–4 EL) in einen Spritzbeutel mit Sterntülle füllen, den Rest um den Tortenrand verteilen. Das Innere mit Borkenschokolade garnieren. Mit dem Spritzbeutel kleine Rosetten auf den Rand spritzen und Unebenheiten glätten. Nach Belieben mit einer Erdbeere in der Mitte und klein geschnittenen Erdbeeren ringsum verzieren.

Meringen Marguerite

Schlagsahne zwischen zwei schaumigen Meringen, garniert mit Nüssen und Schokolade.
Die Schüssel, in der das Eiweiß geschlagen wird, muß ganz sauber und völlig fettfrei sein.

Vorbereitung 45–50 min · **Backzeit** 4–5 h · **Menge** 20 Meringen

Den Backofen auf die niedrigste Stufe (etwa 110°) stellen. 2 Backbleche mit leicht eingeöltem Backpapier belegen. Eiweiß schlagen, bis es steif, aber nicht trocken ist, die Hälfte des Zuckers einrieseln und fest unterschlagen. Den restlichen Zucker mit einem Metallöffel unterheben. Die Mischung in einen Spritzbeutel mit 1,5-cm-Tülle geben und 5 cm lange Streifen auf das Backpapier spritzen (etwa 40). Man läßt die Backofentür offen. 4–5 Stunden backen, bis die Meringen sich leicht vom Papier ablösen lassen. Abkühlen lassen.

Für die Aprikosenglasur Wasser und Marmelade in einer kleinen Kasserolle unter ständigem Rühren zum Kochen bringen. Durchseihen und warmstellen. Sahne steif schlagen und in einen Spritzbeutel mit Sterntülle füllen. Die Oberseite der Meringen mit Aprikosenglasur bestreichen und dann in Mandeln wälzen, bis sie ganz bedeckt sind. Die eine Hälfte der Meringen wird auf der flachen Innenseite mit Sahne gefüllt, dann jeweils eine zweite Meringe darüber legen. Seitlich in Papierförmchen legen. Schokolade und Butter im Wasserbad schmelzen. In einen Spritzbeutel mit 1–2-cm Tülle (oder eine kleine Tüte aus Pergamentpapier) füllen und ein zartes Zick-Zack-Muster über jede Meringe spritzen. Kühl aufbewahren.

ZUTATEN
Für die Meringen
30 ml (2 EL) Öl zum Ausfetten der Backbleche
3 mittelgroße Eiweiße
175 g Zucker

Für Füllung und Glasur
60 ml (4 EL) Aprikosenmarmelade
20 ml (4 TL) Wasser
275 ml Sahne
150 g gehackte, geröstete Mandeln
50 g Blockschokolade
8 g Butter

Abbildung gegenüber S. 65

Himbeer-Charlotte

Statt frischer Himbeeren kann man auch tiefgefrorene – oder zur Abwechslung auch Erdbeeren – nehmen. Ein schönes Dessert auch für festliche Dinner-Parties.

Vorbereitung und Kochzeit 1 h, plus 6½ h zum Kaltstellen · **Menge** 12 Portionen

Eine große Schüssel (1,75 l) an den Seiten mit feuchtem Pergamentpapier auslegen. Rundum eine Reihe Löffelbiskuits stellen, mit der runden Seite nach außen. Der Boden der Schüssel bleibt frei. Man behält einige Löffelbiskuits übrig. Zucker und Eigelb im Wasserbad zu einer dicken, blaßgelben Mischung verschlagen, ständig weiterschlagen, bis die Mischung heiß und schaumig wird. Den Topf in kaltem Wasser abkühlen lassen. Gelatine

ZUTATEN
28–30 Löffelbiskuits
100 g Zucker
8 mittelgroße Eigelbe
15 g Gelatine
30 ml (2 EL) Wasser
675 g frische Himbeeren
700 ml Sahne

in Wasser auflösen und in die Mischung schlagen, während sie abkühlt; weiter schlagen, bis sie ganz kalt ist. Dann 30 Minuten in den Kühlschrank stellen.

225 g schöne Himbeeren zum Garnieren zur Seite legen, den Rest durch ein Haarsieb rühren. 425 g von dem Püree abwiegen, in eine Schüssel füllen und kaltstellen. Das restliche Himbeerpüree mit einem Metalllöffel unter die Eigelbmischung heben.

Sahne steif schlagen und 575 ml unter die Eigelb-Himbeermischung heben, die restliche Sahne für die spätere Dekoration in den Kühlschrank stellen. Die Mischung in die Schüssel füllen und die übrigen Löffelbiskuits darüber legen. Wenn die Füllung nicht ganz bis zum Rand der Löffelbiskuits reicht, vorsichtig ein Stück abschneiden. Die Schüssel mit Folie bedecken und im Kühlschrank mindestens 6 Stunden durchkühlen lassen. Vor dem Servieren herausnehmen, die Folie entfernen, vorsichtig mit einem Messer zwischen Löffelbiskuits und Schüsselrand entlangfahren, dann einen Servierteller über die Schüssel legen und umdrehen. Mit einem kräftigen Schwung sollte die Charlotte leicht aus der Schüssel gleiten. Wenn nicht, kurz bis zur halben Höhe in heißes Wasser stellen und es dann noch einmal versuchen. Nach dem Umstürzen vorsichtig das Papier entfernen. Die restliche Sahne in einen Spritzbeutel mit Sterntülle füllen. Oben und unten einen Kranz Sahne spritzen und mit den restlichen Himbeeren garnieren.

ZUTATEN

Für die Biskuitringe
75 g weiche Butter, plus
  10 ml (2 TL) zum Ausfetten
  der Formen
75 g Zucker
2 mittelgroße Eier,
  schaumig geschlagen
50 g Mehl, gesiebt
½ TL Backpulver
25 g gemahlene Mandeln
½ TL Mandelaroma

Für den Belag
100 g Aprikosenmarmelade
7,5 ml (1½ TL) Wasser
75 g gehackte, geröstete
  Mandeln
100 g weiche Butter
175–225 g Puderzucker

Eheringe

Das lockere Biskuitgebäck mit zartem Mandelgeschmack wird mit Sahne verziert, mit Aprikosenglasur vergoldet und mit Kirschen oder Weintrauben garniert.

Vorbereitung 30–35 min · **Backzeit** 25–30 min · **Menge** 16 Ringe

Backofen auf 180° vorheizen. 2 rechteckige Backformen (20 cm) ausfetten und auslegen. Butter und Zucker schaumig schlagen. Die Eier langsam hinzufügen und zwischendurch immer wieder gut durchschlagen. Mehl, Mandeln und Mandelaroma hinzugeben und alles gut durchschlagen. In die vorbereiteten Formen füllen und 25–30 Minuten backen, bis der Teig gestiegen, goldgelb und fest anzufühlen ist. Aus dem Backofen und aus den Formen nehmen und auf einem Kuchengitter auskühlen lassen.

Nach dem Erkalten auf eine feste Unterlage stellen und mit einem Ausstecher (7,5 cm Ø) Kreise auszustechen, dann mit einem zweiten Ausstecher (2,5 cm Ø) zu Ringen stechen.

Aprikosenmarmelade und Wasser in einer kleinen Kasserolle zum Kochen bringen, ständig rühren, durchseihen und mit der noch warmen Glasur die Ringe bestreichen. Sie werden dann gründlich in gehackten Nüssen gewälzt.

Butter leicht und schaumig schlagen. Den Puderzucker langsam einrieseln und ständig gut durchschlagen. Genügend Milch oder Sahne hinzufügen, damit eine feste, aber geschmeidige Masse entsteht. Einige Tropfen gelbe Lebensmittelfarbe unterrühren. In einen Spritzbeutel mit Sterntülle füllen. Die Ringe mit kleinen Sternen, Kringeln und Muscheln verzieren und mit halben Kirschen oder Weintrauben garnieren.

15–30 ml (1–2 EL) Milch oder Sahne
Einige Tropfen gelbe Lebensmittelfarbe
150 ml Sahne
32 Kirschen oder Weintrauben, entkernt und halbiert

Ausgefallenes zur Teeparty

Tee-Einladungen zu einem besonderen Anlaß, einem bestimmten Thema oder Jahreszeit können ein großer Spaß werden. Traditionelles Gebäck kann abgewandelt und besonders verziert werden. Hier folgen Vorschläge für einen Halloween-Tee am Vorabend von Allerheiligen, eine sommerliche Eisparty und einen St. Valentins-Tee. Fairy Cakes können für eine Bootsparty eine blau-weiße Glasur bekommen, Sandwich-Rollen zu kleinen Feuerwerksrädern zum Guy-Fawkes-Tee werden. Der Phantasie sind keine Grenzen gesetzt.

Halloween-Tee

Nach keltischer Überlieferung trafen sich am letzten Tag des alten Jahres, am 31. Oktober, an Halloween, Hexen und Geister. Die früheren Festbräuche leben heute noch fort und machen nicht nur Kindern Freude. Für die Einladungskarten kann man dünnen schwarzen Karton nehmen und in Form von spitzen Hexenhüten oder Katern ausschneiden. Das Haus wird mit ausgehöhlten Kürbissen dekoriert – Gespensterköpfen, in denen Kerzen brennen, mit Lampions, Herbstlaub und Zweigen mit wilden Beeren.

Abracadabras

ZUTATEN
100 g weiche ungesalzene Butter oder Margarine, plus 5 ml (1 TL) zum Ausfetten des Bleches
100 g Zucker

Je eine Schicht hellen und dunklen Biskuitteig zusammenrollen, in Scheiben schneiden und backen.

Vorbereitung 15–20 min, plus 30 min zum Kaltstellen · **Backzeit** 15–20 min · **Menge** 14–16 Stück

Fett und Zucker schaumig schlagen. Das Ei unterschlagen und dann das Mehl hineinmischen. Alles zu einem festen Teig formen. Den Teig in 2 Hälften teilen. In die eine Hälfte das Kakaopulver, in die andere die zerkleinerten Kirschen kneten. Den Teig auf einem bemehlten Brett zu je einem Rechteck von 23x15 cm ausrollen. Den Kakaoteig vorsichtig auf den Kirschteig legen und zu einer Rolle rollen. In Plastikfolie wickeln und etwa 30 Minuten kaltstellen. Backofen auf 180° vorheizen und ein Backblech ausfetten. Die Ränder der Rolle mit einem sehr scharfen Messer glätten, die Rolle dann in 14–16 Scheiben schneiden. Auf das vorbereitete Backblech legen und 15–20 Minuten backen, bis sie hellbraun sind. Aus dem Backofen nehmen und auf einem Kuchengitter abkühlen lassen.

1 mittelgroßes Ei, geschlagen
225 g Mehl, gesiebt, plus 45–60 ml (3–4 EL) zum Bemehlen des Brettes
15 g Kakaopulver
50 kandierte Kirschen, kleingehackt

Elfen-Dip

Die pikante Sauce wird zu Kartoffelchips und breiten Streifen von grünem Paprika, Selleriestangen oder Gurken gereicht. Sie schmeckt auch gut zu baked potatoes.

Vorbereitung und Kochzeit 15–20 min · **Menge** ca. 275 ml Sauce

Den Speck in dünne Scheiben schneiden. Kurz in heißem Öl oder Butter braten, bis er hellbraun und knusprig ist. Mit Küchenpapier abtrocknen und abkühlen lassen. Mais mit Mayonnaise, Schnittlauch und schwarzem Pfeffer vermischen, den Speck hineingeben und alles gut verrühren. Zum Servieren in eine passende Schüssel füllen und auf einen größeren Servierteller stellen, um den die Chips und Gemüsestreifen gelegt werden.

ZUTATEN
50 g durchwachsenen Speck in Scheiben, ohne Rinde und Knorpel
15 ml (1 EL) Öl oder Butter zum Braten des Specks
1 Büchse (300 g) Mais, abgetropft
40 ml (2½ EL) Mayonnaise
5 ml (1 TL) frischer oder gefriergetrockneter Schnittlauch
Frisch gemahlener schwarzer Pfeffer

Feenflügel

Zartes Mandelgebäck auf Schokolade

Vorbereitung 20–25 min · **Backzeit** 25–30 min · **Menge** 18–20 Stück

Backofen auf 110° vorwärmen. 2 große Backbleche ausfetten und auslegen. Eiweiß steif schlagen, es darf nicht trocken sein. Die Hälfte des Puderzuckers hineinschlagen, dann den restlichen Puderzucker und die gemahlenen und gehackten Mandeln unterheben. Die Mischung mit dem Löffel in Kreise (ca. 6 cm ⌀) auf die Backbleche setzen. 25–30 Minuten backen, bis sie fest, aber nicht braun sind. Vorsichtig herausnehmen und zum Abkühlen auf ein Kuchengitter legen.

Schokolade und Butter im Wasserbad schmelzen. Auf die Unterseite der Kekse streichen und fest werden lassen.

ZUTATEN
10 ml (2 TL) Margarine zum Ausfetten der Bleche
2 mittelgroße Eiweiße
50 g Puderzucker
50 g gemahlene Mandeln
50 g fein gehackte Mandeln
50 g Blockschokolade
15 g Butter

Zauberquadrate

ZUTATEN
100 g weiche Butter, plus
    5 ml (1 TL) zum Ausfetten der Form
75 g brauner Zucker
1 mittelgroßes Eigelb
175 g Mehl, gesiebt
½ TL gemahlener Zimt
½ TL Gewürzmischung aus Nelken, Kardamon und Piment
75 g Rosinen, kleingehackt
25 g Walnüsse, gehackt
9 kandierte Kirschen, halbiert

Knusprige Walnuß-Rosinen-Kekse, mit glacierten Kirschen belegt.

Vorbereitung 15–20 min · **Backzeit** 30 min · **Menge** 18 Stücke

Backofen auf 170° vorheizen. Eine 28x18 cm große flache Form ausfetten und auslegen.
   Butter und Zucker schaumig schlagen, Eigelb hineinschlagen und mit einem Holzlöffel Mehl, Gewürze, Rosinen und Nüsse untermischen. Die Masse sollte schön locker sein. In die vorbereitete Form füllen und mit einer Palette festdrücken. Die Oberfläche glatt streichen und 18 Quadrate markieren, je eine Kirsche in die Mitte legen. 30 Minuten backen, bis der Teig hellgoldgelb ist. Aus dem Backofen nehmen und die 18 Quadrate schneiden, solange der Kuchen noch warm ist. In der Form auskühlen lassen.

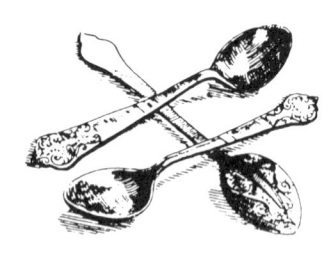

Hexenfutter

ZUTATEN
3 Scheiben Weißbrot
3 Scheiben Graubrot
30 g weiche Butter
75 g Cheddar-Käse, (ersatzweise mittelalteer Gouda,) in dünnen Scheiben
1 rote Paprika, in dünne Streifen geschnitten
2 Scheiben Schinken
1 Körbchen Kresse und Senf

Bunte Doppeldecker, mit Käse, rotem Paprika, Schinken und Salat gefüllt. Mit kleinen Büscheln Kresse und Weißem Senf garnieren.

Vorbereitung 10–15 min · **Menge** 8 kleine Sandwiches

Die Brotscheiben mit Butter bestreichen. Je eine weiße und eine braune Scheibe mit Käse und klein gerissenem Salatblatt belegen, dazu mit einigen Streifen rotem Paprika. Auf die braune eine weiße und auf die weiße eine braune Brotscheibe mit der gebutterten Seite nach unten legen. Die oberen Seiten mit Butter bestreichen, eine Scheibe Schinken, bestreut mit Kresse und Weißem Senf darüber legen. Darüber wieder je eine Scheibe in einer anderen Farbe legen und vorsichtig festdrücken. Vorsichtig entrinden und in 4 Streifen schneiden. Auf einem Servierteller anrichten.

Hexenhut

Der Teig kann mit oder ohne Schokolade gebacken werden. Er wird als Kegel geformt und mit schwarzer Zuckermasse überzogen.

Vorbereitung 1½ h · **Backzeit** 20–25 min · **Menge** 12–16 Portionen

Backofen auf 180° vorheizen, 2 runde Backformen (15 cm ⌀) ausfetten und auslegen, eine feuerfeste Puddingform ausfetten. Fett und Zucker schaumig schlagen. Jeweils ein Ei, abwechselnd mit 15 ml (1 EL) Mehl, hinzufügen und gut durchschlagen. Mit einem Metallöffel das restliche Mehl (oder Mehl und Kakaopulver) unterheben und gut vermischen. Die Mischung auf die 3 Formen verteilen und 20–25 Minuten backen. Den Teig in der feuerfesten Form schon nach 20 Minuten prüfen, da er meist schneller ausgebacken ist. Aus dem Backofen nehmen, einige Minuten in den Formen lassen, dann herausnehmen und auf einem Kuchengitter abkühlen lassen.

Inzwischen die Butter für die Glasur schaumig schlagen. Nach und nach Puderzucker einrieseln und immer gut durchschlagen. Milch oder Sahne hinzufügen, damit die Glasur fest, aber geschmeidig wird. Eines der beiden runden Teigstücke auf ein großes Brett legen. Es muß noch Platz genug für die Hutkrempe sein. Mit einer Schicht Glasur überziehen, dann das andere Stück darauf legen, ebenfalls mit Glasur bestreichen und darüber das Stück aus der Puddingform, mit der runden Seite nach oben, legen. Das Ganze zu einem Kegel formen, Unebenheiten gut mit Glasur verschmieren und die abgeschnittenen Stücke oben anbauen. Wenn der Kegel fertig und schön spitz ist, noch einmal mit Glasur überziehen.

Den Puderzucker für die Zuckerpaste in eine Schale geben und in die Mitte eine Vertiefung drücken. Alle Zutaten bis auf die Lebensmittelfarbe hineingeben, und genug Glukose, damit die Paste weich, aber nicht pappig wird. Gut mit einer Gabel verrühren und dann mit den Händen weich kneten. Wenn die Paste zu feucht ist, noch etwas Puderzucker hinzufügen. Eine kleine Menge (eine Kugel von etwa 4 cm ⌀) für die Dekoration zurückbehalten. Den Rest mit schwarzer Lebensmittelfarbe einfärben. Alles noch einmal mit kühlen Händen gut durchkneten, damit die Farbe gleichmäßig und ohne Streifen verteilt wird. Dick auf einem leicht bezuckerten Brett ausrollen. Mit etwa ¾ der Paste den Kegel überziehen, dabei gleichzeitig eventuell nicht glatte Anschlußstellen begradigen. Der Kegel wird richtig schön modelliert, ähnlich wie man Wachs formt.

Aus der restlichen Paste schneidet man eine Krempe, die sorgfältig unten um den Kegel gelegt wird. Etwas gelbe Lebensmittelfarbe in die vorher zur Seite gestellte Zuckerpaste geben und gut verkneten. Dick auf einem leicht bezuckerten Brett ausrollen. Sterne und Halbmonde für die Verzie-

ZUTATEN

Für den Teig
175 g weiche Butter oder Margarine, plus 15 ml (1 EL) zum Ausfetten von Formen und Pfanne
175 g Zucker
3 mittelgroße Eier
225 g Mehl, gesiebt, oder 200 g Mehl, gesiebt, vermischt mit 25 g Kakaopulver
2 gut gehäufte TL Backpulver

Für die Butterglasur
100 g weiche Butter
175–225 g Puderzucker
15–30 ml (1–2 EL) Milch oder Sahne

Für die Zuckerpaste
675 g Puderzucker, plus 25–50 g zum Bezuckern des Brettes
65–75 ml (4½–5½ EL) flüssige Glycose (Traubenzucker)
7,5 ml (1½ TL) Glyzerin
2 kleine Eiweiße, leicht geschlagen
15–20 ml (3–4 TL) frisch ausgepreßter Zitronensaft
Schwarze und gelbe Lebensmittelfarbe

rung des Hutes ausstechen. Auf einer Seite anfeuchten und fest auf den Kegel drücken. Um den Hexenhut in Stücke zu schneiden, wird er erst der Länge nach halbiert und dann in die Scheiben geschnitten.

Zauberstäbe

Mit Rahmkäse bestrichene, zusammengelegte Käsestangen, oben mit einem Karotten-Stern verziert.

Vorbereitung 25 30 min · **Backzeit** 15–20 min · **Menge** 14–16 Stück

Backofen auf 170° vorheizen und ein großes Backblech ausfetten. Mehl, Salz, Cayenne-Pfeffer und Parmesan in einer Schüssel vermischen. Butter in kleinen Flöckchen hineingeben und verrühren, bis eine krümelige Mischung entsteht. Geriebenen (ersatzweise alter Gouda) untermischen. Das Eigelb hinzugeben und alles mit einer Gabel zu einem zähen Teig verrühren. Falls er zu fest sein sollte, etwas kaltes Wasser hinzugeben.

Den Teig auf einem bemehlten Brett dünn ausrollen und in 1 cm breite und 10 cm lange Streifen schneiden. Vorsichtig auf das vorbereitete Backblech legen und 15–20 Minuten backen, bis sie hellgelb und knusprig sind. Aus dem Backofen nehmen und 2–3 Minuten auf dem Blech abkühlen lassen, bevor man sie vorsichtig zum Abkühlen auf ein Kuchengitter legt.

Karotten schälen und in dünne Scheiben schneiden, aus denen man dann kleine Sterne schneidet. Auf die eine Hälfte der Käsestangen etwas Doppelrahm-Frischkäse streichen, an das eine Ende einen Stern legen und je eine zweite Käsestange darüber legen. An der Spitze mit etwas Käse bestreichen, damit der Stern besser haftet.

ZUTATEN

65 g Mehl, gesiebt, plus 45–60 ml (3–4 EL) zum Bemehlen des Brettes
1 Prise Salz
1 Prise Cayenne-Pfeffer
50 g Parmesan, gerieben
50 g weiche Butter, plus 5 ml (1 TL) zum Einfetten des Bleches
25 g alter Cheddar-Käse (ersatzweise alter Gouda), gerieben
1 mittelgroßes Eigelb, schaumig ageschlagen
1–2 dicke Karotten
50 g Doppelrahm-Frischkäse, weich

Eis zum Tee

An einem heißen Sommernachmittag kann eine Einladung zu Eis und Tee zu einer ungewöhnlichen Abwechslung werden. Man sollte rechtzeitig dafür sorgen, daß in Kühlschrank und Tiefkühltruhe genug Platz für all die kalten und gefrorenen Köstlichkeiten ist. Auch sollten genügend Eiswürfel für kalte Getränke und geeister Tee vorbereitet werden. Natürlich muß es nicht nur Eis geben. Sandwiches, Knabbereien und Gebäck, rechtzeitig vorbereitet und mit einem feuchten Tuch bedeckt, werden im Kühlschrank aufbewahrt.

Gebackenes Alaska

Das beliebte festliche Dessert darf hier nicht fehlen. Es ist auch bei einer sommerlichen Tee-Party eine besondere Attraktion.

Vorbereitung 30 min · **Backzeit** 20–25 min · **Menge** 8–10 Portionen

Das Eis auf ein Stück Folie legen und so formen, daß es in eine runde Backform (20 cm ⌀) paßt. Zudecken und dann einfrieren. Backofen auf 180° vorheizen. 2 runde Backformen (20 cm ⌀) ausfetten. 15 ml (1 EL) Mehl mit 15 ml (1 EL) Zucker vermischen und die Formen damit einstäuben.

Eigelbe und Vanillearoma in einer mittelgroßen Schüssel dick und sahnig schlagen. 60 ml (4 EL) Zucker zurückbehalten, den restlichen Zucker hinzugeben und gut unterschlagen, Eiweiß in einer sauberen, fettfreien Schüssel steifschlagen. Die 60 ml (4 EL) Zucker gründlich unterschlagen. Mit einem Metallöffel das Eiweiß unter das Eigelb heben, dann alles gut vermischen. Mehl, Backpulver und Salz unter die Mischung heben und gleichmäßig in die beiden Formen verteilen. 20–25 Minuten backen. Stäbchenprobe machen. Aus dem Backofen und aus den Formen nehmen und auf einem Kuchengitter abkühlen lassen. Nach dem Erkalten den einen Kuchen mit Marmelade bestreichen und den anderen darüber legen.

Backofen auf 230° stellen. Eiweiße mit etwas Salz steif schlagen. Unter ständigem Schlagen den Zucker nach und nach hincingeben. Weiter schlagen, bis der Eischnee steif und glänzend ist. Den Kuchen auf ein flaches Backblech legen. Das Eis herausnehmen, Folie entfernen, gleich auf den Kuchen legen. Kuchen und Eis völlig mit Eischnee überziehen. Das Blech auf die mittlere Schiene des Backofens stellen und 3–4 Minuten backen, bis die Baisermasse leicht goldgelb ist. Sofort servieren.

ZUTATEN
Für den Teig
1,25 l weiches Vanille-Eis
10 ml (2 TL) Margarine zum
 Ausfetten der Formen
4 mittelgroße Eier, getrennt
5 ml (1 TL) Vanillearoma
175 g Zucker, plus 15 ml
 (1 EL) zum Bestäuben
 der Formen
75 g Mehl, gesiebt, plus
 15 ml (1 EL) zum Bestäu-
 ben der Formen
5 ml (1 TL) Backpulver
1 Prise Salz
225 g Aprikosen- oder
 Himbeermarmelade

Für die Meringen
6 mittelgroße Eiweiße
1 Prise Salz
175 g Zucker

ZUTATEN

Für das Eis
450 schwarze Johannis-
  beeren, entstielt
225 g Puderzucker
Saft von ½ Zitrone
275 ml Sahne

Für die Sauce
450 g frische Himbeeren
Saft von 2 Zitronen
175 g Zucker

Schwarzes Johannisbeer-Eis mit Himbeersauce

Auch köstlich mit Vanille-Eis oder mit einer Sauce aus frischen Erdbeeren. Für die Sauce braucht man einen Entsafter oder ein elektrisches Rührgerät.

Vorbereitung 20–25 min plus 2 ½ h zum Frieren · **Menge** 4 Portionen

Die entstielten schwarzen Johannisbeeren mit einem Holzlöffel durch ein Haarsieb pürieren. Die Schalen wegwerfen. Den Saft gut mit Zucker und Zitronensaft vermischen. Sahne steif schlagen und mit einem Metallöffel unter den Saft heben.

Die Masse in einen passenden Gefrierbehälter füllen, oben etwa 1 cm Raum lassen. Das Eis in Kugeln mit Himbeersauce übergiessen und servieren.

ZUTATEN

60 ml (4 EL) Kakaopulver
60 ml (4 EL) heißes Wasser
575 ml Milch
150 ml Vanille-Eis
Eiswürfel oder zerkleiner-
  tes Eis

Eisschokolade

Im Mixer oder mit einem Cocktail-Shaker zubereiten.

Vorbereitung 3–4 min · **Menge** 4 Gläser

Kakaopulver in heißem Wasser auflösen, im Cocktail-Shaker gut mit Milch und Eiscreme vermischen, über Eiswürfel und zerstoßenes Eis geben und gleich servieren.

ZUTATEN

Für die Meringen
15 ml (1 EL) Öl zum
  Ausfetten des Papiers
2 mittelgroße Eiweiße
1 Prise Salz
100 g Zucker

Für die Füllung
ca. 75 ml Erdbeer- oder
  Himbeer-Eis mit Frucht-
  stücken
10–12 Pistazien, gehackt

Eismeringen

Wenn man mehr Farbe auf den Teetisch bringen will, kann man die Meringen mit bunter Lebensmittelfarbe in kontrastierenden Tönen(während des Schlagens zum Eiweiß geben) färben und dazu passendes buntes Fruchteis servieren.

Vorbereitung 10–15 min · **Backzeit** 4–5 h · **Menge** 5–6 Meringen

Backofen auf die niedrigste Temperatur (etwa 110° stellen. 2 große Backbleche mit Backpapier auslegen und leicht einölen. Eiweiß mit etwas Salz sehr steif schlagen. Wenn man das Rührgerät herauszieht, muß der Eischnee spitz stehenbleiben. Zucker einrieseln und gut unterschlagen. Dann den restlichen Zucker mit einem Metallöffel unterheben. Mit einem Löffel 10–12 kleine Häufchen auf das Backblech setzen.

4–5 Stunden backen lassen, herausnehmen, vorsichtig in eine Dose füllen, luftdicht verschließen und bis zum Servieren wegstellen. Kurz vor dem

Servieren Eis in jeweils eine Meringenschale füllen, mit klein gehackten Nüssen bestreuen, eine zweite Meringenschale darüber legen und in Papierförmchen servieren.

Eistorte

Victoria-Biskuittorte, mit Marmelade und Eis gefüllt und mit Sahne und Himbeeren garniert.

Vorbereitung 1 h · **Backzeit** 20–25 min · **Menge** 1 Torte

Backofen auf 180° vorheizen. 2 runde Backformen (18 cm ⌀) ausfetten und auslegen.

Fett und Zucker schaumig schlagen. Die Eier nach und nach hineingeben, gut schlagen und dazwischen jeweils 15 ml (1 EL) Mehl hineingeben. Immer gut durchschlagen. Das restliche Mehl mit einem Metalllöffel unterziehen, dann das kochende Wasser hineingießen und alles gut durchrühren.

In die vorbereiteten Formen füllen und 20–25 Minuten backen. Der Teig muß hellbraun sein und zurückspringen, wenn man mit dem Finger hineindrückt.

Aus dem Herd und aus den Formen nehmen und auf einem Kuchengitter abkühlen lassen. Einen der erkalteten Kuchen auf einen Servierteller legen und mit Marmelade bestreichen. Sahne steif schlagen und in einen Spritzbeutel füllen. Das Eis in Scheiben schneiden und über der Marmelade verteilen. Die Unterseite des anderen Kuchenstückes auch mit Marmelade bestreichen und über das Eis legen. Die fertige Torte schnell mit Sahne spritzen und die Himbeeren dekorativ verteilen. Sofort servieren.

ZUTATEN
Für den Teig
100 g weiche Margarine oder Butter, plus 10 ml (2 TL) zum Ausfetten der Formen
100 g Zucker
2 mittelgroße Eier, geschlagen
100 g Mehl, gesiebt
1 TL Backpulver
15 ml (1 EL) kochendes Wasser

Für Füllung und Glasur
45–60 ml (3–4 EL) Himbeermarmelade
150 ml Sahne
275 ml Vanille-Eis
ca. 20 frische Erdbeeren

Schwimmende Erdbeeren

Ein farbenfrohes, erfrischendes Getränk

Vorbereitung 10 min · **Menge** 6 Gläser

Lime Cordial in 6 Gläser füllen, zur Hälfte mit Selterwasser auffüllen. Jeweils einige frische Erdbeeren (größere halbiert) und das in Würfel geschnittene Vanille-Eis hineingeben und gleich servieren.

ZUTATEN
90 ml Lime cordial, gekühlt
2 l Selterwasser, gekühlt
ca. 30 Erdbeeren
275 ml Vanille-Eis, in Würfel geschnitten

St.-Valentins-Tee

Den Valentinstag kann man zu zweit feiern, ein kleines Familienfest machen oder Freunde einladen. Als Einladungen eignen sich rot-weiße Karten in Herzform besonders gut. Die Zimmer werden passend mit roten und weißen Blumen dekoriert. Den Teetisch schmückt eine Vase mit roten Rosen, jeder Gast bekommt eine Rose oder Nelke überreicht. Die folgenden Rezepte sind eigens für eine romantische und ein bißchen exotische Party ausgewählt. Der Kreativität der Gastgeber sind keine Grenzen gesetzt.

ZUTATEN
3 Scheiben Vollkornbrot
25 g weiche Butter
100 g Lachs
50 g Doppelrahm-Frischkäse
½ TL frisch ausgepreßter Zitronensaft
1 Stück Gurke, 2,5–4 cm lang, geschält
1 Körbchen Kresse und Senf

Abbildung gegenüber S. 128

Canapés d' Amour

Kleine entrindete Toastscheiben werden mit einer sahnigen Mischung aus Lachs, Käse und Gurken belegt. Dazwischen kann man andere Schnittchen legen, die mit in Herzform geschnittenen Scheiben Räucherlachs belegt sind.

Vorbereitung 15–20 min · **Menge** 12 Canapés

Brotscheiben leicht toasten und mit Butter bestreichen, Entrinden. Lachs, Käse, Zitronensaft, Salz und Pfeffer mit einem elektrischen Rührgerät gut vermischen, zum Schluß fein gewürfelte Gurkenstücke hineinrühren.

Mit einer herzförmigen Ausstechform den Toast zu kleinen Herzchen – oder auch in Drei- oder Vierecke – ausstechen, mit der Lachsmischung bestreichen und mit Brunnenkresse und Senf garnieren.

ZUTATEN
5 ml (1 TL) Margarine zum Ausfetten des Backbleches
85 g Kakaopulver
25 g Walnüsse, fein gehackt
75 g gemahlene Mandeln
50 g Puderzucker, etwas mehr zum Bepudern der Hände
Einige Tropfen Vanillearoma
1 mittelgroßes Ei, getrennt
8–9 kandierte Kirschen, halbiert

Schokoladen-Petit-Fours

Eine süße Verführung zum Valentinstag.

Vorbereitung 15 min · **Backzeit** 15 min · **Menge** 16 Petits fours

Backofen auf 230° vorheizen und ein Backblech ausfetten.

Kakaopulver, Walnüsse, Mandeln, Puderzucker und Vanillearoma in einer Schüssel mischen. Eiweiß steifschlagen und so viel davon zu den trockenen Zutaten geben, daß eine feste Paste entsteht.

Mit bezuckerten Händen kneten, bis die Masse weich ist. Mit den Händen 16 kleine Kugeln formen.

In jede mit dem Finger ein kleines Loch drücken, das groß genug ist, um eine halbe glacierte Kirsche aufzunehmen. Eigelb schlagen und die Kugeln damit einpinseln, dann jeweils eine halbe Kirsche in die kleinen Löcher stecken.

Auf das vorbereitete Blech legen, auf die mittlere Schiene schieben und etwa 15 Minuten backen. Herausnehmen und vorsichtig auf einem Kuchengitter abkühlen lassen.

Käseherzen

Weißbrotscheiben werden zu Herzen geschnitten, mit Käse belegt und mit kleinen Herzchen aus rotem Paprika garniert.

Vorbereitung 20–25 min · **Menge** 6–8 kleine Sandwiches

⅔ einer roten Paprika in kleine Stücke schneiden, mit dem Käse vermischen und mit Salz und Pfeffer abschmecken. Brotscheiben mit Butter bestreichen. Zwei Brotscheiben mit der Käsemischung (etwas für die Garnierung zurückbehalten) bestreichen, dann die beiden anderen Scheiben darauf legen. Entrinden. Mit einem herzförmigen Ausstecher je 3–4 kleine Herzchen aus jeder Scheibe stechen. Den Rest der Paprika mit einem scharfen Messer in kleine Herzchen schneiden und auf die Brotherzen legen. Den restlichen Käse in einen Spritzbeutel mit 1–2-cm-Tülle füllen und um das Paprikaherz ein Käseherz spritzen.

ZUTATEN
1 rote Paprika
50 g Doppelrahm-Frischkäse
Salz und frisch gemahlener schwarzer Pfeffer
4 Scheiben Weißbrot
35 g weiche Butter

Abbildung gegenüber S. 128

Kaffeetorte Cupido

Die Kekse zerkrümelt man am besten in einer gut verschlossenen Plastiktüte, über die man mit dem Nudelholz rollt.

Vorbereitung und Kochzeit 15 min, plus 1 h zum Kaltstellen · **Menge** 8 Portionen

Eine runde Backform (18 cm ⌀) auslegen und ausfetten. Butter, Zucker und Sirup bei kleiner Hitze in einer Kasserolle zergehen lassen. Pulverkaffee in Wasser auflösen und mit den Kekskrümeln zu der Mischung in der Kasserolle geben. Alles gut verrühren. In die vorbereitete Form füllen und mit einer Palette glattstreichen. Halbierte Mandeln oder Walnüsse über die Oberfläche verteilen und leicht in den Teig drücken. 1 Stunde kalt stellen. Bevor man den Kuchen aus der Form nimmt, in 8 Teile schneiden.

ZUTATEN
100 g Butter, plus 5 ml (1 TL) zum Ausfetten der Form
50 g weicher brauner Zucker
30 ml Sirup
30 ml (2 EL) Pulverkaffee
10 ml (2 TL) heißes Wasser
225 g Kekskrümel
8 halbe Walnüsse oder Mandeln

Ausgefallenes zur Teeparty

ZUTATEN

65 g Mehl, gesiebt, plus 45–60 ml (3–4 EL) zum Bemehlen von Brett und Händen
50 g geriebener Parmesan
1 Prise Salz
1 Prise Cayenne-Pfeffer
50 g weiche Butter, plus 5 ml (1 TL) zum Ausfetten des Backbleches
25 g alter Cheddar-Käse, (ersatzweise alter Gouda), gerieben
1 mittelgroßes Eigelb, geschlagen
5–10 ml (1–2 TL) Milch

Abbildung gegenüber

Liebesknoten

Man nimmt dieselbe Käsemischung wie bei den Zauberstäbchen (s. S. 111). Die Masse sollte allerdings etwas weicher sein, damit man die Knoten schön verschlingen kann.

Vorbereitung 15 min · **Backzeit** 15–20 min · **Menge** 10–12 Stück

Backofen auf 170° vorheizen und ein großes Backblech einfetten. Mehl, Parmesan, Salz und Cayenne-Pfeffer in einer Schüssel vermischen. Butter in kleinen Flöckchen hinzugeben und alles zu einer krümeligen Mischung verrühren. Cheddar untermischen. Das Eigelb hineingeben und alles mit der Gabel zu einem weichen Teig verarbeiten; eventuell etwas Milch hinzufügen, damit der Teig weich wird und besser zu formen ist. Alles gut verrühren. Den Teig in 10–12 Stücke teilen und auf einem bemehlten Brett mit bemehlten Fingern zu etwa 25 cm langen schmalen Würstchen ausrollen. Man formt vorsichtig Knoten und legt sie auf das vorbereitete Backblech. 15–20 Minuten backen, bis sie hell goldgelb und knusprig sind. Aus dem Ofen nehmen und 2–3 Minuten auf dem Blech abkühlen lassen, bevor man sie vorsichtig zum Erkalten auf ein Kuchengitter legt.

ZUTATEN

Für die Meringen
15 ml (1 EL) Öl zum Ausfetten
4 mittelgroße Eiweiße
1 Prise Salz
225 g Zucker
100 g feingehackte Haselnüsse oder Mandeln

Für die Füllung
50 g zerkleinerte Ananasstücke, abgetropft
15–30 ml (1–2 EL) Brandy
150 ml Sahne
Einige Stücke Ananas oder Kiwi-Scheiben

Abbildung gegenüber

Fortsetzung auf S. 129

Schaumküsse

Herzförmige Meringen werden mit in Brandy eingelegter Ananas und Schlagsahne gefüllt.

Vorbereitung 30 min · **Backzeit** 30 min · **Menge** 10 Stück

Backofen auf 150° vorheizen und 2 Backbleche mit Backpapier auslegen und leicht mit Öl einfetten.

Eiweiß mit einer Prise Salz steifschlagen und die Hälfte des Zuckers unterziehen. Weitere 1–2 Minuten schlagen. Den restlichen Zucker und die Nüsse mit einem Metallöffel unterziehen. Die Mischung in einen Spritzbeutel mit 1–2-cm-Sterntülle füllen und herzförmig auf das eingefettete Papier spritzen. Die Herzen sollten etwa 6,5 cm breit sein und von der Einkerbung bis zur unteren Spitze 5 cm messen. Einen höheren Rand spritzen.

30 Minuten backen, bis die Herzen Farbe bekommen und sich leicht vom Papier lösen lassen. Aus dem Backofen nehmen und auf den Blechen auskühlen lassen.

Ananas aus dem Brandy nehmen und den Saft beiseite stellen. Sahne steif schlagen. Nach und nach etwas Brandy-Ananas-Saft unter die Sahne ziehen, sie muß jedoch steif bleiben. Dann die Ananas unterrühren und gut

St. Valentins-Tee Im Uhrzeigersinn von oben rechts beginnend: Liebesknoten (siehe S. 128); Schaumküsse (siehe S. 128); Traum der Venus (siehe S. 130); Canapés d'Amour (siehe S. 126); Käseherzen (siehe S. 127).

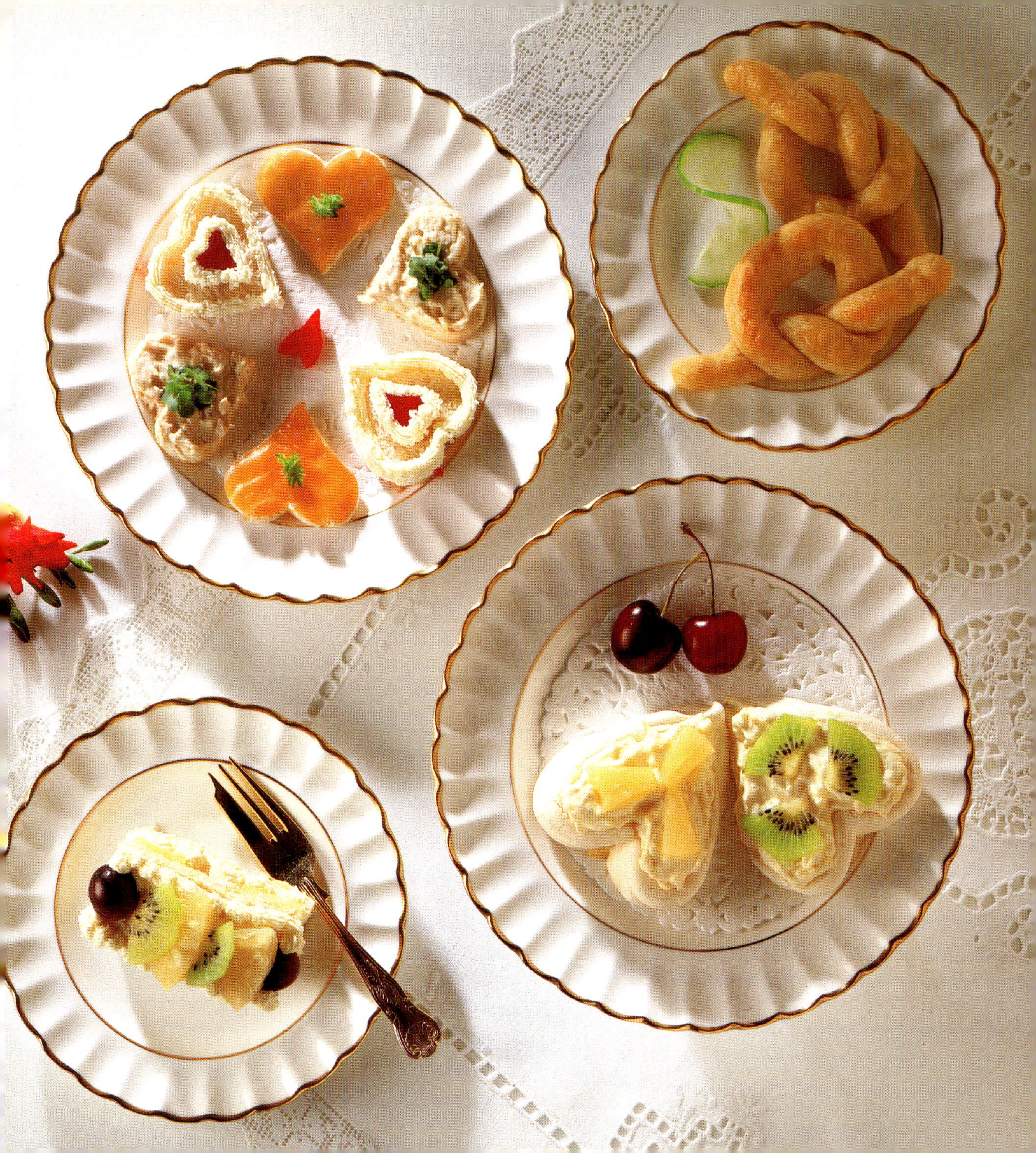

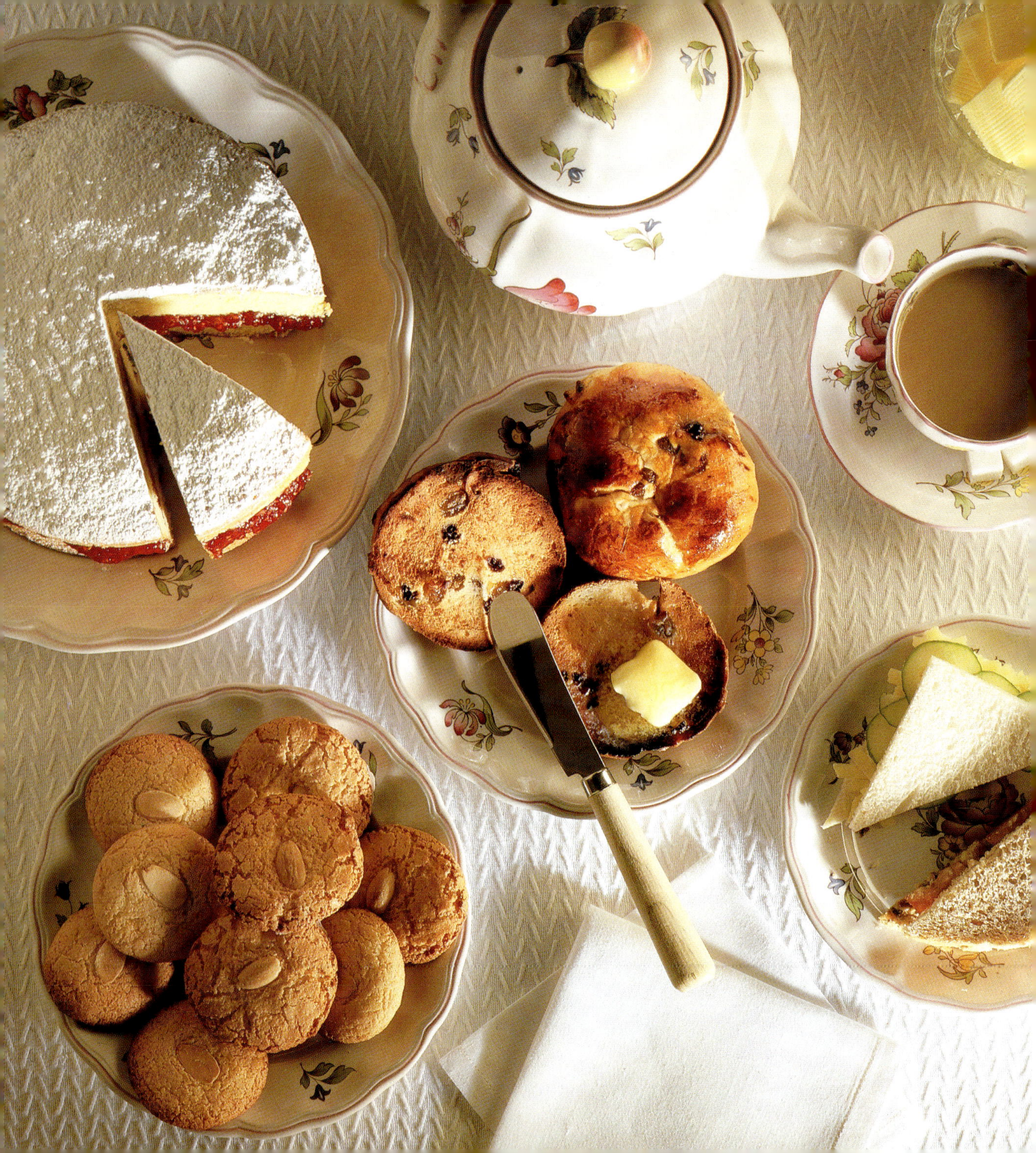

vermischen. In das Herzinnere füllen und nach Belieben mit Ananasstücken dekorieren. Statt der Ananas kann man auch Kiwischeiben nehmen, die fächerförmig garniert werden.

Sweethearts

Die kleinen Törtchen werden mit großen schwarzen Kirschen gefüllt, darüber kommt mit Kirschwasser abgeschmeckte Sahne und geriebene Schokolade.

Vorbereitung 20–25 min, plus 25 min für den Teig · **Backzeit** 15–20 min.

Teig (s. S. 138) zubereiten und 15 Minuten kaltstellen. Den Teig auf einem bemehlten Brett dünn ausrollen und mit einem Ausstecher (9 cm ⌀) 12 Kreise ausstechen. Die vorbereiteten Förmchen mit dem Teig auslegen, ein Stück passend zugeschnittenes Pergamentpapier darüber legen und mit einigen getrockneten Bohnen beschweren. Backofen auf 200° vorheizen. 12 kleine Förmchen ausfetten. 15–20 Minuten backen, bis der Teig hellgoldgelb wird. Aus dem Backofen nehmen, Bohnen und Papier entfernen und in den Förmchen abkühlen lassen. Nach dem Erkalten vorsichtig herausnehmen und je 1 Löffel Marmelade einfüllen.

Sahne steif schlagen, langsam das Kirschwasser hineingeben und sorgfältig untermischen. Mit einem Metalllöffel Zucker und Schokolade unterheben. Die Sahne in die Förmchen füllen und mit etwas geriebener Schokolade bestreuen.

Nachmittagstee Im Uhrzeigersinn von links beginnend: Viktoria-Biskuitkuchen (siehe S. 82); Teeküchlein (siehe S. 51); Käse und Gurken-Sandwiche (siehe S. 38); Sardinen und Tomaten-Sandwiches (siehe S. 41); Makronen (siehe S. 56).

ZUTATEN

½ Menge Teig 4 (s. S. 138) mit 100 g Mehl
10 ml (2 TL) Margarine zum Ausfetten der Formen
30–45 ml (2–3 EL) Mehl zum Bemehlen des Brettes
45–60 ml (3–4 EL) Marmelade von schwarzen Kirschen
150 ml Sahne
150 ml (1 EL) Kirschwasser
50 g geriebene Schokolade, plus 15–30 ml (1–2 EL) zum Bestreuen
50 g Zucker

St. Valentins-Pastetchen

ZUTATEN

Für die Pastetenförmchen
¼ Menge Teig 3 (s.S. 137) mit 100 g Mehl
5 ml (1 TL) Margarine zum Ausfetten des Backbleches
45–60 ml (3–4 EL) Mehl, zum Bemehlen des Brettes
1 mittelgroßes Ei, geschlagen

Für die Füllung
75 g Doppelrahm-Frischkäse
2 kleine Stücke Sellerie, fein gehackt
100 g Hühnerragout, in kleinen Stücken
Salz und frisch gemahlener schwarzer Pfeffer
1 Prise Cayenne-Pfeffer

Die Blätterteigpasteten – nach Belieben in verschiedenen Formen und Größen – werden mit Huhn in Käsesauce gefüllt und mit Petersilie oder Kresse garniert.

Vorbereitung 30 min, plus 4 h für den Teig · **Backzeit** 10–12 min · **Menge** 15–20 Pasteten, je nach Größe.

Den Teig (s.S. 137) zubereiten und 30 Minuten kalt stellen. Backofen auf 230° vorheizen und ein Backblech ausfetten. Den Teig auf einem bemehlten Brett dünn ausrollen. Mit einem mehlbestäubten Ausstecher die Formen ausstechen, auf das vorbereitete Blech legen und mit geschlagenem Ei bestreichen. Mit einem kleineren mehlbestäubten Ausstecher in die Mitte eines jeden Teigstückes ein Loch bis zur halben Höhe stechen. 10–12 Minuten backen, bis die Pasteten goldgelb sind. Aus dem Backofen nehmen und vorsichtig auf einem Kuchengitter abkühlen lassen. Die kleinen Deckel in der Mitte herausnehmen und eventuell noch feuchten Teig entfernen.

Käse schaumig schlagen, Sellerie und Hühnerfleisch hineingeben, mit Salz, Pfeffer und Cayenne-Pfeffer abschmecken. Mit einem Löffel in die Pastetchen füllen, Deckel auflegen und auf einem Servierteller anrichten.

Traum der Venus

ZUTATEN

Für den Teig
5 ml (1 TL) Margarine zum Ausfetten der Form
2 mittelgroße Eier
100 g Zucker
100 g Mehl, gesiebt
30 ml (2 EL) heißes Wasser

Der leichte Biskuitkuchen, mit Ananas und Sahne gefüllt und mit Ananas, Sahne und Kiwis garniert, schmeckt auch mit anderen Früchten, wie Weintrauben, Mandarinen, Orangen, Pfirsichen, Erdbeeren oder Himbeeren. Man kann die einzelnen Stücke auch bunt mit verschiedenen Früchten garnieren.

Vorbereitung ¾–1 h · **Backzeit** 12–15 min · **Menge** 1 Torte oder 8 kleine Schnitten

Backofen auf 220° vorheizen und eine 28x18 cm große Biskuitform ausfetten und auslegen.

Eier und Zucker etwa 6–8 Minuten im Wasserbad schaumig schlagen, bis eine zähe Mischung entsteht. Vom Herd nehmen. Mehl und heißes Wasser hinzufügen und mit einem Metallöffel vorsichtig unterrühren. In die vorbereitete Form füllen und 12–15 Minuten backen, bis der Teig goldgelb und fest ist. Aus dem Herd und aus der Form nehmen, auf einem Kuchengitter abkühlen lassen und das Backpapier entfernen.

Die Ränder glätten und den Kuchen waagerecht durchschneiden. Den Ananassaft aus der Büchse mit Sherry vermischen und über beide Kuchenhälften träufeln. Wenn man Biskuitschnitten machen will, jede Hälfte in 8 Scheiben schneiden. Die 8 Scheiben oder eine Kuchenhälfte auf einen Servierteller legen.

Sahne steif schlagen. 45 ml (3 EL) zur Seite stellen, den Rest in einen Spritzbeutel mit Sterntülle füllen. Sahnestreifen über den Kuchen spritzen und noch einen Rest zum Garnieren im Spritzbeutel lassen. Die Ananasringe halbieren und über die Sahne legen, dann die zweite Kuchenhälfte darüber legen und eine dünne Schicht Sahne darüber spritzen. Dekorativ mit Ananas-Segmenten belegen und dazwischen Kiwi-Scheiben garnieren. Mit der restlichen Sahne kleine Sterne und Muscheln spritzen und nach Belieben noch mit halbierten Weintrauben belegen.

Für die Füllung und Glasur
1 Büchse (400 g) Ananas, in Ringen, abgetropft (Saft aufheben) und halbiert
45 ml (3 EL) Sherry, süß oder medium
275 ml Sahne
2 Kiwi, geschält und in Scheiben geschnitten
6–8 blaue Trauben, halbiert und entkernt (nach Belieben)

Abbildung gegenüber S. 128

Marmeladen und Eingemachtes

Selbstgemachte Marmelade schmeckt immer zu frischem Brot, Toast oder Scones. Sie gehört auf jeden Teetisch und ist viel besser als gekaufte. Es lohnt sich immer, einzumachen, wenn man gerade viel – und leicht verderbliches – Obst hat. Hier findet man die traditionelle Apfel-Brombeer-Marmelade, cremiges Lemon Curd oder eine ausgefallene Mischung aus Ananas und Pfirsichen. Auch das berühmte englische Mincemeat fehlt nicht.

Es gibt einige goldene Regeln für das gute Gelingen von Marmelade. Man sollte weder unreife noch überreife oder schadhafte Früchte verwenden, und besser weißen als braunen Einmachzucker, der leicht den Geschmack verändert. Am besten ist ein großer Einmachtopf aus Aluminium oder Edelstahl. Der Topf darf nur bis zur Hälfte gefüllt werden. Wichtig ist auch, nur saubere, trockene und warme Einmachgläser zu verwenden.

ZUTATEN

1,8 kg Aprikosen, entsteint und in Scheiben geschnitten
90 ml Zitronensaft
275 ml Wasser
2,7 kg Einmachzucker
450 g Mandelsplitter
1 Flasche Pektin

Aprikosen-Mandel-Marmelade

Eine meiner Lieblingsmarmeladen, vor allem zu warmen Brötchen, Croissants und Toast.

Vorbereitung und Kochzeit 25–30 min · **Menge** 4,5 kg Marmelade

Die vorbereiteten Aprikosen, Zitronensaft und Wasser in den Einmachtopf geben. Zugedeckt zum Kochen bringen und 15–20 Minuten bei leichter Hitze kochen, bis die Früchte weich sind. Bei niedriger Hitze dann Zucker und Mandeln hinzufügen. Gut rühren, bis sich der Zucker aufgelöst hat. Wieder zum Kochen bringen und unter gelegentlichem Rühren 1 Minute sprudelnd kochen lassen. Vom Herd nehmen und Pectin unterrühren. Gut vermischen. 10 Minuten im Topf abkühlen lassen, dann in die sauberen, trockenen und warmen Gläser füllen. Je eine Wachsscheibe darüber legen, fest verschließen und etikettieren.

Brombeer-Apfel-Marmelade

Eine gute und fabelhaft preiswerte Marmelade, wenn man selber wilde Brombeeren pflückt und Falläpfel hat. Die Brombeeren müssen gut verlesen, unreife und schlechte Früchte entfernt werden.

Vorbereitung und Kochzeit 1 h · **Menge** 2,7 kg Marmelade

Die geschälten und entkernten Äpfel in Viertel schneiden, mit Wasser zum Kochen bringen und etwa 15 Minuten bei kleiner Hitze kochen. Die Brombeeren unterrühren und weitere 10–15 Minuten leicht kochen. Vom Herd nehmen und den Zucker gut unterrühren. Bei leichter Hitze etwa 15–20 Minuten ständig rühren, bis der Zucker sich völlig aufgelöst hat. Dann zum Kochen bringen und 10–15 Minuten gut kochen lassen. Gelegentlich umrühren. Um zu prüfen, ob die Marmelade geliert, den Topf vom Herd nehmen und mit einem Löffel etwas Marmelade auf eine kalte Untertasse tropfen und abkühlen lassen.

Die Marmelade ist fertig, wenn sich auf dem Klecks eine dünne Haut bildet, die sich kräuselt, wenn man sie mit dem Finger berührt. Den Topf vom Herd nehmen und 5–10 Minuten abkühlen lassen. In saubere, trockene und warme Gläser füllen, Wachsscheiben auflegen, gut verschließen und etikettieren.

ZUTATEN
900 g saure Äpfel (gewogen nach dem Schälen und Entkernen)
275 ml Wasser
900 g Brombeeren
425 ml Einmachzucker

Lemon Curd

Dieser köstliche, typisch englische Brotaufstrich schmeckt auf Brot, Toast und Muffins gleichermaßen gut, auch als Füllung für Zitronentörtchen (s. S. 66). Im Kühlschrank hält es sich 3–4 Monate, frisch sollte man es in 3–4 Tagen aufessen.

Vorbereitung und Kochzeit 25–30 min · **Menge** 575 g

Butter, Zucker, Zitronenschale und -saft in eine feuerfeste Schüssel geben. Die Eier nach und nach unterschlagen. Die Masse im Wasserbad unter ständigem Rühren erwärmen, bis sie eindickt. Abkühlen lassen und dann in saubere, trockene und warme Gläser füllen. Mit Wachspapier bedecken, fest verschließen und etikettieren. Im Kühlschrank aufbewahren.

ZUTATEN
100 g ungesalzene Butter
Geriebene Schale und Saft von 4 Zitronen
450 g Zucker
4 mittelgroße Eier, leicht geschlagen

Mincemeat

ZUTATEN
450 g Rindertalg, fein gehackt
450 g Korinthen
450 g Rosinen
450 g Eßäpfel, geschält, entkernt und kleingeschnitten
450 g Zucker
225 g Sultaninen
100 g Zitronat und Orangeat
Geriebene Schale und Saft von 2 Zitronen
150 ml Brandy
5 ml (1 TL) geriebenes Muskat
½ TL gemahlene Nelken
½ TL gemahlener Zimt

Möglichst einen Monat, bevor man es braucht, zubereiten – so für das Rezept auf S. 78.

Vorbereitung 15–20 min · **Menge** 2 kg Mincemeat

Alle Zutaten gut vermischen. In saubere, trockene und warme Gläser füllen, Wachsscheiben darüber legen und sie so luftdicht wie möglich verschließen.

Mindestens 1 Monat an einem kühlen, trockenen Platz aufbewahren, da sich erst dann der volle Geschmack der Mischung entfaltet.

Ananas-Pfirsich-Marmelade

ZUTATEN
1,15 kg getrocknete Pfirsiche
4 l Wasser
1 Büchse (ca. 430 g) Ananas in Stücken
Geriebene Schale und Saft von 2 Zitronen
2,7 kg Einmachzucker

Diese Marmelade kann man während des ganzen Jahres einkochen, da getrocknete Früchte und Ananas aus der Büchse verwendet werden.

Vorbereitung und Kochzeit 24 h zum Einweichen der Früchte, plus 1 h · **Menge** 2,2–2,7 kg Marmelade

Die getrockneten Pfirsiche in eine Schüssel legen, mit Wasser bedecken und 24 Stunden weichen lassen.

Dann werden sie langsam im zugedeckten Topf gekocht. Wenn sie nach 20–25 Minuten weich sind, herausnehmen und mit Küchenpapier trocknen, in kleine Stücke schneiden und wieder in die Flüssigkeit geben. Die Ananas mit dem Saft, Zucker, Zitronensaft und -schale hinzugeben. Gut vermischen, zum Kochen bringen und 20 Minuten sprudelnd kochen lassen. 5–10 Minuten im Topf abkühlen lassen, dann in saubere, trockene und warme Gläser füllen. Wachsscheiben darüber legen, gut verschließen und etikettieren.

Himbeermarmelade

Da Himbeeren nicht viel Pectin enthalten, wird diese Marmelade mit dem stark pectinhaltigen Saft roter Johannisbeeren vermischt. So geliert sie nicht nur besser, sondern bekommt auch einen aromatischeren Geschmack.

Vorbereitung und Kochzeit 45–55 min · **Menge** 3,6 kg Marmelade

Die Johannisbeeren für den Saft in einen Topf geben und bei ganz kleiner Hitze zum Kochen bringen. Wenn sich genug Saft entwickelt hat, in ein sauberes dünnes Tuch füllen und den Saft abtropfen lassen. Ganz vorsichtig ausdrücken, damit man möglichst viel Saft erhält.

Die Himbeeren in einen Einmachtopf geben, langsam zum Kochen bringen und bei kleiner Hitze, unter häufigem Umrühren, 15 Minuten leicht kochen lassen. Zucker und Johannisbeersaft hinzufügen und weitere 20–30 Minuten köcheln lassen. Vom Herd nehmen und Gelierprobe machen. Falls nötig, abschäumen. Wenn die Marmelade geliert, in saubere, trockene und warme Gläser füllen. Wachsscheiben auflegen, gut schließen und etikettieren.

ZUTATEN
1–1,5 l rote Johannisbeeren, entstielt
1,8 kg Himbeeren
1,8 kg Einmachzucker

Erdbeermarmelade

Am besten kleine, feste und reife (nicht überreife) Früchte nehmen.

Vorbereitung und Kochzeit 1 h zum Einweichen, plus 15–20 min · **Menge** 4,5 kg Marmelade

Die Erdbeeren mit Zucker und Zitronensaft in den Einmachtopf füllen und eine Stunde ziehen lassen. Gelegentlich umrühren. Bei niedriger Temperatur erhitzen, bis sich der Zucker aufgelöst hat, dann die Butter hinzufügen. So verhindert man, daß die Marmelade zu sehr schäumt. Zum Kochen bringen und 4–5 Minuten sprudelnd kochen lassen. Vom Herd nehmen und das Pectin gründlich unterrühren. 30 Minuten abkühlen lassen. Vorsichtig umrühren und dann in saubere, trockene und warme Gläser füllen. Wachsscheiben auflegen, gut verschließen und etikettieren.

ZUTATEN
2 kg Erdbeeren, geputzt
2,7 kg Einmachzucker
90 ml Zitronensaft
25 g Butter
1 Flasche Pektin

Teigrezepte

Die englische Backtradition kennt verschiedene Arten von Blätterteig und Brandteig, alle sowohl für süßes wie salziges Gebäck geeignet. Hier haben wir die Zubereitungsarten für sechs verschiedene Teigarten jeweils genau angegeben. Der Teig hält sich auch für ein paar Tage im Kühlschrank und kann eingefroren werden. Es ist gut, immer eine größere Menge auf Vorrat zu machen und für die nächste Gelegenheit aufzuheben.

Einige wichtige Punkte sollten beachtet werden. Das Geheimnis eines guten, lockeren Blätterteiges liegt in der Menge Luft, die untergeschlagen wird. Je kühler die Zutaten, das Arbeitsgerät und auch die Hände sind, um so besser wird der Teig gelingen. Man sollte Blätterteig so wenig wie möglich anfassen, und ein Messer oder einen speziellen Teigmischer verwenden, wenn man das Fett unter das Mehl mischt, vor allem, wenn man eher warme Hände hat. Auch sollte man nur so viel Wasser verwenden, wie unbedingt nötig ist, um den Teig zu binden. Zuviel Wasser macht den Teig hart und zäh. Nach Möglichkeit sollte der Teig mindestens 15 Minuten im Kühlschrank durchkühlen, bevor man ihn ausrollt.

ZUTATEN
50 g Butter
225 ml Wasser
1 gute Prise Salz
100 g Mehl, gesiebt
1 mittelgroßes Eigelb
2 mittelgroße Eier, schaumig geschlagen

Teig 1

Choux Pastry ist ein Brandteig für Eclairs, Windbeutel oder Profiteroles. Wichtig ist, daß das erste Eigelb hinzugefügt wird, wenn die Mischung noch so heiß ist, daß es noch leicht kocht, und auch, möglichst viel Luft unterzuschlagen, am besten mit einem elektrischen Rührgerät. Der Teig sollte im heißen Backofen bei 200°–220° gebacken werden.

Vorbereitung 20–25 min · **Menge** 450 g Teig

Butter, Salz und Wasser in einer Kasserolle zum Kochen bringen. Vom Herd nehmen und das ganze Mehl hineingeben. Mit einem Holzlöffel schlagen, bis die Mischung weich ist und keine Stückchen am Topfrand kleben bleiben. Das Eigelb gleich dazugeben und gut mit einem elektrischen Rührgerät durchschlagen. Dann nach und nach die anderen Eier zugeben, dazwischen jedesmal gut durchschlagen. Etwa 1½–2 Minuten weiter schlagen, bis der Teig glänzend und weich ist, dann 15–20 Minuten abkühlen lassen. Weiterverarbeiten, solange der Teig noch lauwarm ist.

Teig 2

Flaky Pastry ist ein einfacher Blätterteig für Wurstrollen, Teigtaschen und süße oder pikante Pies und Törtchen. Er wird meist mit geschlagenem Ei glasiert und im heißen Ofen bei 220° gebacken. Eingepackt hält der Teig sich 3–4 Tage im Kühlschrank, er kann auch mehrere Monate eingefroren werden.

Vorbereitung 1¾–2 h · **Menge** 900 g Teig

Mehl und Salz in einer Schüssel vermischen. Fett in 4 Portionen teilen. 1 Portion in kleinen Stückchen in das Mehl geben. Zitronensaft und kaltes Wasser hinzufügen, zu einem weichen, butterähnlichen Teig vermischen. Locker auf einem bemehlten Brett durchkneten, bis er schön weich und geschmeidig ist. Zu einem Rechteck, dreimal so lang wie breit, ausrollen. Die zweite Portion Fett in kleinen Flöckchen über ⅔ des Teiges streuen. Das untere Teigdrittel über das mittlere und dann das letzte, nicht mit Fett bestreute Teigdrittel, darüber falten. Die Ränder mit dem Rollholz festdrücken. In Plastikfolie wickeln und im Kühlschrank 15 Minuten durchkühlen lassen.

Aus dem Kühlschrank nehmen und auf ein bemehltes Brett legen, die gefalteten Seiten sollten rechts und links liegen. Wieder zu einem langen Streifen ausrollen und wieder mit Fett bestreuen, wieder zusammenfalten und verpackt für 15 Minuten in den Kühlschrank stellen. Den Vorgang dann mit der 4. und letzten Portion Fett wiederholen. Vor dem Gebrauch 45 Minuten – 1 Stunde im Kühlschrank lassen.

ZUTATEN
450 g Mehl, gesiebt, plus 50–75 g zum Bemehlen des Brettes
½ TL Salz
350 g weiche Butter, oder halb und halb Schmalz und Butter
5 ml (1 TL) frisch ausgepreßter Zitronensaft
275 ml kaltes Wasser

Teig 3

Puff Pastry ist ein Blätterteig für Vol-au-Vent-Pasteten, Pies, Cremeschnitten und Obsttörtchen. Da er viel Zeit und Mühe kostet, empfiehlt es sich, gleich eine größere Menge zuzubereiten und einzufrieren. Eingepackt hält der Teig auch einige Tage im Kühlschrank. Er gelingt am besten, wenn man ihn an zwei Tagen zubereitet, dreimal ausrollt und über Nacht im Kühlschrank durchkühlen läßt, bevor man ihn am nächsten Tag noch einmal ausrollt. Er sollte im heißen Backofen bei 230° gebacken werden.

Vorbereitung 4 h, inkl. Kühlen · **Menge** 900 g Teig

Mehl und Salz in einer Schüssel vermischen. 50 g Butter in kleinen Flöckchen hinzugeben und untermischen, bis die Mischung schön krümelig ist. Zitronensaft und genügend eiskaltes Wasser hinzugeben, um einen weichen Teig zu formen. In der Schüssel zu einer Kugel kneten. Die restliche

ZUTATEN
450 g Mehl, gesiebt, plus 50–75 g zum Bemehlen des Brettes
5 ml (1 TL) Salz
450 g weiche Butter
5 ml (1 TL) frisch ausgepreßter Zitronensaft
ca. 80 ml Eiswasser

Butter wird in einem bemehlten Tuch fest ausgedrückt, damit sie möglichst trocken ist, und zu einem Rechteck geformt. Den Teig auf einem bemehlten Brett zu einem Rechteck ausrollen, etwas breiter als die Butter und zweimal so lang. Die Butter auf die eine Hälfte des Teiges legen, die andere Hälfte darüber falten und die Ränder mit dem Rollholz festdrücken. An einem kühlen Platz 15–20 Minuten stehen lassen, damit die Butter wieder fester wird.

Den Teig dann zu einem langen Streifen ausrollen, so breit wie vorher, aber dreimal so lang. Es ist wichtig, daß die Ecken möglichst rechteckig und die Ränder möglichst gerade sind. Der Teig soll gleichmäßig dick sein, die Butter darf nicht herausstehen. Das untere Drittel nach oben, das obere darüber legen, Ränder mit dem Rollholz festdrücken und in einer gut mit Öl ausgefetteten Plastiktüte 30 Minuten im Kühlschrank durchkühlen. Den Teig auf ein bemehltes Brett legen, die gefalteten Seiten rechts und links. Wieder einen langen Streifen ausrollen und wie vorher zusammenfalten, dann 30 Minuten kalt stellen. Den Vorgang viermal wiederholen. Vor Gebrauch nochmals 30 Minuten durchkühlen.

ZUTATEN
225 g Mehl, gesiebt
1 gute Prise Salz
175 g weiche Butter
1 mittelgroßes Eigelb
10 ml (2 TL) Zucker
ca. 15–30 ml (1–2 EL) kaltes Wasser

Teig 4

Rich Shortcrust Pastry ist schwerer und weicher als der vorige Blätterteig, leichter auf einem flachen Brett als in einer Schüssel zuzubereiten. Er wird bei nur 200° gebacken. Zum Blindbacken wird ein passend zugeschnittenes Stück Backpapier über den Teig gelegt und mit getrockneten Bohnen beschwert. Nach 15–20 Minuten Backzeit werden Bohnen und Papier entfernt und der Teig bei 180° weitere 10–15 Minuten gebacken.

Vorbereitung 25 min · **Menge** 450 g Teig

Mehl und Salz vermischen. Butter in kleinen Stückchen hineingeben, bis die Mischung krümelig ist. In die Mitte eine Mulde drücken und das Eigelb hineingeben, mit Zucker bestreuen und mit einem Messer nach und nach in das Mehl mischen. Ab und zu etwas Wasser zugeben und alles zu einem festen, aber nicht steifen Teig verkneten. In Folie verpackt mindestens 15 Minuten im Kühlschrank durchkühlen lassen.

Teig 5

Leichter und schneller als Teig 3 zu machen, steigt jedoch weniger. Rough Puff Pastry ist ideal für Pies und Tarts und kann auch für Mince-Pies genommen werden. Sehr heiß bei 230° backen.

Vorbereitung 1½–1¾ h · **Menge** 450 g Teig

Mehl und Salz vermischen. Das Fett in walnußgroßen Stücken mit einem runden Messer locker in das Mehl einrühren. In die Mitte eine Vertiefung machen, Zitronensaft und ausreichend kaltes Wasser hineingeben und einen geschmeidigen Teig formen.

Den Teig auf einem bemehlten Brett zu einem langen Streifen ausrollen, mit möglichst geraden Rändern und Ecken. Das untere Drittel über die Mitte und das letzte Drittel darüberfalten. Den Teig so drehen, daß der gefaltete Rand rechts und links liegt. Das Ausrollen und Falten möglichst dreimal wiederholen, danach bleibt der Teig jeweils 15 Minuten ruhen. Vor Gebrauch mindestens 15 Minuten durchkühlen.

ZUTATEN
225 g Mehl, gesiebt, plus 50–75 g zum Bemehlen des Brettes
1 Prise Salz
175 g weiche Butter, oder halb und halb Schmalz und Butter
½ TL frisch ausgepreßter Zitronensaft
ca. 30–45 ml (2–3 EL) kaltes Wasser

Teig 6

Shortcrust Pastry eignet sich für die verschiedensten Arten von Gebäck. Man kann es mit Margarine oder Butter oder mit einer Mischung aus Margarine, Schmalz und Butter machen. Für pikante Pies u.a. kann man gleich Gewürze oder gehackte Kräuter beimischen. Der Blätterteig sollte zuerst heiß, bei 220–230°, gebacken werden, nach 15 oder 20 Minuten sollte man den Backofen dann auf 200° stellen. Für den Vorteig s. Teig 4.

Vorbereitung 20 min, inkl. Kühlen · **Menge** 350 g Teig

Mehl und Salz in einer Schüssel mischen, das Fett in kleinen Stückchen hineingeben und untermischen, bis eine krümelige Masse entsteht. Etwas Wasser hinzugeben und mit einer Gabel zu einem festen, aber geschmeidigen Teig verarbeiten. Ein paar Minuten locker durchkneten, bis der Teig weich ist – aber nicht zu lange, da der Teig sonst zäh wird. In Folie wickeln und mindestens 15 Minuten im Kühlschrank durchkühlen lassen.

ZUTATEN
225 g Mehl, gesiebt
1 Prise Salz
50 g weiche Margarine oder Butter
ca. 30 ml (2 EL) kaltes Wasser

Register

Abracadabras, 118
Altenglischer Ciderkuchen
   mit Käse und Ingwerglasur, 77
Amourettes, 113
Ananas
   Ananas-Pfirsich-Marmelade, 134
   Schaumküsse, 128
   Sommerlicher Teepunsch, 18
   Traum der Venus, 130
Anzacs, 53
Äpfel
   Brombeer-Apfel-Marmelade, 133
   Cidrekuchen, 28
   Gewürzkuchen mit Äpfeln, 70
   Mincemeat, 134
Aprikosen-Mandel-
   Marmelade, 132
Aromatisierte Teesorten, 12
Assam-Tee, 10
Austern
   Austern-Sandwiches, 109
   Engel zu Pferd, 89
Avocado
   Schinken & Avocado-
   Sandwiches, 109

Back-Ausrüstung, 19–21
Bakewell-Törtchen, 59
Bananen
   Bananen-Kirsch-Kuchen, 71
   Bananen-Schokoladen-
   Sandwich, 98
   Mandel-Bananen-Teebrot, 26
Bara-Brith, 27
Barmbrack, 28
Baumstamm, 73
Birnen
   Schokoladen-Birnen-Torte, 114
Biskuitrolle, 81
Blätterteig
   Blätterteigpastete mit Huhn, 110
   Blätterteig-Sahne, 61
   St. Valentins-Pastetchen, 130

Blauer Käse & Kresse-
   Sandwich, 38
Bombay Toast, 90
Brandy Snaps, 60
Brautjungfernsträuße, 113
Brombeer-Apfel-Marmelade, 133
Brot, 26–34
Buchstaben, 97
Buckrarebit, 96
Burdock, 12
Butter, 35–36

Canapés, 106–108, 126
Canapés d'Amour, 126
Ceylon Tee, 9, 18
Champignon-Anchovis-
   Sahne-Häppchen, 93
Chelseau Buns, 44
China Oolong Tee, 11
Choux Pastry (Teig 1)   136
   Rezepte mit Teig 1, 61, 63
Christmas Cake, 72
Ciderkuchen, 28
Clotted Cream, 45
Cornish-Splits, 45
Cremeschnitten, 61
Crumpets, 46
Currybutter, 36

Darjeeling Tee, 10
Delikatessen, 89–96, 100–102
   110–112, 119, 122, 128, 130
Dough nuts, 47
Drop Scones, 50
Dundee Cake, 74

Earl Grey Tee, 10, 12
Eccles Cakes, 62
Eclairs, 63
Eheringe, 117
Eier
   Bombay Toast, 90
   Eier in Thunfischsauce, 91

Eier, Mayonaise und Kresse, 40
Eier-Schinken-Toast, 100
Kedgeree, 92
Pochierte Eier mit Schinken, 92
Rührei, 95
Rührei-Schiffchen, 100
Sardellen & Ei-Sandwich, 37
Eis zum Tee, 123–125
Eiscreme
   Eismeringen, 124
   Eistorte, 125
   Schwarzes Johannisbeer-Eis
   mit Himbeersauce, 124
   Schwimmende Erdbeeren, 125
Eisschokolade, 124
Elfen-Dip, 119
Englisch Breakfast Tee, 10
Englischer Grog, 18
Erdbeeren
   Brautjungfernsträuße, 113
   Erdbeermarmelade, 135
   Erdbeertörtchen, 69
   Mürbeteigkuchen mit
   Erdbeeren, 87
   Schwimmende Erdbeeren, 125

Fairy Cakes, 63
Feenflügel, 119
Feigenbrot, 29
Feuchter Schokoladenkuchen, 76
Flaky Pastry (Teig 2), 137
   Rezepte mit Teig 2, 62
Formosa Oolong, 11
Früchte, getrocknet
   Barmbrack, 28
   Chelsea Buns, 44
   Ciderkuchen, 28
   Früchtekuchen, 74
Früchte, frisch
   Brautjungfernsträuße, 113
   Blätterteig-Sahne, 61
Früchtebrot, 74
Fruchtcones, 104

Gebackenes Alaska, 123
Geräucherter Schellfisch
 auf Toast, 95
Gerstenbrot, 30
Geklärte Butter, 94
Ginseng, 12
Gloucestershire Rarebit, 96
Goldener Teekuchen, 104
Götterspeise, 105
Grüne Butter, 36
Grüner Tee, 11
Gunpowder Tee, 11
Gurke
 Gurken-Sandwich, 40
 Käse und Gurken-Sandwich, 38
 Makrelen auf
 Gurkenscheiben, 111
 Roter Lachsersatz und
 Gurken-Sandwich, 42
 Salami-Gurken-Canapés, 107
 Thunfisch und
 Minze-Sandwich, 42

Haddock (geräucherter Schellfisch)
 Geräucherter Schellfisch
 auf Toast, 95
 Kedgeree, 92
Haferbrot, 31
Haferküchlein, 56
Halloween Tee, 118–122
Haselnüsse
 Mürbekuchen mit Nüssen
 und Kirschen, 68
 Schaumküsse, 128
Helles Hefebrot, 32
Hexenfutter, 120
Hexenhut, 121
High Tea, Delikatessen zum 89–96
Himbeeren
 Blätterteig-Sahne, 61
 Brautjungfernsträuße, 113
 Cremeschnitten, 61
 Eistorte, 125
 Himbeer-Charlotte, 115
 Himbeermarmelade, 135
 Himbeertorte, 86

Schwarzes Johannisbeer-Eis
 mit Himbeeren, 124
Hühnchen
 Blätterteigpastete mit Huhn, 110
 Hühner-Mayonaise-Sandwich, 39
 Prinzessinnen-Sandwich, 41
 St. Valentins-Pastetchen, 130
Hüttenkäse mit Schinken
 und Pfirsiche-Sandwich, 39

Ingwerkuchen, 75
Jasmintee, 12
Joghurt-Roggenbrot, 34
Johannisbeeren (rot)
 Himbeermarmelade, 135

Kaffee-Walnuß-Torte, 84
Kaffeecreme-Plätzchen, 54
Kaffeetorte Cupido, 127
Kamille, 12
Kandierte Kirschen
 Abracadabras, 118
 Bananen-Kirsch-Kuchen, 71
 Christmas Cake, 72
 Dundee Cake, 74
 Mandel-Kirsch-Schnitten, 58
 Mandel-Kirsch-Torte, 83
 Mürbekuchen mit Nüssen
 und Kirschen, 68
 Simnel Cake, 80
Karotten
 Karottenkuchen mit
 Rahmkäse, 86
 Zauberstäbe, 122
Käse
 Blauer Käse und
 Kresse-Sandwich, 38
 Bunte Spieße, 101
 Käse-Erdnußbutter-
 Sandwich, 98
 Käse und Gurken-Sandwich, 38
 Käsescones, 49
 Lauch-, Käse- und
 Schinken-Sandwich, 90
 Liebesknoten, 128
 Walnuß, Cheddar-Käse und

Kopfsalat-Sandwich, 43
Welsh Rarebit, 96
 siehe ebenso Rahm-Frischkäse
 und Quark
Käsekuchen, 84
Katzenköpfe, 102
Kaviar-Sandwiches, 108
Kedgeree, 92
Keemun Tee, 10
Kekse, 53–57, 105, 113, 119, 126
Kenya Tee, 10
Kinder, Teeparty für 97–105
Kipper-Filets in Sahne, 93
Kirschen
 Amourettes, 113
Kiwis
 Brautjungfernsträuße, 113
 Eheringe, 116
 Schaumküsse, 128
 Traum der Venus, 130
Koffein, 9, 11
Korinthen
 Bora Brith, 27
 Chelsea Buns, 44
 Christmas Cake, 72
 Dundee Cake, 74
 Eccles Cakes, 62
 Früchtebrot, 74
 Mincemeat, 134
 Pfundkuchen, 79
 Quenn Cakes, 69
 Simnel Cake, 80
 Waliser Küchlein, 51
 Whitby Yule Cake, 82
Kräuterbutter, 36
Kräutertees, 12
Kresse
 Blauer Käse und
 Kresse-Sandwich, 38
Kuchen
 Ausgefallenes für Feste,
 83–88, 114, 116, 123, 130
 Back-Tips, 23–24
 Kleine Kuchen, 58–69, 102–104,
 113, 115, 116, 117, 118,
 120, 124, 128–129

Kuchen für alle Jahreszeiten, 70–82, 121, 125, 127
Küchengeräte, 14–20
Kümmelkuchen, 79

Lachs
　Canapés d'Amour, 126
　Lachsröllchen, 112
　Räucherlachs-Sandwich, 41
　Roter Lachsersatz und Gurken-Sandwich, 42
Lapsang Souchong Tee 10,
Lauch, Käse und Schinken, 90
Liebesknoten, 128

Madeira-Kuchen, 75
Maids of Honour, 67
Makrelen (geräuchert) auf Gurkenscheiben, 111
Makronen, 56
Malzbrot, 30
Mandeln
　Aprikosen-Mandel-Marmelade, 132
　Brautjungfernsträuße, 113
　Christmas-Cake, 72
　Eheringe, 116
　Feenflügel, 119
　Makronen, 56
　Mandel-Bananen-Teebrot, 26
　Mandel-Kirsch-Schnitten, 58
　Mandel-Kirsch-Torte, 83
　Mandeltörtchen, 64
　Schokoladen-Petit-Fours, 126
　Zuckerkringel, 55
Marmeladen und Eingemachtes, 132–135
Marmeladen-Donghnuts, 47
Marmeladen-Teebrot, 31
Marzipan, 72
　Christmas Cake, 72
　Simnel Cake, 80
Meringen, 67
Meringen Margnerite, 115
Milch in Tee, 13
Mincemeat, 134

Mincemeat-Kuchen mit Brandy-Glasur, 76
Open Mincemeat Tart, 78
Mrs. Pettigrews berühmter Zitronenkuchen, 77
Muffins, 48
Mürbekuchen mit Nüssen und Kirschen, 68
Mürbeteigkekse, 105

Nierenpastete auf Toast, 92

Olivenröllchen, 112
Oolong oder Roter Tee, 11
Open Mincemeat Tart, 78
Orange Pekoe Tee, 10
Orangen-Schokoladen-Torte, 85

Paprika (rot)
　Käsekerzen, 127
　Hexenfutter, 120
Park Pies, 68
Party-Bouletten, 101
Pfirsiche
　Ananas-Pfirsich-Marmelade, 134
　Hüttenkäse mit Schinken und Pfirsichen, 39
Pfundkuchen, 79
Prinzessinnen Sandwich, 41
Puff Pastry (Teig 3), 137
　Rezepte mit Teig 3, 61, 65, 110, 111, 130

Quark
　Käsekuchen, 84
　Maids of Honour, 67
Queen Cakes, 69

Rahm-Frischkäse
　Altenglischer Cidrekuchen mit Käse- und Ingwerglasur, 77
　Buchstaben, 97
　Canapés d'Amour, 126
　Karottenkuchen mit Rahmkäse, 86
　Käse-Canapés, 106

Käse- und Datteln-Sandwich, 39
Käsekerzen, 127
Käselaib mit Schnittlauch, 29
Lachsröllchen, 112
Makrelen auf Gurkenscheiben, 111
St. Valentins-Pastetchen, 130
Zauberstäbe, 122
Rich Shortcrust Pastry (Teig 4), 138
　Rezepte mit Teig 4, 67, 69, 129
Rindfleisch-Mayonnaise-Sandwich, 38
Rosen-Tee, 11
Rosinen
　Bara Brith, 27
　Chelsea Buns, 44
　Christmas Cake, 72
　Dundee Cake, 72
　Früchtebrot, 74
　Gewürzkuchen mit Äpfeln, 76
　Käsekuchen, 84
　Malzbrot, 30
　Mincemeat, 134
　Simnel Cake, 80
　Teeküchlein, 51
　Whisky-Rosinen-Torte, 88
　Whitby Yule Cake, 82
Roter Tee, 11
Rough Puff Pastry (Teig 5), 139
Rührei, 95

Sandwiches, 35–43, 97–99, 108–109, 120, 127
Sandwich-Kebab, 99
Sardellen
　Bombaytoast, 90
　Champignon-Anchovis-Sahne, 93
　Sardellen- und Ei-Sandwich, 37
　Sardellenbutter, 35
　Scotch Woodcock, 94
Sardinen
　Sardinen-Canapés, 107
　Sardinenhäppchen
　Sardinen und Tomaten-Sandwich, 41

Schaumküsse, 128
Schinken
  Buchstaben, 97
  Bunte Spieße, 101
  Eier-Schinken-Toast, 100
  Elfen-Dip, 119
  Engel zu Pferd, 89
  Hexenfutter, 120
  Hüttenkäse mit Schinken und Pfirsich-Sandwich, 37
  Lauchkäse und Schinken, 90
  Party-Bouletten, 101
  Pochierte Eier mit Schinken, 92
  Prinzessinnen Sandwich, 41
  Schinken-Avocado-Sandwich, 109
  Schinken-Leber-Pastetchen, 111
  Spargel- und Schinken-Sandwich, 37
Schokolade
  Bananen-Schokoladen-Sandwich, 98
  Eclairs, 63
  Feuchter Schokoladenkuchen, 76
  Schokoladen-Birnen-Torte, 114
  Schokoladen-Fudge-Kuchen, 103
  Schokoladen-Törtchen, 60
  Schokoladen-Zimt-Rolle, 71
  Schokoladenschmatzer, 104
  Schokoladentorte, 81
Schwarzer Tee, 9
Schwarzes Johannisbeer-Eis mit Himbeersauce, 124
Scones, 49, 52
Scotch Woodcock, 94
Senfbutter, 36
Shortbread, 57
Shortcrust Pastry (Teig 6)
  Rezepte mit Teig 6, 59, 64, 66, 78
Shrewsbury-Kekse, 57
Shrimps
  Shrimps–Canapés, 107
  Shrimps Sandwich, 109
  Überbackene Shrimps, 94
Simnel Cake, 80
Sommerlicher Teepunch, 18

Spargel- und Schinken-Sandwich, 37
Sultaninen
  Bara Brith, 27
  Christmas Cake, 72
  Dundee Cake, 74
  Früchtebrot, 74
  Malzbrot, 30
  Mincemeat, 134
  Teeküchlein, 51
Teebrote, 26–34, 104
Teedosen, 14
Tee-Getränke, 18
Teekannen, 14
Teeküchlein, 51
Teesiebe, 15
Tee zubereiten, 13
Teigrezepte, 136–139
Thunfisch
  Eier in Thunfischsauce, 91
  Thunfisch und Minze-Sandwich, 42
Tomate
  Sardinen- und Tomaten-Sandwich, 41
  Würstchen mit Tomatenstippe, 102
Törtchen und kleines Gebäck, 58–69
Traum der Venus, 130
Truthahn und Kronsbeeren-Sandwich

Valentins-Tee, 126–131
Victoria-Biskuitkuchen, 82
Vollkornbrot, 33
Vollkornscones, 52

Waliser Küchlein, 51
Walnüsse
  Kaffee-Walnuß-Torte, 84
  Schokoladen-Törtchen, 60
  Walnuß, Cheddar-Käse- und Kopfsalat-Sandwich, 43
  Walnuß-Zitronenbaiser-Torte, 87

Zitronen-Baisers, 65
Weintrauben
  Zitronen-Trauben-Schnitten, 65
  Traum der Venus, 130
  Eheringe, 116
Welsch Rarebit, 96
Whisky-Rosinen-Torte, 88
Whitby-Yule-Cake, 82
Würstchen
  Würstchen-Sandwich, 99
  Bunte Spieße, 101
  Würstchen mit Tomatenstippe, 102

Yunnan
Yunnan-Tee, 11

Zauberquadrate, 120
Zauberstäbe, 122
Zitronen
  Ananas-Pfirsich-Marmelade, 134
  Aprikosen-Mandel-Marmelade, 132
  Engel zu Pferd, 89
  Erdbeermarmelade, 135
  Lemon Curd, 133
  Maids of Honour, 67
  Mincemeat, 134
  Mrs. Pettigrews berühmter Zitronenkuchen, 77
  Park Pies, 68
  Schwarzes Johannisbeer-Eis mit Himbeersauce, 124
  Zitronen-Baisers, 65
  Zitronen-Trauben-Schnitten, 65
  Zitronenscones, 50
  Zitronentörtchen, 66
Zitronenpressen, 17
Zuckerstangen, 17
Zuckerkringel, 55